LA
MORALE D'ARISTOTE

PAR

Mme JULES FAVRE

(Née VELTEN)

PARIS
ANCIENNE LIBRAIRIE GERMER BAILLIERE ET Cie
FÉLIX ALCAN, ÉDITEUR
108, BOULEVARD SAINT-GERMAIN, 108
—
1889
Tous droits réservés

LA
MORALE D'ARISTOTE

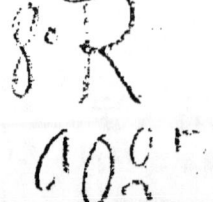

AUTRES OUVRAGES DE Mme JULES FAVRE

(Née VELTEN)

La Morale des Stoïciens, 1 vol. in-18, 1888. 3 fr. 50. (*Librairie F. Alcan.*)

La Morale de Socrate, 1 vol. in-18, 1888. 3 fr. 50. (*Librairie F. Alcan.*)

Montaigne moraliste et pédagogue, 1 vol. in-18, 1888. 3 fr. 50. (*Librairie Fischbacher.*)

La vérité sur les désastres de l'armée de l'Est, 1 vol. in-8, 2 fr. (*Librairie Plon.*)

Discours parlementaires de Jules Favre, publiés par Mme JULES FAVRE. Tomes I et II, 1848-1865 ; 2 vol. in-8, 16 fr. Tomes III et IV, 1865-1879, 2 vol. in-8, 16 fr.

Plaidoyers de Jules Favre, 2 vol. in-8, 16 fr. (*Librairie Plon.*)

Histoire du peuple suisse par DAENDLIKER, traduit de l'allemand par Mme JULES FAVRE, et précédée d'une introduction de M. JULES FAVRE, 1 vol. in-8, 5 fr. (*Librairie F. Alcan.*)

LA
MORALE D'ARISTOTE

PAR

Mme JULES FAVRE

(Née VELTEN)

PARIS
ANCIENNE LIBRAIRIE GERMER BAILLIERE ET Cie
FÉLIX ALCAN, ÉDITEUR
108, BOULEVARD SAINT-GERMAIN, 108

—

1889
Tous droits réservés

PRÉFACE

Le puissant génie qui, durant des siècles, a régné en maître absolu sur le monde savant, ne s'offenserait pas du maladroit hommage des ignorants qui viennent s'éclairer à sa lumière. Son âme profondément équitable, comme celle des vrais sages, serait disposée à pardonner leurs tâtonnements et leurs faux pas, en faveur de l'intention. Et aucune intention ne rencontrerait de sa part plus d'indulgence que celle de progresser dans la vie morale et d'aider d'autres ignorants à s'y avancer aussi. Nous ne craignons donc pas de toucher d'une main faible et inhabile à l'œuvre monumentale qu'il nous a laissée, pour en détacher ce qui nous semble propre à instruire et à élever dans la vertu, les âmes les plus simples. Nous avons l'assurance qu'il ne nous rendrait pas responsable de nos erreurs involontaires dans le choix et l'interprétation, et sa pensée nous domine de trop haut pour que ces erreurs puissent y porter la moindre atteinte.

 Ce n'est jamais sans profit, même pour les plus petits, que l'âme cherche à se mettre en communication directe avec les grands génies qui sont la gloire de l'humanité. Elle puise dans ce commerce supérieur un respect plus profond pour la dignité humaine, et une volonté plus ferme et plus constante, sinon d'égaler les rois de la pensée ou de la vertu, du moins de développer en elle toutes les forces dont elle est douée. Et quelle joie infiniment élevée et pure elle trouve à contempler le bien et le beau dans ces âmes et ces esprits d'élite, à les découvrir, pour ainsi dire, grâce à une intuition plus intime et plus rapide que les procédés de la dissection scolastique! L'âme parle à l'âme, et les plus grandes sont les plus limpides et les plus accessibles : elles ne dédaignent pas de se révéler à qui cherche sincèrement à les comprendre. Si nous ne connaissions Aristote que par la polémique hargneuse des doctes disputeurs qui se sont efforcés de le rendre méconnaissable; si nous ne le voyions qu'à travers leurs discussions séculaires, il se présenterait à nous sous la figure d'un de ces docteurs graves, solennels, raides, froids, hautains, écrasant de son dédain superbe les dévots, vrais ou faux, qui se querellent à ses pieds. Mais le maître que nous découvrons dans ses œuvres, particulièrement dans ses traités de morale, nous semble doux, simple, affable, plein de bienveillance pour tous. L'universalité de son âme ouverte à tout et à tous, rassure les plus timides et les plus humbles. Si d'abord ils sont découragés par ce qu'il y a d'abstrait, peut-être même d'abstrus, dans sa vigoureuse pensée, ils sont bientôt attirés de nouveau par une parole simple et presque familière qui leur montre qu'il s'intéresse à tous et qu'eux aussi ont été pénétrés par ce regard clairvoyant et sûr. Quand on essaie de le suivre, on est ébloui par la multiplicité de ses vues, confondu par l'ampleur de son esprit qui embrasse tout et dont le vaste coup d'œil saisit tous les rapports des choses, qu'il voit dans leur ensemble et leurs détails. Etonnés de la merveilleuse richesse de ses idées, nous avons quelquefois de la peine à discerner celles qu'il préfère, parce qu'il les présente toutes avec modération : il discute toutes les opinions et n'en impose jamais aucune. Respectueux de la liberté, il cherche à convaincre, non à subjuguer. Bien qu'il connaisse mieux que personne les séductions de la rhétorique, il dédaigne de se servir des moyens de persuasion qu'il a trouvés dans la pénétration du cœur humain : il n'aspire, pour lui-même et pour tous, qu'à l'autorité de la raison. Devant ce maître souverain, il s'efface pour le laisser parler seul. Sincère par-dessus tout, il craindrait de n'être pas complètement vrai en ne présentant pas une question sous tous ses aspects : aussi revient-il sur les mêmes points, pour les éclaircir encore, afin que l'on puisse conclure en connaissance de cause.

On est frappé tout d'abord de la différence qui paraît absolue entre Aristote et Platon. Celui-ci est tout âme ; celui-là tout raison. Platon ne semble jamais descendre des régions de l'idée ; Aristote, plus humain, vit davantage sur la terre ; il étudie les faits dans les hommes et les choses. Sommes-nous en droit de croire qu'il n'a point connu les ravissements et les extases de la contemplation pure ? Mais jamais personne n'a plus exalté la félicité suprême de la vie contemplative, la vie de l'intelligence pure, qui consiste à « veiller, sentir, penser, avec les espérances et les souvenirs qui se rattachent à tous ces actes ». Il est vrai que le souffle de l'inspiration se fait rarement sentir dans Aristote, que l'enthousiasme pour le beau absolu ne semble pas émouvoir souvent son âme. Cependant quelques traits nous indiquent parfois une pure flamme qui se fait jour. Ainsi, après nous avoir montré dans la justice la vertu parfaite, il s'écrie : « Ni l'astre du soir, ni l'étoile du matin n'inspirent autant d'admiration ». Les plus divines paroles de Platon n'ont pas plus de poésie. Nous ne pouvons conclure à l'absence de passion dans l'âme d'Aristote, qui donne un si beau rôle aux passions en leur attribuant la première impulsion de l'âme vers la vertu. Nous voyons en lui une âme naturellement équilibrée, peut-être ce parfait équilibre entre la passion et la raison qui est pour lui la vertu. L'idéal du bonheur me paraît être pour lui la parfaite sérénité de l'âme. Souvent l'esprit géométrique semble trop prévaloir là où l'on aimerait à voir un peu plus de sentiment, dans sa vertu du juste milieu, par exemple, dans sa démonstration de la justice même qui est plus une vertu de raison que de sentiment. Mais dans son beau portrait du magnanime, ainsi que dans sa peinture de l'équité, on sent par moments le cœur qui parle, toujours dominé par la raison, il est vrai ; mais cette chaleur contenue n'est pas dépourvue de rayons. S'il a mêlé trop de physiologie à l'analyse des affections naturelles ; s'il ne s'est pas élevé avec Socrate et Platon, jusqu'aux extases de l'amour pur du beau absolu, il a ressenti l'amitié dans tout ce qu'elle a de plus exquis et de plus parfait, puisqu'il en a parlé avec une élévation digne des plus sublimes pensées de *Phèdre*, et du *Banquet*. On ne peut pas dire qu'Aristote ne soit point idéaliste quand on a lu ses belles pages sur le droit réel ou le droit éternel et l'équité, dans lesquelles l'idée du juste absolu domine de si haut la justice pratique.

La conclusion de la morale d'Aristote est-elle différente de celle de Socrate? Nous ne le pensons pas. « Vivre selon la nature », c'est pour Aristote vivre conformément à la vraie nature de l'homme, selon sa raison, « selon le principe divin qui, par sa puissance et sa dignité, est au-dessus de tout ». Sans doute, la morale d'Aristote est privée d'une merveilleuse force en ce qu'elle n'est pas pénétrée, comme la doctrine de ses maîtres, de la croyance à l'immortalité de l'âme. Il l'affirme cependant aussi en disant que « nous devons nous appliquer, autant qu'il est possible, à nous rendre dignes de l'immortalité, et faire tous nos efforts pour conformer notre vie à ce qu'il y a en nous de plus sublime ». Mais il n'y fait allusion que dans ce seul passage, et nous avons besoin de sentir constamment le lien entre le monde visible et le monde invisible, entre la vie présente et la vie à venir. Le Dieu d'Aristote est bien loin de nous, dans les hauteurs inaccessibles de la pensée pure ; et nous ne sentons pas son action dans le monde moral, ni dans l'âme individuelle en particulier. Le Dieu de Socrate est plus personnel, puisqu'il s'est révélé à sa conscience et qu'il parle sans cesse à son âme. C'est par la raison qu'Aristote est arrivé à la notion de « l'être un, parfait, éternel, qui est l'acte pur et l'intelligence pure ». C'est par la raison aussi qu'il a conçu l'idée du bien souverain,

« savoir, le bonheur par une activité conforme à la vertu parfaite ». Mais cette raison, il ne la sépare point de Dieu : « Ce n'est pas, dit-il, Dieu, sans doute, qui commande à la partie contemplative de notre être par des ordres précis ; mais c'est la prudence qui lui prescrit le but qu'elle doit poursuivre. Or, ce but suprême est double, parce que Dieu n'a besoin de rien. » Et il ajoute que notre condition la meilleure, c'est de connaitre, de servir Dieu et de le contempler. La raison a donc conduit Aristote au même but que Socrate. Son œuvre de morale théorique et pratique est une œuvre de haute raison dans laquelle il a élu dé ce qu'il y a de vague et de général dans la morale de Socrate et de Platon. Par sa méthode rigoureuse, par ses développements si clairs et si complets, il en a fait une œuvre originale qui est une œuvre de génie. Il a parlé avec une rare élévation de la liberté et de la responsabilité à une époque où nul philosophe encore n'avait traité ces hautes questions. Plus humain, plus pratique que Platon, il a mieux compris aussi l'homme dans son être si complexe. Nous lui reprocherions peut-être même d'avoir été souvent trop humain, d'avoir trop insisté sur les points de vue utilitaires, peut-être aux dépens des principes supérieurs ; mais il nous semble cependant que toujours il conclut à la prédominance de ceux-ci. Il lui arrive quelquefois de n'être pas d'accord avec ses maîtres; mais ces contradictions sont plus apparentes que réelles, et souvent il se rapproche d'eux en cherchant à les réfuter. C'est ce qui nous a frappé surtout dans la distinction qu'il fait entre l'ignorance volontaire et l'ignorance involontaire, discussion où il rappelle, pour la réfuter, l'opinion de Socrate, savoir, que les hommes vicieux sont des ignorants, et il conclut que ce sont des ignorants volontaires. Quelles que soient sur ce point et sur d'autres les divergences entre les maîtres et le disciple, le fond de leur doctrine est le même. Les conclusions identiques auxquelles arrivent ces esprits si différents, par des voies différentes aussi, démontrent avec évidence l'unité de la loi morale dont ils sont les fidèles et lumineux interprètes. Peut-être Aristote n'a-t-il pas la force et la chaleur de conviction qui font les apôtres et les martyrs. La vérité morale semble être pour ce génie universel qui a tout observé, une matière à spéculation désintéressée, plutôt que des enseignements d'application pratique. Pourtant la variété, la justesse et la délicatesse de ses aperçus indiquent une profonde connaissance de lui-même et d'autrui, et cette connaissance s'acquiert plus encore par la pratique que par la méditation. Nous le suivons avec confiance, parce que nous voyons réunies en lui la force de contemplation qui donne les vues d'ensemble sur les principes immuables et éternels, et la sagacité dans le détail qui sait appliquer ces principes à tous les cas particuliers de la conduite. Aristote est, à nos yeux, un des plus prodigieux et des plus complets génies (1).

Veuve Jules FAVRE, née VELTEN.

Sèvres, ce 4 septembre 1888.

---

(1) Nous rendons hommage à la gracieuse bienveillance de M. Barthélemy Saint-Hilaire, l'éminent traducteur des œuvres d'Aristote, et de MM. Firmin-Didot, éditeurs de la traduction de M. Thurot, qui nous ont permis de puiser dans ces œuvres les textes publiés ci-après.

Nous avons eu recours à la traduction de M. Thurot pour « *la Politique* » et « *la Morale à Nicomaque* »; à la traduction de M. Barthélemy Saint-Hilaire, pour « *la Grande Morale* » « *la Morale à Eudème* », « *la Rhétorique* » et « *la Métaphysique* ».

LA MORALE D'ARISTOTE

PREMIÈRE PARTIE

La vertu

CHAPITRE PREMIER

LA VIE ET L'ŒUVRE DE L'HOMME

I

Vivre, c'est sentir ou penser. Sentir ou penser, c'est être. De toutes les créatures, l'homme seul a donc en réalité l'être, car, seul, il sent qu'il pense et qu'il sent. Ainsi à la sensation de la vie qui lui est commune avec l'animal, se joignent le sentiment et l'idée qui multiplient la vie à l'infini. Le plaisir de vivre, que déjà nous pouvons supposer dans la vie végétative, se manifeste avec évidence dans la vie sensitive des animaux et des enfants; mais le charme de la vie n'est connu que de l'homme qui, seul, en a pleinement conscience. Et combien ce charme est puissant, puisqu'il triomphe de toutes les souffrances qui accablent l'humanité, au point de faire redouter aux plus malheureux la fin de l'existence comme la plus grande calamité!

« Vivre est une chose désirable », dit Aristote; et il ajoute : « surtout pour les hommes vertueux ». En effet, ce sont ceux qui tendent de toutes leurs forces vers la fin la plus élevée, qui attachent en réalité le plus de prix à la vie parce qu'ils en comprennent le mieux la grandeur et la beauté. Outre la joie de vivre qui est plus ou moins le partage de tous les hommes, les hommes vertueux ont la conscience de bien vivre, de se développer et de se perfectionner selon leur véritable nature; et cette plénitude de vie est la source de la félicité la plus accomplie.

L'activité est essentielle à l'homme, et par conséquent, pour lui, vivre, c'est sentir ou penser. Enfin vivre est bon et agréable en soi; car c'est quelque chose de fini; or, le nombre fini est le symbole de la nature du bien; mais ce qui est bon par sa nature, l'est nécessairement pour l'homme de bien, d'où il suit qu'il doit l'être aussi à tous les hommes, mais il n'y faut pas comprendre ceux qui sont vicieux et corrompus, ou accablés de peines et d'afflictions : car ce serait quelque chose d'infini, comme le vice, la corruption et la peine elle-même qui se trouvent dans une pareille vie.

Au reste, si la vie est un bien, elle doit être, par cela même, une chose agréable. C'est ce qu'on voit par le charme qu'y trouvent tous les hommes, et surtout ceux qui sont vertueux et heureux : car ce sont eux qui attachent le plus de prix à la vie, et à qui elle offre la félicité la plus accomplie. Cependant, tout homme qui voit, ou entend, ou marche, sent qu'il voit, qu'il entend, qu'il marche ; il en est ainsi de toutes les autres actions ; il y a en nous quelque chose qui sent que nous agissons. Nous pouvons donc sentir que nous sentons, et penser que nous pensons ; or, sentir que l'on sent et qu'on pense, c'est être ; car être, c'est sentir ou penser. Mais sentir que l'on vit est en soi une chose agréable, puisque, par sa nature, la vie est un bien. C'est aussi une chose agréable que de sentir le bien que l'on possède en soi-même. Vivre est donc une chose désirable, surtout pour les hommes vertueux, parce que c'est pour eux un bien et une jouissance que d'être, et parce que la conscience qu'ils ont de posséder ce qui est un bien en soi, les comble de joie. (*Morale à Nicomaque*, traduction Thurot, pp. 435-436.)

II

L'ŒUVRE DE L'HOMME ET L'ŒUVRE DE L'HOMME DE BIEN

« La nature n'a pas fait de l'homme une créature inerte et incapable de rien produire. » L'activité est l'essence de la vie. L'être, doué de raison, doit remplir la fonction qui lui est propre. « L'œuvre de l'homme est une activité de l'âme conforme à la raison, ou au moins qui n'en soit pas dépourvue. » Suivre en tous points les dictées de la raison, ou au moins éviter tout ce que la raison condamne, telle est donc la fonction de l'homme en général. Mais de même qu'Aristote distingue entre l'œuvre du musicien et celle du musicien habile, il marque une différence entre l'œuvre de l'homme et celle de l'homme de bien. Qu'est-ce qui fait la supériorité, l'excellence, dans l'art, sinon la force d'une inspiration élevée qui lui donne la vie et la puissance d'émouvoir ? « L'œuvre de l'homme de bien est l'activité de l'âme dirigée par la vertu la plus parfaite. » Or, quelle est la vertu la plus parfaite sinon celle qui est « conforme à ce qu'il y a en nous de plus sublime », à ce principe divin qui nous rend dignes de l'immortalité, et que nous devons prendre pour guide de notre vie. « Ce n'est pas Dieu, dit Aristote, qui commande à la partie contemplative de notre être par des ordres précis ; mais c'est la prudence qui lui prescrit le but qu'elle doit poursuivre. Or, ce but suprême est double, parce que Dieu n'a besoin de rien. » Sans doute, la vertu de l'homme ne peut en rien ajouter à la perfection infinie de Dieu ; mais l'homme est l'œuvre de Dieu qui aime l'homme dont il est le créateur et le bienfaiteur. Il est donc impossible que Dieu ne s'intéresse pas à la vertu et au bonheur de l'homme. Et s'il « ne lui commande pas par des ordres précis », il l'inspire par la raison, « le principe qui, par sa puissance et par sa dignité, est au-dessus de tout ». C'est à cette inspiration qu'Aristote attribue ce qu'il y a de plus parfait dans la vie de l'homme, dont les sentiments et les actes sont d'autant meilleurs qu'il connaît et contemple davantage Dieu. « C'est là, dit-il, notre condition la meilleure, c'est la règle la plus sûre et la plus belle ». Et il déplore la condition de ceux qui ne servent et ne contemplent pas Dieu. En même temps, il les en rend eux-mêmes responsables, puisqu'il ajoute que « l'homme a cette faculté dans son âme ». Il s'agit de la cultiver et de lui assurer la prédominance sur la partie inférieure de notre être. C'est ainsi que l'homme fera des actions accompagnées de raison ; chacune de ces actions aura la vertu qui lui est propre, et cette vertu parfaite rendra aussi sa vie parfaite.

De même que c'est dans l'action et dans l'ouvrage d'un musicien, d'un sculpteur, d'un artiste en quelque genre que ce soit, et, en général, de tous ceux qui produisent quelque acte ou quelque ouvrage, que l'on reconnaît ce qui est bon et bien, il semblerait que, pour l'homme aussi, on pourrait porter un jugement pareil, s'il y a quelque œuvre qui lui soit propre. Serait-ce donc qu'il y a des actes et des œuvres propres au cordonnier et au charpentier, et aucune qui le soit à l'homme ; et la nature l'aurait-elle fait une créature inerte et incapable de rien produire ? ou plutôt ne peut-on pas affirmer que de même que l'œil, la main, le pied et, en général, chacun de nos membres a sa fonction particulière, ainsi l'homme lui-même en a une qui lui est propre ? Mais cette fonction quelle est-elle ? Et d'abord la vie semble lui être commune même avec les plantes ; or nous cherchons ce qu'il y a de propre, il faut donc mettre de côté la vie de nutrition et celle d'accroissement. Vient encore la vie sensitive ; mais celle-ci encore est commune au cheval, au bœuf et à tous les animaux. Reste enfin la faculté active de l'être qui a la raison en partage, soit qu'on le considéré comme se soumettant aux décisions de la raison, ou comme possédant cette raison même avec la pensée. Or, cette faculté étant susceptible d'être considérée sous deux points de vue, admettons d'abord celui sous lequel elle est envisagée comme action, car c'est plus proprement celui-là qui lui donne son nom. Si donc l'œuvre de l'homme est une activité de l'âme, conforme à la raison, ou au moins qui n'en soit pas dépourvue, et si l'on peut affirmer qu'outre qu'elle est une œuvre de l'homme en général, elle peut encore être celle de l'homme de bien, comme il y a l'œuvre du musicien et celle du musicien habile ; et si cette distinction s'applique aux œuvres de toute espèce, ajoutant ainsi à l'œuvre elle-même la différence qui résulte d'une supériorité absolue en mérite ; s'il en est ainsi (disons-nous) si l'œuvre de l'homme est un certain genre de vie, qui consiste dans l'énergie de l'âme et dans des actions accompagnées de raison, qu'il appartient à l'homme vertueux d'exécuter convenablement et dont chacune ne peut être accomplie qu'autant qu'elle a la vertu qui lui est propre : il résulte de là que le bien de l'homme est l'activité de l'âme dirigée par la vertu, et, s'il y a plusieurs vertus, par celle qui est la plus parfaite et, de plus, dans une vie parfaite. Car (comme on dit proverbialement) une hirondelle ne fait pas le printemps, ni aussi un seul jour ; de même un seul jour, ou un temps très court, ne suffit pas pour rendre un homme complètement heureux. (*Id.*, pp. 24-26.)

Il ne faut pas suivre le conseil de ceux qui veulent qu'on n'ait que des sentiments conformes à l'humanité, parce qu'on est homme et qu'on n'aspire qu'à la destinée d'une créature mortelle, puisqu'on est mortel ; mais nous devons nous appliquer, autant qu'il est possible, à nous rendre dignes de l'immortalité et faire tous nos efforts pour conformer notre vie à ce qu'il y a en nous de plus sublime. Car, si ce principe divin est petit par l'espace qu'il occupe, il est, par sa puissance et par sa dignité, au-dessus de tout. On est même autorisé à croire que c'est lui qui constitue proprement chaque individu, puisque ce qui commande est aussi d'un plus grand prix ; par conséquent, il y aurait de l'absurdité à ne le pas prendre pour guide de sa vie et à lui préférer quelque autre principe. (*Id.*, p. 479.)

Il faut ne vivre que pour la partie de nous qui commande. Il faut organiser sa vie et sa conduite sur l'énergie propre à cette partie supérieure de nous-mêmes, comme l'esclave règle toute son existence en vue de son maître, et comme chacun doit le faire en vue du pouvoir spécial auquel son devoir le soumet. L'homme aussi se compose, par les lois de la nature, de deux parties, dont l'une commande et dont l'autre obéit, et chacune d'elles doit vivre selon le pouvoir qui lui est propre. Mais ce pouvoir lui-même est double aussi. Par exemple, autre est le pouvoir de la médecine ; autre est celui de la santé, et c'est pour la seconde que travaille la première. Ce rapport se retrouve dans la partie contemplative de notre être. Ce n'est pas Dieu, sans doute, qui lui commande par des ordres précis, mais c'est la prudence qui lui prescrit le but qu'elle doit poursuivre. Or, ce but suprême est double, parce que Dieu n'a besoin de rien. Nous nous bornerons à dire ici que le choix et l'usage soit des biens naturels, soit des forces de notre corps ou de nos richesses, ou de nos amis, en un mot, de tous les biens, seront d'autant meilleurs qu'ils nous permettront davantage de connaitre et de contempler Dieu. C'est là, sachons-le, notre condition la meilleure; c'est la règle la plus sûre et la plus belle, et la condition la plus fâcheuse à tous ces égards est celle qui, soit par excès, soit par défaut, nous empêche de servir Dieu et de le contempler. Or, l'homme a cette faculté dans son âme, et la meilleure disposition de son âme est celle où il sent le moins possible l'autre partie de son être, en tant qu'elle est inférieure. (*Morale à Eudème*, trad. Barthélemy Saint-Hilaire, pp. 467-466.)

CHAPITRE II

LE BIEN SUPRÊME : LE BONHEUR PAR LA VERTU.

I

Pour Aristote, l'idée du bonheur se confond si bien avec celle de la vertu, que parfois il prend l'une pour l'autre. Etre ce qu'il doit être, voilà, selon lui, le bonheur, en même temps que le devoir de l'homme. « Bien vivre et bien faire, dit-il, n'est autre chose que ce que nous appelons être heureux. » Peut-on reprocher à Aristote d'avoir été trop préoccupé de l'utile, d'avoir montré la vertu comme un moyen plutôt que comme une fin, comme la seule fin que l'homme doive poursuivre ? Nous ne le pensons pas. Il connaît trop bien la nature humaine, pour ne pas songer à donner satisfaction au désir inextinguible de bonheur qui travaille l'âme et qui est au fond de toutes ses aspirations, alors même qu'elle n'en a pas conscience. En insistant sur l'union intime de la vertu et du bonheur, il constate simplement un fait connu de tout homme qui essaye d'être vertueux. Il ne perd pas de vue le caractère désintéressé que doit avoir la vertu : « On est moralement beau et vertueux, c'est-à-dire parfaitement honnête, dit-il, quand on ne recherche les biens qui sont beaux que pour eux-mêmes, et qu'on pratique les belles actions exclusivement parce qu'elles sont belles ». Ainsi démontre-t-il l'inanité d'une vertu qui n'est pas à elle-même sa fin.

Mais est-il absolument vrai que le bonheur soit la conséquence infaillible de la vertu, même si l'on entend par bonheur la paix de la conscience, la satisfaction du devoir accompli ? Dans les efforts pénibles et les sacrifices douloureux qu'exige la vertu, l'âme n'éprouve-t-elle pas souvent la souffrance du renoncement beaucoup plus que la joie du bien ? Même celui qui aime le plus sincèrement le bien, peut-il arriver à le faire constamment avec plaisir ? Il faut que la vertu soit bien parfaite pour accomplir avec pureté et sans peine tous les devoirs. Et alors même que l'homme de bien est irréprochable aux yeux d'autrui, sa conscience ne lui reproche-t-elle pas bien des défaillances ? Puisqu'il aspire à la perfection, peut-il jamais être satisfait du bien qu'il réalise ? Ne serait-ce pas pour lui déchoir que de se croire arrivé au but ? La vue plus claire de l'idéal, et le sentiment plus délicat de ce qu'il doit être, ne lui permettent pas de goûter jamais dans la plénitude la félicité de la vertu parfaite. Aussi voyons-nous les hommes les plus vertueux se juger plus sévèrement que tous les autres, et s'affliger en toute sincérité de leurs imperfections. Les plus pures jouissances de la vertu sont donc mêlées pour eux de bien des regrets. Ainsi n'y a-t-il pas même pour eux de bonheur parfait.

Nous ne vivons réellement par aucun autre principe que par notre âme. Or, la vertu est dans l'âme ; et quand nous disons que l'âme fait quelque chose, cela revient absolument à dire que c'est la vertu de l'âme qui la fait. Mais la vertu dans chaque genre fait que la chose dont elle est la vertu est bonne comme elle peut l'être ; or, l'âme est soumise comme le reste à cette règle ; et puisque nous vivons par l'âme, c'est par la vertu de l'âme que nous vivons bien. Mais bien vivre et bien faire n'est pas autre chose que ce que nous appelons être heureux. Ainsi donc, être heureux, ou le bonheur ne consiste qu'à bien vivre ; mais bien vivre, c'est vivre en pratiquant les vertus. En un mot, c'est là la vraie fin de la vie, le bonheur et le bien suprême. Le bonheur, par conséquent, se trouvera dans un certain usage des choses, et dans un certain acte ; car, ainsi que nous l'avons dit, toutes les fois qu'il y a en même temps faculté et usage, c'est l'usage et l'acte qui sont la fin véritable des choses. La vertu n'est qu'une faculté de l'âme ; mais, pour elle, il y a de plus l'usage et l'acte des vertus qu'elle possède ; et par suite, c'est l'acte et l'usage de ces vertus qui sont aussi sa vraie fin. Donc, le bonheur consiste à vivre selon les vertus. D'autre part, comme le bonheur est le bien par excellence, et qu'il est une fin en acte, il s'ensuit qu'en vivant suivant les vertus, nous sommes heureux, et que nous jouissons du bien suprême. (*Grande morale*, traduction Saint-Hilaire, p. 21 et 22).

On est moralement beau et vertueux, c'est-à-dire parfaitement honnête, quand on ne recherche les biens qui sont beaux que pour eux-mêmes, et qu'on pratique les belles actions exclusivement parce qu'elles sont belles, et j'entends par les belles actions, la vertu et tous les actes que la vertu inspire. (*Morale à Eudème*, p. 461).

Les choses qu'on fait ne sont vraiment belles que quand on les fait, et qu'on les recherche, en vue d'une fin qui est belle aussi. (*Id.*, p. 462).

II

LA VERTU SEULE RÉPOND A L'IDÉE DU SOUVERAIN BIEN

Mais si la vertu ne peut donner à l'homme en ce monde une félicité accomplie, elle le rend du moins aussi heureux qu'il peut l'être. Ainsi nous le dit Anaxagore de Clazomène, dont Aristote nous rapporte les paroles et qui estime le plus heureux celui qui remplit fidèlement ses devoirs et qui peut s'élever à quelque contemplation divine. La vertu seule répond, en effet, à l'idée que l'on se fait du bien suprême ; seule, elle réunit les caractères qui le font désirer et sans lesquels il ne serait plus le bien suprême. On le recherche pour lui-même, non en vue de quelque autre objet ; on le considère en tout comme une fin, non comme un moyen, ainsi que la fortune, le plaisir, et même le talent, la considération, que les hommes ne poursuivent que parce qu'ils s'imaginent, par ces moyens, parvenir au bonheur.

Un autre caractère du bien suprême, c'est de se suffire à lui-même, d'être indépendant de toutes les circonstances extérieures et de se conserver pur et inaltérable, malgré les épreuves, les vicissitudes et les calamités même auxquelles l'homme ne peut se soustraire, à cause de sa condition mortelle. La vertu seule donne cette parfaite indépendance, parce qu'elle est dans l'âme, et que nous ne vivons réellement que par l'âme. La vertu est donc le bien suprême, immuable, éternel, pourvu que la vertu soit ferme et constante, et qu'elle n'ait d'autre fin que la perfection.

On demandait à Anaxagore de Clazomène quel était suivant lui l'homme le plus heureux : « Ce n'est aucun de ceux que vous supposez, répondit-il, et le plus heureux des hommes, selon moi, vous semblerait probablement un homme bien étrange ». Le sage répondait ainsi, parce qu'il voyait bien que son interlocuteur ne pouvait pas s'imaginer qu'on dût mériter cette appellation d'heureux sans être tout au moins puissant, riche ou beau. Quant à lui, il pensait peut-être que l'homme qui accomplit avec pureté et sans peine tous les devoirs de la justice ou qui peut s'élever à quelque contemplation divine, est aussi heureux que le permet la condition humaine. (*Morale à Eudème*, p. 215).

Le bien suprême ou absolu semble devoir être quelque chose de parfait ; en sorte que, s'il n'y a qu'un seul bien qui soit parfait, ce serait précisément celui que nous cherchons ; mais, s'il y en a plusieurs, ce sera le plus parfait de ceux-là.

D'un autre côté, nous regardons un bien qu'on recherche pour lui-même comme plus parfait que celui qu'on recherche en vue de quelque autre ; et celui qu'on ne peut jamais désirer en vue d'un autre, comme plus complet que ceux qu'on désire à la fois pour eux-mêmes et comme moyens d'en obtenir d'autres ; en un mot, le bien parfait ou absolu est celui qu'on préfère toujours pour lui-même et jamais en vue d'aucun autre.

Or, le bonheur paraît surtout être dans ce cas, car nous le désirons constamment pour lui-même, et jamais pour aucune autre fin ; au lieu que la considération, la volupté, l'esprit et tout ce qui s'appelle vertu ou mérite, nous les désirons sans doute pour eux-mêmes (puisque, quand il n'en devrait résulter aucun autre avantage, leur possession nous paraîtrait encore désirable) ; mais nous les recherchons aussi en vue du bonheur, nous imaginant que nous serons heureux par leur moyen. Au contraire, personne ne recherche le bonheur en vue d'aucun de ces avantages, ni, en général, de quelque autre bien que ce soit.

Il semble aussi que le bien parfait ou absolu doive se suffire à lui-même, et de cette condition résultent tous les mêmes effets que nous venons d'attribuer au bonheur. Mais, par cette façon de parler « se suffire à soi-même », nous n'entendons pas simplement vivre pour soi seul et dans un entier isolement, mais vivre pour ses parents, ses enfants, sa femme, et généralement pour ses amis et ses concitoyens, puisque, par sa nature, l'homme est un être sociable. Toutefois, cette proposition doit être renfermée dans de justes limites ; car, en l'étendant aux générations antérieures, à la postérité et aux amis de nos amis, cela irait à l'infini. Mais nous reviendrons ailleurs sur ces considérations. Nous entendons ici, par la condition de se suffire à soi-même, un genre de vie qui, seul et sans aucun secours, satisfasse à tous les besoins, et voilà, suivant notre opinion, ce que c'est que le bonheur. C'est ce qu'il y a au monde de plus désirable, indépendamment de tout ce qu'on y pourrait ajouter ; mais pour peu qu'on en accroisse la somme, il est évident que l'addition du plus petit de tous les biens doit le rendre encore plus désirable, car ce qu'on y ajoute y met le comble ; or, en fait de biens, ce qui est plus considérable ne saurait manquer d'obtenir la préférence. On peut donc dire que le bonheur est quelque chose de parfait et qui se suffit à soi-même, puisqu'il est la fin de tous nos actes. (*Morale à Nicomaque*, pp. 22-24.)

III

LA VERTU DANS L'ACTION

La vertu qui rend l'homme heureux, n'est pas une simple disposition à bien faire, c'est la pratique désintéressée du bien, l'activité de l'âme dirigée par la raison. Pour nous faire comprendre quelle doit être la vie active qui donne le bonheur, Aristote la compare aux jeux olympiques dans lesquels il faut combattre et vaincre pour être couronné. « Ce ne sont pas, dit-il, les plus beaux et les plus forts qui reçoivent la couronne, mais ceux qui combattent dans l'arène. » Et il ajoute : « ainsi, il n'y a que ceux qui agissent d'une manière conforme à la vertu qui puissent avoir part à la gloire et au bonheur de la vie ». On peut concevoir la beauté d'une âme, indépendamment de l'action, car cette beauté est surtout dans les sentiments et les aspirations : c'est la pureté et la sérénité que donne la conformité à la loi morale. Et encore faut-il l'action ferme et constante pour maintenir l'âme dans cet heureux état. Mais la force, qui est la vertu même, ne se montre que dans l'action; et cette action est indispensable à tout instant de la vie; dès que l'âme cesse d'agir, elle déchoit. Elle ne peut donc jamais être assez sûre d'elle-même pour se livrer à la douceur du repos. C'est ce qu'Aristote semble oublier lorsqu'il vante la supériorité de la vie contemplative sur la vie active. Quelques joies profondes et désintéressées que l'homme trouve dans la contemplation, elles ne valent pas la satisfaction que causent les actes vertueux. Alors même qu'il pourrait vivre de pensée pure, il ne goûterait pas, dans l'isolement égoïste du sage qui se suffit à lui-même, la sublime volupté de vivre pour autrui, de se dévouer pour une noble fin. Si la contemplation donne plus d'énergie à nos facultés, cette énergie même doit rendre notre vertu plus éclairée et plus ferme. Aristote nous a dit lui-même que « celui qui ne prend pas plaisir à faire de bonnes actions, n'est pas véritablement homme de bien. » Il n'y a donc point de vertu purement spéculative. D'ailleurs

Aristote pense aussi qu'une telle vie serait au-dessus de la condition humaine; « car, dit-il, ce n'est pas comme homme qu'on pourrait vivre ainsi, mais comme ayant en soi quelque chose de divin ». Prétend-il que la vie divine soit une vie de contemplation ? que Dieu trouve sa félicité parfaite dans la pensée pure ? Mais supprimer l'activité de Dieu, c'est, selon nous, l'abaisser en faisant de lui un être incomplet; supprimer celle de l'homme, c'est le rendre incapable de vertu et, par conséquent, lui refuser le bien suprême. La vraie vie de l'homme c'est la contemplation et l'action, se complétant et se fortifiant l'une l'autre, c'est-à-dire toutes les facultés de son être concourant à une fin unique, la vertu parfaite qui donne la félicité parfaite.

Il semble qu'il y a une grande différence à faire consister le souverain bien dans la possession ou dans l'usage, dans la disposition à la vertu ou dans la pratique de la vertu; car la disposition peut exister sans produire rien de bien, comme cela arrive pour un homme qui dort, ou qui demeure, pour quelque cause que ce soit, dans une entière inaction.

Mais, si c'est dans la vie active qu'est le bonheur, on ne saurait faire la même objection, puisqu'il faudrait nécessairement, pour être heureux, que l'on agisse, et que l'on agisse bien. Et, de même que dans les jeux olympiques ce ne sont pas les plus beaux et les plus forts qui reçoivent la couronne, mais seulement ceux qui combattent dans l'arène (car c'est parmi eux que se trouvent les vainqueurs); ainsi, il n'y a que ceux qui agissent d'une manière conforme à la vertu qui puissent avoir part à la gloire et au bonheur de la vie. Au reste, leur vie est par elle-même remplie de délices; car le sentiment du plaisir appartient à l'âme, et dire qu'un homme aime quelque chose, c'est dire que cette chose lui cause du plaisir; ainsi, les chevaux, les spectacles, sont des causes de plaisir pour celui qui les aime; et de même, quiconque aime la justice, ou, en général, la vertu, y trouve de véritables jouissances.

Toutefois, il y a, dans les âmes vulgaires, des jouissances qui semblent se combattre les unes les autres; c'est qu'elles ne sont pas telles par leur nature, au lieu que ce qui est plaisir pour les hommes qui savent goûter le beau, est agréable par sa nature; et tel est le caractère des actions conformes à la vertu, qu'elles sont agréables par elles-mêmes et qu'elles charment ceux qui les font. Aussi leur vie n'a-t-elle aucun besoin du plaisir; c'est, pour ainsi dire, un talisman dont ils savent se passer; elle le renferme en elle-même, car, indépendamment de tout ce que nous avons dit à ce sujet, il est évident que celui qui ne prend pas plaisir à faire de bonnes actions, n'est pas véritablement homme de bien; pas plus que celui qui ne se plaît ni aux actes de justice, ni aux actes de libéralité, n'est juste ou libéral; et ainsi du reste.

Il suit de là que les actions vertueuses sont des plaisirs, qu'elles sont à la fois bonnes et honorables et qu'elles réunissent chacune de ces qualités au plus haut degré, si l'homme de bien sait les apprécier comme il faut; et c'est ainsi qu'il en juge, en effet. (*Morale à Nicomaque*, p. 29-32.)

Si le bonheur est une manière d'agir toujours conforme à la vertu, il est naturel de penser que ce doit être à la vertu la plus parfaite, c'est-à-dire à celle de l'homme le plus excellent. Que ce soit donc l'esprit ou quelque autre principe auquel appartient naturellement l'empire et la prééminence, et qui semble comprendre en soi l'intelligence de tout ce qu'il y a de sublime et de divin ; que ce soit même un principe divin, ou au moins ce qu'il y a en nous de plus divin, le parfait bonheur ne saurait être que l'action de ce principe dirigée par la vertu qui lui est propre, et nous avons déjà dit qu'elle est purement spéculative ou contemplative. Au reste, cela semble s'accorder entièrement avec ce que nous avons dit sur ce sujet et avec la vérité ; car cette action est, en effet, la plus puissante, puisque l'entendement est ce qu'il y a en nous de plus merveilleux, et qu'outre les choses qui peuvent être connues, celles qu'il peut connaître sont les plus importantes. Son action est aussi la plus continue ; car il nous est plus possible de nous livrer, sans interruption, à la contemplation, que de faire sans cesse quelque chose que ce soit. Nous pensons aussi qu'il faut que le bonheur soit accompagné et, pour ainsi dire, mêlé de quelque plaisir ; or, entre les actes conformes à la vertu, ceux qui sont dirigés par la sagesse sont incontestablement ceux qui nous causent le plus de joie ; et, par conséquent, la sagesse semble comprendre en soi les plaisirs les plus ravissants par leur pureté et par la sécurité qui les accompagne, et il n'y a pas de doute que les hommes instruits passent leur temps d'une manière plus agréable que ceux qui cherchent et qui ignorent.

D'un autre côté, ce qu'on a appelé la condition de se suffire à soi-même se trouve surtout dans la vie contemplative ; car l'homme juste et sage a besoin, comme tous les autres hommes, de se procurer les choses nécessaires à l'existence ; mais entre ceux qui en sont suffisamment pourvus, l'homme juste a encore besoin de trouver des personnes envers qui et avec qui il puisse pratiquer la justice, et il en sera de même de celui qui est tempérant ou courageux, ou qui possède telle ou telle autre vertu particulière ; au lieu que le sage, même dans l'isolement le plus absolu, peut encore se livrer à la contemplation, et le peut d'autant plus qu'il a plus de sagesse. Peut-être néanmoins le pourrait-il mieux s'il associait d'autres personnes à ses travaux ; mais il est pourtant de tous les hommes celui qui peut le plus se suffire à lui-même. D'ailleurs, la vie contemplative seule semble pouvoir nous charmer par elle-même, puisqu'elle n'a point d'autre résultat que la contemplation, tandis que, dans la vie active, il y a toujours, outre l'action, quelque produit dont on est plus ou moins obligé de s'occuper. (*Id.*, pp. 475-477.)

L'activité de l'esprit, qui semble être d'une nature plus noble, étant purement contemplative, n'ayant d'autre fin qu'elle-même et portant avec soi une volupté qui lui est propre, donne plus d'énergie à nos facultés ; si la condition de se suffire à soi-même, un loisir exempt de toute fatigue corporelle (autant que le comporte la nature de l'homme) et tous les autres avantages qui caractérisent la félicité parfaite sont le partage de ce genre d'activité ; il s'ensuit que c'est elle qui est réellement le bonheur de l'homme quand elle a rempli toute la durée de sa vie ; car rien d'imparfait ne peut être compté parmi les éléments ou conditions du bonheur.

Cependant une telle vie serait au-dessus de la condition humaine ; car ce n'est pas comme homme qu'on pourrait vivre ainsi, mais comme ayant en soi quelque chose de divin, et autant ce principe est supérieur à ce qui est composé d'un corps et d'une âme, autant l'opération qui lui appartient exclusivement est au-dessus de celles qui dépendent des facultés d'un autre ordre. Or, si l'esprit est quelque chose de divin par rapport à l'homme, de même une telle vie est divine par rapport à la vie de l'homme. (*Id.*, p. 477.)

IV

LES BIENS EXTÉRIEURS DANS LEURS RAPPORTS AVEC LE BONHEUR

La possession du bien suprême, c'est-à-dire du bonheur par la vertu, est indépendante des circonstances extérieures. Elle ne peut garantir l'homme contre les coups de la fortune, les rigueurs de la destinée, en un mot tout ce qu'on appelle les malheurs de la vie ; mais elle aide à les supporter avec fermeté et à les faire servir au plus grand bien de l'âme. De même elle n'assure pas à l'homme vertueux la richesse, les honneurs, la prospérité, tous les biens extérieurs qui contribuent au charme de la vie. Mais ces biens ne sont pas nécessaires à la pratique de la vertu ; souvent même, ils la rendent plus difficile par les tentations qu'ils suscitent à l'âme qui n'est que trop disposée à sacrifier les réalités aux apparences. Aristote leur fait, à mon avis, une place trop importante en les appelant « un accessoire indispensable ». Il me semble même qu'il y a contradiction entre ces deux termes, car l'accessoire ne saurait être indispensable. Cependant les développements de la pensée d'Aristote démontrent le prix immense qu'il attache aux biens extérieurs. « Il est impossible, dit-il, ou au moins fort difficile de bien faire, quand on est entièrement dépourvu de ressources. » Mais nul homme n'est dépourvu avec un corps sain, une intelligence capable de comprendre le bien, un cœur disposé à l'aimer et une volonté qui, sous l'inspiration de grandes pensées, peut accomplir les plus sublimes actes de vertu. Quant aux choses dont « les instruments nécessaires sont les richesses, les amis, l'autorité politique », l'homme n'est pas tenu de les exécuter s'il n'en a pas les moyens. Mais dans la limite du possible, nul homme n'est entièrement privé des moyens de s'exercer à la vertu, tant qu'il est maître de sa raison et de sa volonté. N'est-ce pas abaisser l'homme que de prétendre que la privation absolue de certains avantages, tels que la beauté, la naissance, la famille, puisse gâter et dégrader le bonheur que donne la vertu ? Par sa dignité d'homme n'est-il pas supérieur à tout ce qui touche sa personne extérieure ? D'ailleurs « la laideur excessive » est-elle possible quand l'âme est adonnée à la vertu ? La beauté morale ne resplendit-elle pas sur le visage de l'homme de bien ? C'est une grande affliction, il est vrai, de n'avoir point de famille ou d'en avoir une vicieuse ; mais la vertu qui donne le bien suprême est assez forte pour surmonter toutes les douleurs humaines par la patience et la magnanimité, et pour faire concourir les choses les plus adverses au perfectionnement de l'âme. L'homme vertueux renferme donc en lui-même son bonheur, plus ou moins parfait, mais toujours plus excellent que tous les biens qui dépendent des vicissitudes de la fortune. D'ailleurs, Aristote, dans un autre texte, dit lui-même « qu'il n'y a aucune raison d'attacher tant d'importance à ces vicissitudes, car ce ne sont pas elles qui constituent le bien et le mal en soi ». Il pense avec raison qu'il faut en tenir compte jusqu'à un certain point, puisqu'elles ne sauraient être indifférentes à l'homme qui en souffre ou en jouit pour lui-même et encore bien plus pour ses amis et ses proches. L'incomparable philosophe qui a tout étudié, n'oublie donc point la double nature de l'homme ; et bien qu'il aspire à la félicité de l'intelligence pure, il ne méconnaît pas les exigences de la sensibilité. Il n'exige pas de l'homme le mépris de la douleur, il lui demande seulement de « supporter les revers de la fortune avec calme et dignité ». Mais au-dessus de l'instabilité du sort qui n'épargne personne, il montre la constance de la vertu : « Il n'y a rien dans les choses humaines, dit-il, où la constance se manifeste autant que dans les actions conformes à la vertu, et c'est précisément parce que les hommes parfaitement heureux portent cette constance jusque dans les moindres détails des actions de leur vie qu'elles sont ce qu'il y a de plus honorable à la fois et de moins sujet à l'instabilité ». Ainsi il est évident que pour Aristote le bien suprême c'est la vertu qui ne se dément jamais et qui brille de tout son éclat dans les grandes calamités supportées avec résignation par générosité et par grandeur d'âme.

Le bonheur est ce qu'il y a de plus excellent, de plus beau et de plus agréable ; et ces choses ne doivent être ni distinguées ni séparées, comme elles le sont dans cette inscription de Délos : « Ce qu'il y a de plus beau, c'est la justice ; de meilleur, c'est la santé ; et de plus agréable, la jouissance de ce qu'on désire ». Car tout cela se trouve dans les actions les plus parfaites ; or, le bonheur est, à notre avis, ou la réunion de toutes ces choses, ou celle d'entre elles qui est la plus excellente. (*Morale à Nicomaque*, p. 31-32.)

Néanmoins il semble qu'il faille joindre au bonheur encore les biens extérieurs ; car il est impossible, ou au moins fort difficile, de bien faire, quand on est entièrement dépourvu de ressources ; il y a même beaucoup de choses pour l'exécution desquelles des amis, des richesses, une autorité politique, sont comme des instruments nécessaires. La privation absolue de quelqu'un de ces avantages, comme de la naissance, le manque d'enfants, de beauté, gâte et dégrade en quelque sorte le bonheur. Car ce n'est pas un homme tout à fait heureux que celui qui est d'une excessive laideur, ou d'une naissance vile, ou entièrement isolé et sans enfants. Celui qui a des amis ou des enfants tout à fait vicieux, ou qui en avait de vertueux que la mort lui a enlevés, est peut-être moins heureux encore. La jouissance de ces sortes de biens semble donc être, comme je l'ai dit, un accessoire indispensable; aussi y a-t-il des personnes qui rangent dans la même classe le bonheur et la bonne fortune, et d'autres la vertu.

Si l'on s'attache à observer les vicissitudes de la fortune, on pourra souvent dire d'un même individu qu'il est heureux, et ensuite qu'il est malheureux, et ce sera faire du bonheur une condition fort équivoque et fort peu stable.

Ne pourrait-on pas dire plutôt qu'il n'y a aucune raison d'attacher tant d'importance à ces vicissitudes ? car, enfin, ce ne sont pas elles qui constituent le bien et le mal en soi; mais la vie humaine a besoin, comme nous l'avons dit, d'en tenir compte, au moins jusqu'à un certain point; au lieu que ce sont les actions conformes à la vertu, qui décident du bonheur, comme les actions contraires décident de l'état opposé. La question présente vient même à l'appui de cette opinion, car il n'y a rien dans les choses humaines où la constance se manifeste autant que dans les actions conformes à la vertu; elle y paraît plus que dans les sciences mêmes; et c'est précisément parce que les hommes parfaitement heureux portent cette constance jusque dans les moindres détails des actions de leur vie, qu'elles sont ce qu'il y a de plus honorable à la fois, et de moins sujet à l'instabilité; et cela même semble être cause qu'ils n'ont pas, à cet égard, un moment d'oubli.

Ainsi donc, le caractère que nous cherchons se trouvera dans l'homme heureux, et il le conservera toute sa vie. Car les actions conformes à la vertu seront toujours, ou du moins la plupart du temps, ce qu'il fera et ce qu'il considérera avant tout; et quant aux revers de la fortune, il saura les supporter, quels qu'ils soient, avec dignité et avec calme : car il sera l'homme véritablement vertueux, et dont toute la conduite n'offre rien qui soit à reprendre. (*Id.*, p. 37-39.)

Les grandes prospérités rendent réellement la vie plus heureuse; car naturellement elles sont faites pour l'embellir, et l'usage qu'on en fait donne un nouveau lustre à la vertu. Au contraire, les grandes infortunes diminuent et gâtent, en quelque sorte, le bonheur, car elles causent de vifs chagrins, et sont, dans bien des cas, un obstacle aux actions vertueuses. Cependant, c'est même alors que ce qu'il y a de grand et de noble dans notre nature brille de tout son éclat : c'est lorsqu'on supporte ces grandes calamités, avec résignation, non par insensibilité, mais par générosité et par grandeur d'âme. Au reste, si les actions des hommes décident, comme on l'a dit, de la destinée de leur vie, il est impossible qu'un homme heureux (au sens que nous l'entendons) soit jamais misérable, car jamais il ne fera des actions odieuses et méprisables. Nous croyons, en effet, que l'homme véritablement vertueux et sage sait supporter avec dignité tous les revers de la fortune, et tire toujours le parti le plus avantageux de ce qui est à sa disposition ; comme le grand capitaine emploie avec le plus de succès l'armée qui est actuellement sous ses ordres, comme l'habile cordonnier fait les meilleures chaussures avec le cuir qu'on lui donne, et ainsi des autres arts. (*Id.*, p. 39-40.)

V

LE BONHEUR ACCESSIBLE A TOUS PAR LA VERTU

Après avoir discuté les opinions diverses sur le bonheur, Aristote énonce de nouveau celle qu'il a affirmée dès le principe, savoir, que « le bonheur est un emploi de l'activité de l'âme, conforme à la vertu ». Mais il semble que le raisonnement ait ébranlé en lui la conviction, exprimée d'abord avec tant de fermeté : « En supposant, dit-il, que le bonheur ne soit pas une faveur des dieux, mais le résultat de la vertu, ou de l'instruction ou d'une constante application, il semble du moins être ce qu'il y a de plus divin, puisqu'il est la fin la plus excellente et comme le prix de la vertu ». Les hésitations et les contradictions d'Aristote sont celles d'un esprit droit qui cherche sincèrement la vérité, qui a besoin d'associer le lecteur au travail de sa pensée, et dont le vaste génie voit le pour et le contre des solutions qu'il découvre. En recherchant ce que les diverses opinions renferment de vérité, il ne perd pas de vue la sienne ; il y revient, sinon pour l'affirmer avec plus de force, du moins pour la compléter, afin que ceux qui l'ont suivi puissent choisir en connaissance de cause. C'est ainsi qu'en disant que le bonheur est le prix de la vertu, Aristote montre qu'il est accessible à tous puisque nul homme n'est incapable de vertu, à moins d'être privé de raison et de volonté. Et le bonheur de chacun est porportionné à sa vertu : plus cette vertu est parfaite, plus le bonheur est complet, qu'il soit accompagné ou non de biens accessoires. L'animal connait certains plaisirs, mais il ne peut aspirer ni atteindre au bonheur. L'enfant, dont la raison est imparfaite, ne peut par là même goûter le bonheur, malgré toutes les joies qui embellissent son existence. C'est parce que l'enfant n'est « pas encore susceptible du genre d'action ou d'activité qui constitue le bonheur ». Ainsi que nous l'avons déjà dit, il faut la plénitude de la vie pour produire une vertu accomplie qui soit digne de la divine récompense de l'homme de bien.

En supposant qu'il ne soit pas une faveur des dieux, mais le résultat de la vertu, ou de l'instruction, ou d'une constante application, le bonheur semble du moins être ce qu'il y a de plus divin, puisqu'il est la fin la plus excellente et comme le prix de la vertu. On peut même dire qu'il est, en quelque sorte, accessible à tous : puisqu'il n'est point d'homme, pourvu qu'il ne soit pas disgracié de la nature au point d'être incapable de toute vertu, qui ne puisse l'obtenir avec des soins et de l'étude. Or, si le bonheur, acquis de cette manière, est préférable à celui qui ne serait que l'effet de circonstances favorables, il y a lieu de croire que c'est ainsi qu'il faut l'acquérir. Et, s'il est vrai que les choses naturelles doivent à la nature leur plus haut degré de perfection, il en doit être de même des choses qui sont le produit de l'art, ou de quelque chose que ce soit, et surtout de la plus parfaite de toutes. Car il y aurait aussi trop d'absurdité à livrer au hasard ce que nous avons de plus noble et de plus précieux.

La solution de la question qui nous occupe, sort même évidemment de notre définition. Le bonheur, avons-nous dit, est un emploi de l'activité de l'âme, conforme à la vertu ; et quant aux autres biens, les uns sont nécessaires pour le rendre complet, et les autres y servent naturellement comme des auxiliaires, ou d'utiles instruments..... C'est avec fondement que nous ne dirons jamais ni d'un cheval, ni d'un bœuf, ni d'aucun autre animal, qu'il est heureux; car il n'y en a aucun qui soit susceptible du genre d'action ou d'activité qui constitue le bonheur. Par la même raison, nous ne le dirons pas non plus d'un enfant que son âge tendre rend encore incapable de cette sorte d'activité : ou, si nous employons cette expression, en parlant des enfants, ce n'est que pour faire entendre l'espérance qu'ils font concevoir; car les conditions du bonheur sont, comme je l'ai dit, une vertu parfaite, et une vie accomplie. (*Morale à Nicomaque*, pp. 33-34.)

CHAPITRE III

LA LIBERTÉ ET LA RESPONSABILITÉ

I

Nous avons vu que le bonheur est accessible à tous les hommes par la vertu. Et tous sont capables d'acquérir la vertu, puisqu'ils sont capables de réfléchir, de se déterminer et d'agir. Si, dans sa vie matérielle, l'homme dépend d'une foule de fatalités dont les conséquences sont fatales aussi, il n'en est pas de même de sa vie morale, sa vraie vie, dont il est la cause et le principe ; car il ne tient qu'à lui de faire ou de ne pas faire les actes qui s'y rapportent. C'est dans cette puissance de faire les contraires qu'est toute la dignité de l'homme. Seul, il peut opter entre le bien et le mal, et faire, soit des actes conformes à la vertu et dignes de louange, ou des actes contraires, dignes de blâme. La liberté morale est une puissance dont il peut user pour le bien et pour le mal ; et de cette puissance relèvent une foule de choses qui varient selon les principes. Du changement dans les actes, on peut conclure à un changement dan les principes.

« Or, le principe de l'action, bonne ou mauvaise, nous dit Aristote, c'est la détermination, c'est la volonté, et tout ce qui, en nous, agit d'après la raison. Mais certainement, la raison, la volonté qui inspirent nos actes changent aussi, puisque nous changeons nos actes de notre pleine volonté. Donc, le principe et la détermination changent tout comme eux ; c'est-à-dire que ce changement est parfaitement volontaire. Donc évidemment enfin, il ne dépend que de nous d'être bons ou mauvais. » Peut-être pourrait-on objecter ici à Aristote qu'il est difficile, mais non impossible, de trouver des hommes absolument conséquents, c'est-à-dire dont les actes soient toujours parfaitement conformes aux principes. Ne peut-on, ne doit-on pas supposer que les principes sont le plus souvent meilleurs que les actes ? Ne faut-il pas compter avec les entraînements contraires aux principes et qui, toutefois, ne sont pas involontaires, puisque l'homme peut être maître de ses désirs ? Mais le nom d'inconséquences donné à ces irrégularités n'est-il pas une preuve de plus en faveur du rapport logique entre la cause et l'effet ? Et n'est-ce pas dans cette rigueur inflexible que consiste la perfection de la conduite humaine ?

Ce qui, selon Aristote, démontre la liberté de l'homme, c'est que « la vertu et le vice, ainsi que les actes qui en dérivent, sont les uns dignes de louange et les autres dignes de blâme. Or, ajoute-t-il, on ne loue et on ne blâme jamais les choses qui sont le résultat de la nécessité, de la nature ou du hasard; on ne loue et l'on ne blâme que celles dont nous sommes les causes; car, toutes les fois qu'un autre que nous est cause, c'est à lui que revient et la louange et le blâme ». Une autre preuve de la liberté, c'est l'esprit de toutes les législations anciennes et modernes dans lesquelles la louange et le blâme se traduisent par un système de récompenses et de châtiments qui sont la juste rétribution des actes. Et toutes ces sanctions extérieures sont parfaitement d'accord avec le sentiment individuel de la liberté, sentiment qui se manifeste par le regret et le repentir causés par nos fautes volontaires.

Aristote va au-devant d'une objection qu'il réfute d'avance, savoir, celle qui consiste à dire que si la liberté existe, elle doit être toute puissante, et sans limites : « Mais, dira-t-on peut-être, puisqu'il ne dépend que de moi d'être bon, je serai, si je le veux, le meilleur des hommes ». Pour prouver l'erreur de ce raisonnement, il allègue l'impossibilité de rendre un corps parfaitement beau si la nature ne l'a pas fait sain et beau, et il en conclut que « pour être le plus vertueux des hommes, il ne suffira pas de vouloir, si la nature ne vous y aide pas ». Il me semble que c'est abaisser, en quelque sorte, l'âme, que de faire dépendre sa condition de certaines fatalités, analogues à celles que subit le corps. Sans doute l'âme a des instincts naturels, mais elle n'est pas faite quand elle éclot à la vie; et si par une bonne hygiène on peut triompher de certains vices de la constitution physique, on réussit encore bien mieux à transformer la nature morale par un régime conforme à la raison et à la vertu. Aristote lui-même, peut-être trop naturaliste quelquefois, ne semble pas douter de la puissance de la volonté, puisqu'il conclut par cet efficace encouragement donné à ceux qui aspirent à la perfection : « mais, néanmoins, on en sera beaucoup meilleur, par suite de cette noble résolution ». En effet, le désir d'être le meilleur des hommes, indique, non seulement l'idée de la perfection à réaliser, mais aussi le désir et la faculté de faire des efforts pour y parvenir. Et ce désir ne peut naître que dans une âme qui aime déjà le bien et qui trouve dans ce noble sentiment la force de l'accomplir. Peut-être se mêle-t-il quelque orgueil au désir d'être le plus vertueux des hommes. Aussi, n'est-ce pas à surpasser les autres en vertu que nous devons nous efforcer, mais à développer toute la vertu dont nous sommes capables, à fortifier et à perfectionner tous les généreux instincts de notre meilleure nature, selon l'idée toujours plus élevée que nous nous formons de la vertu. Et nous apprendrons ainsi qu'il n'y a pas de point d'arrêt dans cette vie progressive, puisqu'il ne s'agit ni d'égaler les plus parfaits, ni de leur être supérieurs, mais de manifester, dans toute sa beauté et sa grandeur, le principe divin qui est dans chacun de nous.

Comme il y a des choses qui peuvent être contrairement à ce qu'elles sont, il faut aussi que les principes de ces choses soient également variables; car tout ce qui résulte de choses nécessaires est nécessaire comme elles. Mais les choses qui viennent de cette autre cause signalée par nous, peuvent être autrement qu'elles ne sont. C'est souvent le cas pour ce qui dépend de l'homme et ne relève que de lui ; et voilà comment l'homme se trouve être cause et principe d'une foule de choses de cet ordre. Une conséquence de ceci, c'est que pour toutes les actions dont l'homme est cause et souverain maître, il est clair qu'elles peuvent être et ne pas être, et qu'il ne dépend que de lui que ces choses arrivent ou n'arrivent pas, puisqu'il est le maître qu'elles soient ou qu'elles ne soient point. Il est donc la cause responsable de toutes les choses qu'il dépend de lui de faire ou de ne pas faire ; et toutes les choses dont il est cause ne dépendent que de lui seul. D'autre part, la vertu et le vice, ainsi que les actes qui en dérivent, sont les uns dignes de louange et les autres dignes de blâme. Or, on ne loue et l'on ne blâme jamais les choses qui sont le résultat de la nécessité, de la nature ou du hasard ; on ne loue et l'on ne blâme que celles dont nous sommes les causes ; car toutes les fois qu'un autre que nous est cause, c'est à lui que revient et la louange et le blâme. Il est donc évident que la vertu et le vice ne concernent jamais que des choses où l'on est soi-même cause et principe de certains actes *(Morale à Eudème,* pp. 267-269).

L'acte d'une puissance louable et bonne est toujours meilleur et plus louable qu'elle ; voici ce qui le prouve. Tout ce qui n'est qu'à l'état de simple puissance peut réaliser également les contraires. Ainsi, l'être dont on dit qu'il peut être en santé, est aussi le même être qui peut être malade ; et il a ces deux possibilités à la fois ; car c'est une seule et même puissance que celle de se bien porter ou d'être malade, d'être en repos ou en mouvement, de bâtir la maison ou de l'abattre, d'être bâtie ou d'être abattue. Ainsi, la faculté de pouvoir les contraires est simultanée. Mais ce qui est impossible, c'est que les contraires eux-mêmes le soient. Les actes ne peuvent pas coexister davantage, attendu qu'on ne peut pas, par exemple, être tout à la fois malade et bien portant. Il y a donc nécessité que l'un de ces contraires soit le bien ; mais la puissance s'applique indifféremment aux deux à la fois, ou ne s'applique même à aucun des deux. L'acte est donc au-dessus de la puissance. (*Métaphysique*, trad. de Barth. Saint-Hilaire, II, 463-464.)

C'est d'après certains principes et d'après certains actes qu'il fait que l'homme peut produire les choses qu'il produit. Comment d'ailleurs en serait-il autrement ? Aucun des êtres inanimés ne peut agir, au sens vrai de ce mot, et même parmi les êtres animés aucun n'agit réellement, excepté l'homme. Donc, évidemment l'homme produit des actes d'un certain genre.

Mais comme les actes de l'homme changent sans cesse sous nos yeux et que nous ne faisons jamais identiquement les mêmes choses ; comme, d'un autre côté, les actes produits par nous le sont en vertu de certains principes, il est clair que, dès que les actes changent, les principes de ces actes changent aussi. Or, le principe de l'action, bonne ou mauvaise, c'est la détermination, c'est la volonté et tout ce qui, en nous, agit d'après la raison. Mais certainement, la raison, la volonté qui inspirent nos actes changent aussi, puisque nous changeons nos actes de notre pleine volonté. Donc, le principe et la détermination changent tout comme eux, c'est-à-dire que ce changement est parfaitement volontaire. Donc évidemment enfin, il ne dépend que de nous d'être bons ou mauvais.

Mais, dira-t-on peut-être, puisqu'il ne dépend que de moi d'être bon, je serai, si je le veux, le meilleur des hommes. Non, cela n'est pas possible, comme on se l'imagine. Et pourquoi ? C'est que cette perfection n'a pas lieu même pour le corps. On a beau vouloir soigner son corps, on n'aura pas pour cela le plus beau corps du monde. Car, non seulement, il faut des soins assidus, mais il faut de plus que la nature nous ait donné un corps parfaitement beau et sain. Avec des soins, le corps certainement sera beaucoup mieux ; mais il ne sera pas pour cela le mieux organisé entre tous les autres. Il faut admettre qu'il en est de même pour l'âme. Pour être le plus vertueux des hommes, il ne suffira pas de vouloir, si la nature ne vous y aide pas ; mais, néanmoins, on en sera beaucoup meilleur par suite de cette noble résolution. (*Grande morale*, p. 45.)

II

LE LIBRE ARBITRE. — L'ACTE VOLONTAIRE

« En fait de vertu, dit Aristote, c'est le volontaire et libre arbitre qui est le point vraiment essentiel. » Nier le libre arbitre, c'est faire de l'homme le jouet de la fatalité qui, par des lois inévitables, destine les uns à la vertu et les autres au vice. La conscience de chacun proteste contre cette dégradante théorie qui fait de l'homme un animal plus intelligent, mais aussi plus malheureux que les autres. Il suffit d'être sincère avec soi-même pour distinguer entre nos actes ceux que nous faisons sous l'impulsion de la nécessité et ceux qui sont l'effet de notre propre détermination, Aristote appelle actes volontaires tous ceux dont la cause est intérieure. « Le mobile qui nous fait agir, dit-il, c'est d'une manière toute générale l'appétit. » Il distingue trois espèces d'appétits : le désir, la colère, la volonté, et il prouve que l'action que nous fait faire le désir est volontaire. On pourrait objecter à Aristote que nos désirs sont, jusqu'à un certain point, fatals, c'est-à-dire qu'il ne dépend pas de nous de les éprouver ou non. Mais je crois qu'ils ne sont fatals qu'à leur naissance et qu'il dépend de nous, lorsque nous en avons conscience, de les surmonter et sinon de les étouffer, de détourner notre âme de l'objet qui les fait naître. Aristote ne reconnaît pas dans le désir une nécessité qui nous domine, car, pour lui, le caractère de la nécessité est d'être douloureuse, tandis que le désir est accompagné de plaisir. Je me demande si réellement la douleur est à la suite de tout ce qu'on fait par nécessité ; il me semble que tel n'est pas le caractère des actes physiques dont la nécessité est la cause, ni même de certains actes moraux accomplis par un être qui a entièrement abdiqué sa liberté entre les mains d'un autre. L'habitude même d'obéir passivement peut faire disparaître toute douleur à la suite de ces actes et les rendre indifférents, sinon les accompagner de plaisir. Le plaisir est-il toujours une conséquence de ce qu'on fait par désir ? Le désir me semble être l'espérance d'un plaisir ; si nous y cédons, la volonté se met d'accord avec lui pour le satisfaire. Mais que de désirs satisfaits ne nous font éprouver que la déception, la tristesse et le regret ! Je dirais donc plutôt que le plaisir est dans l'entraînement de l'âme qui se porte tout entière vers l'objet du désir, et cet entraînement est volontaire, puisque la volonté y consent et y concourt plus ou moins.

Aristote applique à la colère les mêmes raisonnements qu'au désir. Il est vrai de dire qu'il y a du plaisir à faire les actes que la colère inspire. Mais il me semble que ces actes sont volontaires, surtout parce que l'homme a le pouvoir de maîtriser sa colère qui devient presque fatale, s'il ne lui impose pas de frein.

Aristote appelle la volonté un appétit, sans doute parce qu'elle se porte avec plus ou moins d'impétuosité vers les objets de son choix. Et à l'appui de la liberté de la volonté, il cite l'exemple de l'intempérant « qui veut, jusqu'à un certain point, les actes coupables vers lesquels il se précipite ». On pourrait dire qu'il les veut comme moyens non comme fin. Ce qu'il poursuit, c'est le plaisir qui est pour lui dans ces actes. Aristote est donc conséquent avec lui-même en appelant libres et volontaires tous les actes accompagnés de plaisir. Et nous voyons dans l'intempérance la libre volonté qui s'applique au vice sous l'influence d'une erreur plus ou moins volontaire.

« L'acte volontaire ne pouvant consister dans une impulsion aveugle, il reste que l'acte volontaire vienne toujours de la pensée. » Quelque spontanée que paraisse l'action libre, elle est précédée de la réflexion, d'une sorte de délibération avec soi-même pendant laquelle peut se présenter à l'esprit l'idée de l'action contraire ; puis vient la libre option et la résolution ou détermination qui aboutit à l'action. Et nous sommes si bien convaincus qu'à la source de l'acte il y a une pensée initiale que, dans les jugements que nous portons sur nous-mêmes et sur autrui, nous recherchons sous l'acte l'intention qui rend cet acte plus ou moins digne de louange ou de blâme. Cette pensée fait même la vraie, l'unique valeur de l'acte que nous sommes disposés à absoudre, quoiqu'il soit mauvais ou funeste, alors que l'absence d'intention coupable est démontrée, et auquel nous refusons notre approbation, quoiqu'il soit conforme à la vertu, alors que nous y découvrons une pensée entachée d'égoïsme, d'orgueil ou de tout sentiment impur. Il est vrai que « nous sommes forcément obligés de juger le caractère des hommes d'après leurs actes » ; mais les actes, me semble-t-il, n'ont qu'une valeur ex-trinsèque, l'intention seule ou la pensée qui les vivifie les rend conformes ou non à la vertu, et les caractères sont élevés ou bas, selon les pensées qui les inspirent et les dirigent.

Après avoir démontré que la vertu dépend de nous, il est nécessaire de traiter du libre arbitre et d'expliquer ce qu'est l'acte libre et volontaire ; car en fait de vertu, c'est le volontaire et libre arbitre qui est le point vraiment essentiel. Le mot de volontaire désigne, absolument parlant, tout ce que nous faisons sans y être contraints par une nécessité quelconque.

Le mobile qui nous fait agir, c'est d'une manière toute générale l'appétit. On peut distinguer trois espèces d'appétits : le désir, la colère, la volonté. Recherchons, en premier lieu, si l'action que nous fait faire le désir est volontaire ou involontaire. Il n'est pas possible qu'elle soit involontaire. Pourquoi cela ? et d'où cela vient-il ? Tout ce que nous faisons autrement que par notre libre volonté, nous ne le faisons que par une nécessité qui nous domine. Or, il y a toujours une certaine douleur à la suite de tout ce qu'on fait par nécessité. Le plaisir, au contraire, est une conséquence de ce qu'on fait par désir. Ainsi donc, les choses qui sont faites par désir ne sauraient être involontaires, du moins en ce sens, et elles sont certainement volontaires.

Les mêmes raisonnements qui valent pour le désir valent aussi pour la colère.

La dernière des espèces que nous avons distinguées parmi les appétits, c'était la volonté, et il nous reste pour elle à rechercher si elle est libre. Les débauchés et les intempérants veulent, jusqu'à un certain point, les actes coupables vers lesquels ils se précipitent, et l'on peut dire qu'ainsi ils font le mal en le voulant. (*Grande morale*, pp. 45-46.)

Il y a violence toutes les fois que la cause qui oblige les êtres à faire ce qu'ils font leur est extérieure ; il n'y a plus violence du moment que la cause est intérieure et dans les êtres mêmes qui agissent.

L'acte volontaire ne pouvant consister dans une impulsion aveugle, il reste que l'acte volontaire vienne toujours de la pensée ; car, si l'acte involontaire est ce qui a lieu et par nécessité et par force, on peut ajouter, comme troisième condition, que c'est ce qui n'a pas lieu avec réflexion et pensée. Quand un homme en frappe ou même en tue un autre, ou bien quand il commet quelque acte pareil sans aucune préméditation, on dit qu'il l'a fait contre son gré, et cela prouve qu'on place toujours la volonté dans une pensée préalable. (*Id.*, p. 50.)

Les choses involontaires, toutes honteuses et mauvaises qu'elles peuvent être, ne sont pas blâmables ; ce ne sont pas les bonnes qui sont louables, ce sont les volontaires. Nous regardons plus aux intentions qu'aux actes pour louer ou blâmer les gens, bien que l'acte soit préférable à la vertu, parce qu'on peut faire le mal par suite d'une nécessité et qu'il n'y a pas de nécessité qui puisse jamais violenter l'intention. Mais, comme il n'est pas facile de voir directement quelle est l'intention, nous sommes forcément obligés de juger le caractère des hommes d'après leurs actes. L'acte vaut certainement plus que l'intention, mais l'intention est plus louable. (*Morale à Eudème*, p. 304.)

III

CARACTÈRES DE L'ACTE INVOLONTAIRE ET DE L'ACTE MIXTE

Définir l'acte volontaire, c'est dire en même temps ce qu'est l'acte involontaire. Ce qui le caractérise, c'est la contrainte ou l'ignorance ; et par contrainte, il faut entendre « toute action qui a son principe hors de nous, en sorte que celui qui agit ou qui est l'objet de l'action, n'y contribue en rien, comme lorsqu'on est poussé par un vent violent, ou par des hommes qui sont maîtres de nous » Aristote n'admet pas que la contrainte puisse agir sur l'intention ou la pensée, qui échappe à toute action extérieure. Il démontre aussi ce qu'il y a d'absurde, et peut être d'hypocrite, à excuser nos entraînements par une sorte de contrainte, exercée sur nous par tout ce qui est agréable et beau. Si telle était la tyrannie des choses extérieures, il n'y aurait plus de responsabilité morale, et toute pénalité devrait être supprimée. En effet, « c'est toujours en vue des choses qui exercent sur les hommes un empire violent, qu'ils font ce qu'ils font », avec plus ou moins de plaisir. Si l'éclat de l'or ne fascinait pas l'homme improbe, il ne convoiterait ni ne ravirait les richesses d'autrui. Si la séduction des honneurs et de la gloire, ne tentait pas l'ambitieux, il ne les rechercherait point, au prix du repos, de l'honneur et de la vrai vertu. Les plus grands criminels pourraient alléguer cette contrainte des choses extérieures, pour obtenir, sinon l'absolution complète, du moins une atténuation considérable de leurs méchantes actions. Mais Aristote qui a appris de Socrate à scruter le cœur humain, fait justice de tous les vains prétextes par lesquels nous prétendons justifier nos fautes et nos vices : « Or, dit-il, il est ridicule d'accuser les objets extérieurs, plutôt que de s'en prendre à soi-même de la facilité qu'on a à s'en laisser séduire ; et de s'attribuer le mérite des actions estimables ou honnêtes, tandis qu'on rejette sur l'attrait des objets agréables la faute des actions honteuses ». Cela est ridicule, en effet, comme tout ce qui est absurde et illogique ; mais cela est encore bien plus bas ; car, en faisant ainsi, nous savons très bien que nous mentons à notre conscience ; et nous affirmons nous-mêmes la responsabilité de nos mauvaises actions, quand nous nous imputons le mérite de nos actes de vertu. C'est à nous-mêmes qu'il faut nous en prendre, si nous nous laissons tenter par l'attrait des objets extérieurs, et que nous sacrifions à des jouissances d'un instant notre dignité morale et notre vrai bonheur. Ainsi nous allons volontairement au-devant d'un honteux esclavage, et nous sommes entièrement responsables de notre dégradation.

Entre les actes volontaires et les actes involontaires, Aristote distingue ce qu'il appelle les actions mixtes, parce qu'elles tiennent des uns et des autres; savoir, de ceux-ci, la pression des circonstances extérieures, et de ceux-là, le choix entre deux partis dont le moins désavantageux n'est qu'un mal moindre, auquel on se garderait bien de consentir en temps ordinaire. Ainsi on loue la sagesse du navigateur qui, battu par la tempête, sacrifie tout son avoir et les biens d'autrui pour sauver sa vie et celle de ses compagnons. Ce sacrifice n'est pas tout à fait volontaire, puisqu'il lui est commandé par un intérêt supérieur; ce n'est donc qu'un acte sensé, non pas vertueux. Mais s'exposer volontairement à la douleur et même à l'ignominie, à celle, bien entendu, qui n'atteint pas la véritable dignité de l'homme, lorsqu'il s'agit d'une fin supérieure, comme celle de préserver de la mort ou de la honte nos proches, nos amis ou nos concitoyens, c'est un acte de vertu, de dévouement sublime qui n'a rien d'involontaire et qui, par conséquent, mérite toutes nos louanges et notre admiration. Il me semble qu'Aristote est trop disposé à absoudre une action criminelle, commandée par un tyran, et de l'exécution de laquelle dépend la vie d'autrui; une telle action ne serait pas involontaire; car nulle circonstance extérieure ne peut ni ne doit nous priver du pouvoir de préférer la vertu pure et sans tache à notre vie, et même à la vie de ceux qui nous sont chers. « Aristote, lui-même, reconnaît qu'il y a peut-être des circonstances où l'on ne doit jamais se laisser contraindre, mais endurer la mort la plus cruelle, plutôt que de consentir à ce qu'on exige de nous. » Pourquoi n'a-t-il pas affirmé cette grande pensée avec plus de force et de conviction ? Que l'on voudrait sentir ici le souffle de l'âme qui vivifie la parole de Socrate et de Platon !

On peut dire que tout ce qui se fait par contrainte ou par ignorance est involontaire; et il y a contrainte dans toute action qui a son principe hors de nous, en sorte que celui qui agit ou qui est l'objet de l'action, n'y contribue en rien: comme lorsqu'on est poussé par un vent violent, ou par des hommes qui sont maîtres de nous. Mais tout ce qu'on fait par la crainte de maux plus grands, ou par quelque motif honorable, par exemple, lorsqu'un tyran, qui tient en sa puissance vos parents et vos enfants, vous commande une action criminelle, à condition de leur sauver la vie, si vous faites ce qu'il exige, et menaçant de la leur ôter si vous refusez de lui obéir ; en pareil cas (dis-je) il est difficile de décider si une action est volontaire ou involontaire. C'est à peu près ce qui arrive au navigateur qui, battu par la tempête, jette à la mer ce qui charge son vaisseau ; car assurément personne ne consent, de gaieté de cœur et sans motif, à perdre ce qu'il possède ; au lieu que tout homme sensé en fait le sacrifice, pour sauver sa vie et celle des autres. De pareilles actions sont, pour ainsi dire, mixtes, et semblent plutôt volontaires; car, lorsqu'on les fait, elles sont le résultat d'un choix ou d'une préférence, mais la fin ou le but dépend des circonstances. Voyons donc ce qu'il y a de volontaire et d'involontaire dans une action de cette espèce. Sans doute, celui qui la fait agit volontairement, puisque le principe du mouvement imprimé à tout ce qui sert à l'exécution est en lui-même, et, par conséquent, il dépend de lui d'agir ou de ne pas agir. Sous ce rapport donc, son action est volontaire ; mais, considérée en soi, peut-être est-elle involontaire, car personne ne peut se déterminer à de pareils actes, uniquement pour eux-mêmes. On loue cependant quelquefois des actions de ce genre, lorsque celui qui les fait s'expose à l'ignominie ou à la douleur, en vue de quelque résultat important et honorable ; mais, dans le cas contraire, on les blâme, car il n'y a qu'un homme méprisable qui puisse consentir à se couvrir d'opprobre, sans qu'il en résulte aucun bien, ou même pour un médiocre avantage. Mais, dans certains cas, s'il n'y a pas lieu à donner des éloges, au moins croit-on devoir user d'indulgence, lorsque celui qui fait une chose blâmable s'est vu exposé à des maux qui surpassent tout ce que la nature humaine est capable de supporter. Peut-être aussi y a-t-il des circonstances où l'on ne doit jamais se laisser contraindre, mais endurer la mort la plus cruelle plutôt que de consentir à ce qu'on exige de nous.

. . . .

À quels caractères donc reconnaîtra-t-on ce qui est l'effet de la contrainte ? N'a-t-elle absolument lieu que lorsqu'elle est produite par une cause extérieure, et que celui qui agit ne concourt en rien à son action ? Ou bien, dira-t-on qu'il y a des actes qui en eux-mêmes sont involontaires, mais qu'il convient, dans la circonstance présente, de préférer à d'autres, et dont le principe est dans celui qui agit ; en sorte qu'ils sont involontaires en eux-mêmes, mais volontaires par rapport à la circonstance présente, et à ceux auxquels on les préfère. Ils semblent, en effet, être plutôt volontaires ; car les actions se rapportent toujours aux choses particulières, et celles-là sont volontaires. Mais il n'est pas facile de dire quelles sont les choses que l'on doit préférer à d'autres; car il y a, entre les cas particuliers, des différences sans nombre. Que si l'on prétend que tout ce qui est agréable et beau exerce sur nous une sorte de contrainte, attendu que ce sont des objets extérieurs; alors il faudrait dire que tout exerce sur nous un empire violent; car c'est toujours en vue de ces choses que tous les hommes font tout ce qu'ils font: les uns par force, malgré eux, et par conséquent avec peine; les autres avec plaisir, parce qu'ils n'envisagent que le côté agréable. Or, il est ridicule d'accuser les objets extérieurs, plutôt que de s'en prendre à soi-même de la facilité qu'on a à s'en laisser séduire; et de s'attribuer le mérite des actions estimables ou honnêtes, tandis qu'on rejette sur l'attrait des objets agréables la faute des actions honteuses. Tout acte dont le principe est extérieur, sans que celui qui agit y ait concouru en rien, paraît donc devoir être regardé comme l'effet de la violence ou de la contrainte. (*Morale à Nicomaque*, pp. 88-91).

IV

L'IGNORANCE INVOLONTAIRE ET L'IGNORANCE COUPABLE

Aristote distingue entre les actions faites par ignorance, celles qui sont suivies de regret, et celles dont on ne se repent pas; et il en conclut que, dans le second cas, elles sont involontaires « faites *sans dessein* ». Telle est l'ignorance des gens inexpérimentés que la vie n'a pas encore instruits sur les conséquences de leurs actes ; et des gens à courte vue qui ne savent pas prévoir et n'y songent même pas. L'enfance, incapable de se conduire elle-même, et la jeunesse impétueuse et téméraire, font souvent des actes involontaires. Il en est de même de ceux qui restent enfants toute leur vie, parce que leur raison progresse lentement. Les fautes qu'ils peuvent commettre méritent donc l'indulgence et la compassion. Mais il y a une ignorance coupable, c'est celle qui porte sur les choses dont il est facile de s'instruire et qu'il dépend de nous de ne pas ignorer. Si l'esprit est incapable d'application, c'est le plus souvent par défaut de courage et d'assiduité au travail ; et il ne tient qu'à nous de nous donner de bonnes habitudes. Quant aux actions en apparence involontaires que l'on fait dans le paroxysme de la passion, Aristote fait remarquer qu'il y a « quelque différence entre commettre une action par ignorance ou la faire sans le savoir. En effet, ajoute-t-il, il ne semble pas que celui qui s'enivre ou qui s'abandonne à la colère, agisse par ignorance, mais par passion. » Et il rappelle que « les législateurs imposent quelquefois une double peine au délit commis dans l'ivresse ; car alors la faute en est au délinquant, puisqu'il était le maître de ne pas s'enivrer, et que l'ivresse a été la cause de son ignorance ». Toute passion que nous laissons devenir dominante, altère le jugement et nous aveugle sur notre véritable intérêt. C'est pourquoi l'homme vicieux ignore ce qu'il faut faire, et de quoi on doit s'abstenir ; et c'est cette espèce d'erreur qui fait qu'on devient injuste, et, en général, vicieux. Ici Aristote semble se rapprocher du maître qui regarde les méchants comme des ignorants. Mais le disciple ne confond pas la cause avec l'effet : il croit que c'est précisément le vice qui obscurcit l'intelligence et l'empêche de voir et de comprendre, tandis que pour Socrate l'ignorance est la cause du vice. Ou plutôt, en étudiant à fond la pensée de l'un et de l'autre, on reconnaît que, pour tous deux, l'ignorance du méchant tient à la disposition de l'âme qui ne voit pas le bien, parce qu'elle ne veut point le faire. Les hommes vicieux sont des ignorants quant aux moyens qu'ils emploient pour atteindre à leur fin : ils cherchent le bonheur, mais ils ignorent ce qu'il faudrait préférer pour y parvenir. Peut-être Platon a-t-il raison de dire que si les hommes étaient à même de contempler le bien dans toute sa beauté, ils ne pourraient s'empêcher de l'aimer par-dessus tout, et ils seraient heureux de l'accomplir.

Quant aux actes qui sont l'effet de l'ignorance, sans doute tous ne sont pas volontaires, mais on peut regarder comme tels tous ceux qui sont des causes de peine et de repentir. Car celui qui a fait une action par ignorance, et qui n'en a pas de regret, ne l'a pas faite à dessein, puisqu'il n'en savait pas les conséquences, ni aussi contre son gré, puisqu'il n'en est pas affligé. Ainsi donc celui qui se repent d'une action faite par ignorance, paraît l'avoir faite malgré lui; mais celui qui ne s'en repent pas, sera dit l'avoir faite *sans dessein*; car il vaut mieux marquer une chose différente par une expression propre et particulière. Au reste, il y a, ce semble, quelque différence entre commettre une action par ignorance, ou la faire sans le savoir. En effet, il ne semble pas que celui qui s'enivre, ou qui s'abandonne à la colère, agisse par ignorance, mais par l'une des deux passions que je viens d'indiquer. Il n'agit pas avec connaissance de cause ; il ignore, au contraire, la cause qui le fait agir. Et véritablement l'homme vicieux ignore ce qu'il faut faire, et de quoi on doit s'abstenir ; et c'est cette espèce d'erreur qui fait qu'on devient injuste, et, en général, vicieux. Or, le mot *involontaire* ne se dit pas ordinairement des actions de celui qui ignore ce qui est utile ou avantageux, car l'ignorance de ce qu'il faudrait préférer ne fait pas qu'une action soit involontaire ; mais c'est elle qui la rend vicieuse. Ce n'est même pas l'ignorance, en général, qui les rend involontaires, car elle est un juste sujet de blâme ; mais c'est l'ignorance, à l'égard des choses particulières auxquelles se rapportent les actions. Aussi est-ce à celles-là que l'on croit devoir de la compassion et de l'indulgence ; car celui qui les fait par ignorance, les fait involontairement. Peut-être est-il donc utile d'en déterminer avec précision l'espèce et le nombre, de marquer exactement qui fait une de ces actions, et quelle, et dans quel cas ; quelquefois même, avec quoi, par exemple, avec quel instrument ; par quel motif, par exemple, pour sauver sa vie, et comment, c'est-à-dire si c'est avec violence ou sans emportement. En effet, il est impossible qu'on soit dans l'erreur sur toutes ces choses, à moins qu'on ait perdu le sens ; et il est évident qu'on ne peut pas davantage se méprendre sur l'auteur de l'action, puisque ce serait se méconnaître soi-même. (*Morale à Nicomaque*, pp. 91-93.)

Les législateurs punissent l'ignorance quand elle paraît pouvoir à bon droit être imputée au coupable; ainsi ils imposent quelquefois une double peine au délit commis dans l'ivresse; alors la faute en est au délinquant, puisqu'il était le maître de ne pas s'enivrer, et que l'ivresse a été la cause de son ignorance. Ils punissent aussi ceux qui ignorent une chose prescrite par les lois, et dont il leur eût été facile de s'instruire; et pareillement, dans d'autres cas, ils punissent toute ignorance qui semble produite par la négligence, attendu qu'il dépendait du coupable de ne pas ignorer, et qu'on est maître de s'appliquer et de s'instruire. Cependant (dira-t-on peut-être) il y a tel homme qui est incapable d'application; mais c'est lui qui en est la cause; c'est sa vie molle et sa nonchalance qui l'a rendu tel, comme c'est l'habitude de vivre dans la débauche et de commettre des injustices qui fait, en général, les hommes injustes et débauchés; car la fréquente répétition des actes dans chaque genre, produit une manière d'être conforme à ces actes. Cela se voit clairement par ceux qui s'appliquent à quelque espèce d'actions, ou à quelque genre d'escrime que ce soit; car ils s'y exercent incessamment. C'est donc le comble de la stupidité d'ignorer que les habitudes, en tout genre, résultent de la continuité des actes; et de plus, il est absurde de prétendre qu'on ne veut pas devenir injuste, quand on commet des injustices, ou débauché, quand on se livre à la débauche. (*Id.*, pp. 107 et 108.)

V

LA RESPONSABILITÉ

Puisque tous les actes dont les principes sont en nous sont des actes volontaires, nous en sommes entièrement responsables, car il dépend de nous de les faire ou de ne pas les faire. Etant les auteurs de nos œuvres, comme un père l'est de ses enfants, nous en répondons devant l'opinion, devant la loi humaine, devant notre conscience et Dieu ; étant causes, nous subissons les effets de ces causes qui doivent nous être attribués. C'est ainsi qu'il ne tient qu'à nous d'être ou vils ou estimables, de mériter le mépris et le blâme ou l'estime et l'approbation publique, d'encourir les pénalités de la loi ou bien de vivre conformément à la règle établie, de souffrir la réprobation de la conscience ou d'être en paix avec nous-mêmes et avec Dieu.

Aristote est très affirmatif sur la question de la responsabilité et les belles pages qu'il y a consacrées me semblent irréfutables. Il a une si haute idée de la liberté de l'homme qu'il le croit non seulement cause de ses actes, mais encore de ses dispositions et de ses habitudes et même, à certains égards, de sa manière de voir ou d'envisager les choses. Dans les théories si élevées et si profondes du grand philosophe si bien convaincu sur ce point, nous n'avons pas trouvé celle de l'hérédité morale, si contraire à la dignité de l'homme et si peu propre à lui donner le courage et la force de lutter contre le mal. C'est avec une vive satisfaction que nous constatons l'absence de cette désolante doctrine dans les enseignements d'Aristote. L'homme est maître de sa vie morale ; il peut agir même sur sa pensée pour la diriger selon la raison et la vertu; il peut secouer le joug des mauvaises habitudes qui sont le résultat d'une éducation défectueuse, et se créer des habitudes nouvelles, dignes du principe divin qui est en lui. Et c'est dans cette œuvre de création que se manifeste la noblesse de son âme.

Nous ne croyons pas qu'Aristote ait exagéré la responsabilité humaine en l'étendant jusqu'à la nature physique. « Non seulement, dit-il, les vices de l'âme sont volontaires, il y a même des personnes chez qui les imperfections du corps le sont aussi et on les leur reproche. » Il est impossible, en effet, que le corps ne porte pas l'empreinte des habitudes de l'âme dont il manifeste à l'extérieur la vie intime. Si donc l'âme est envahie et troublée par des passions déréglées, elle produit toutes sortes de désordres dans la vie corporelle. Si, au contraire, par la force qui lui est propre, elle établit en elle-même l'ordre et la paix, la sérénité qui est le caractère de cette force, réagit sur le corps et contribue à sa santé et à sa beauté.

Puisque la fin est l'objet de la volonté et que les moyens pour y atteindre sont ceux de la délibération et du choix, il s'ensuit que les actions auxquelles elle donne lieu sont l'effet d'une détermination réfléchie, et qu'elles sont volontaires et que les actes de vertu sont dans le même cas. La vertu dépend donc de nous et le vice aussi, car dans les cas où il dépend de nous d'agir, nous pouvons aussi ne pas agir, et quand il dépend de nous de dire *oui*, il est aussi en notre pouvoir de dire *non* ; en sorte que, si nous sommes maîtres de faire ce qui est bien, nous le sommes aussi de ne pas faire ce qui est mal. Or, si nous sommes maîtres de faire ou de ne pas faire les bonnes actions, aussi bien que les mauvaises, c'est-à-dire d'être bons ou méchants, il dépendra donc de nous d'être ou vils ou estimables. Et le poète qui a dit : « Nul n'est méchant à dessein, ni heureux malgré lui », semble avoir dit une chose véritable à quelques égards et fausse sous un certain rapport. Car sans doute nul homme n'est heureux malgré lui, mais le vice est volontaire ; ou bien faut-il remettre en question ce que nous venons d'avancer et nier que l'homme ait en soi le principe de ses œuvres, et qu'il en soit, s'il le faut ainsi dire, le père comme il l'est de ses enfants ?

Mais si tout cela paraît fondé sur la raison et s'il nous est impossible de remonter à d'autres principes d'action qui sont en nous-mêmes, les actes dont les principes sont en nous dépendent eux-mêmes de nous et, par conséquent, sont volontaires. Cela même semble confirmé, non seulement par le témoignage de tous les hommes pris individuellement, mais aussi par celui des législateurs. Car ils châtient et punissent ceux qui commettent des actions criminelles, toutes les fois qu'elles n'ont pas été l'effet de la contrainte ou d'une ignorance dont ils n'étaient pas cause, au lieu qu'ils honorent les auteurs des actions vertueuses, comme pour exciter les hommes aux unes et les détourner des autres. Or, assurément, personne ne s'avise de nous exciter aux choses qui ne dépendent ni de nous ni de notre volonté; attendu qu'il ne servirait à rien d'entreprendre de nous persuader de ne pas éprouver les sensations du chaud, du froid ou de la faim ou quelque autre sentiment de ce genre, puisque nous ne les éprouverions pas moins pour cela. (*Morale à Nicomaque*, pp. 105-106.)

Cependant on dit : Tous les hommes désirent ce qui leur semble être le bien, mais nul n'est le maître de son imagination, car tel qu'est chaque individu, telle lui semble la fin qu'il se propose. Chaque homme, répondrons-nous, est, jusqu'à un certain point, la cause de ses dispositions ou de ses habitudes et, par conséquent, le sera aussi, à certains égards, de sa manière de voir ou d'envisager les objets. D'ailleurs, si personne n'est la cause du mal qu'il fait et ne le fait que par ignorance du résultat et dans la persuasion que ce sera pour lui un moyen d'arriver au bonheur; si le désir de ce bien n'est nullement en nous l'effet d'un choix libre et indépendant, mais doit, pour ainsi dire, être inné et nous faire choisir le bien véritable ; de même que pour bien juger des objets à la vue, il faut être né avec de bons yeux, en sorte que celui-là sera vraiment le favori de la nature, qui sera né avec des dispositions si heureuses, puisqu'il possèdera ainsi, par le seul privilège de sa naissance, ce qu'il y a de plus grand et de plus beau et qu'il est impossible de recevoir d'un autre, ni d'apprendre par soi-même, mais qu'on ne peut tenir que d'une nature véritablement parfaite ; si (dis-je) on admet tout cela comme une vérité incontestable, en quoi donc la vertu sera-t-elle plus volontaire que le vice ? Car la fin de toutes les actions se présente à l'homme vertueux aussi bien qu'au scélérat, à l'aide de ses facultés naturelles ou de quelque manière que ce soit; et, rapportant tout le reste à ces mêmes facultés, ils agissent d'une manière qui y est analogue. Soit donc que le but ou la fin, quelle qu'elle soit, ne se découvre pas en vertu des facultés naturelles et qu'il y ait quelque chose qui dépende de l'individu lui-même, soit que cette fin s'offre naturellement, mais que l'homme de bien, faisant volontairement les actions qui y tendent, la vertu doive être volontaire, le vice n'en devra pas moins être aussi volontaire, car l'homme pervers a pareillement en lui le principe déterminant des actions, supposé que ses facultés naturelles ne lui manifestent pas la fin elle-même.

Si donc les vertus sont volontaires, comme on l'a dit (car nous sommes, jusqu'à un certain point, cause de nos dispositions ou habitudes, et la fin que nous nous proposons est déterminée par l'espèce particulière ou par la nature de ces mêmes habitudes), il s'ensuit nécessairement que les vices aussi sont volontaires, car tout est pareil de part et d'autre. (*Id.*, pp. 109-111.)

Mais, non seulement les vices de l'âme sont volontaires, il y a même des personnes chez qui les imperfections du corps le sont aussi et on les leur reproche, car personne sans doute ne blâme ceux qui ont quelque difformité ou infirmité naturelle ; mais on en fait un sujet de reproche à ceux en qui elle est l'effet de la négligence ou du manque d'exercices. Il en est de même de la faiblesse, de la laideur, de la privation de quelque membre ; assurément aucun homme sensé n'insultera un aveugle de naissance ou celui qui le serait devenu par l'effet d'une maladie, ou d'un coup qu'il aurait reçu ; on sera plutôt porté à en avoir compassion, au lieu que, si c'est l'effet de l'ivrognerie ou de tout autre genre de débauche et d'intempérance, tout le monde sera porté à le blâmer. On blâme donc les vices du corps qui dépendent de nous et non ceux qui n'en dépendent pas, et s'il en est ainsi, il s'ensuivra que tous les autres genres de vices ou de défauts, qui sont un sujet de reproche, dépendent également de nous. (*Id.*, p. 109.)

CHAPITRE IV

LA VERTU

I

L'homme est capable de vertu, puisqu'il est doué d'intelligence pour connaître le bien et de volonté libre pour y adhérer et le pratiquer. De plus, « la nature, ainsi que nous le dit Aristôte, a mis dans tous les individus le germe de chacune des vertus morales, car nous apportons, pour ainsi dire, en naissant, quelques dispositions à la justice, à la prudence ou à la tempérance, au courage et aux autres qualités de l'âme ». Ces dispositions naturelles qu'on peut appeler de bons instincts se manifestent plus ou moins chez les enfants à côté de bien des mauvais instincts. Il semble qu'ils aient surtout un sens assez vif de la justice et peut-être aussi sont-ils d'autant plus enclins au courage qu'ils ignorent davantage le danger; le courage est le plus souvent chez eux l'indice d'une bonne constitution et le besoin d'activité. Mais je n'ai jamais remarqué dans l'enfance la moindre velléité de tempérance ni de prudence, et je crois que ces vertus sont surtout l'œuvre de la raison et que l'enfant n'en a pas même l'idée. Il n'en est pas moins vrai que notre nature, loin d'être contraire à la vertu, est susceptible de la recevoir et s'y porte même par ses bons instincts. Mais cette vertu qu'Aristote appelle « vertu naturelle » pour la distinguer de « la vertu en soi ou proprement dite » a besoin d'être dirigée, fortifiée et pratiquée, pour devenir cette disposition ferme et immuable de l'âme, qui ne veut plus que le bien.

« C'est après avoir agi d'une manière conforme à la vertu que nous acquérons des vertus, dit Aristote. En bâtissant, on devient maçon et en jouant de la lyre, on devient musicien ; de même en pratiquant la justice, on devient juste ; en pratiquant la tempérance, on devient sobre et modéré dans ses désirs ; enfin, en faisant des actes de courage, on devient courageux. » Il s'agit donc de donner à l'homme de bonnes habitudes par la répétition d'actes vertueux. C'est à cela que doivent s'appliquer les législateurs dans les lois qu'ils décrètent, les éducateurs dans la direction de l'enfance et de la jeunesse, et tous les hommes à l'âge de raison dans le gouvernement d'eux-mêmes.

S'il y a diverses vertus morales à cause des dispositions particulières des individus par l'imperfection inhérente à la vertu humaine, il n'y a cependant qu'une vertu qui unit toutes les différentes manifestations du bien, alors même qu'elles semblent être séparées ou indépendantes. Pour le reconnaître, il suffit de s'appliquer à telle ou telle vertu, la justice, par exemple, qu'on ne saurait pratiquer sans courage, ni prudence, ni charité. Il en est de même de la tempérance qui exige également du courage et de la prudence. C'est la faiblesse humaine qui a divisé ce qui, en réalité, est uni, en considérant comme des vertus des dispositions plus ou moins heureuses qui aident à acquérir la vertu.

Les vertus ne sont point en nous le fait de la nature, ni contraires à la nature ; seulement elle nous a faits susceptibles de les recevoir et nous les perfectionnons par l'habitude.

De plus, nous apportons, pour ainsi dire, en naissant, les facultés propres aux choses qui sont en nous le fait de la nature, et ensuite nous produisons les actes, comme on le voit clairement pour les sens. Car ce n'est pas à force de voir et d'entendre que nous avons acquis les sens de l'ouïe et de la vue ; au contraire, nous en avons fait usage parce que nous les avions, mais nous ne les avons pas parce que nous en avons fait usage. C'est après avoir agi d'une manière conforme à la vertu que nous acquérons des vertus, et il en est de même des autres actes, car la pratique est notre principal moyen d'instruction dans les choses que nous ne faisons bien que quand nous les savons faire. Par exemple, en bâtissant on devient maçon, en jouant de la lyre on devient musicien ; et de même en pratiquant la justice on devient juste, en pratiquant la tempérance on devient sobre et modéré dans ses désirs ; enfin, en faisant des actes de courage on devient courageux. Ce qui se passe dans les sociétés civiles en est la preuve, car les législateurs rendent les citoyens vertueux en leur faisant contracter de bonnes habitudes. C'est là le dessein ou l'intention de tout législateur, et quand il ne réussit pas, il se trompe ; c'est par là qu'un gouvernement diffère d'un autre, un bon d'un mauvais.

Enfin, c'est par les mêmes causes et par les mêmes moyens que se produisent ou se détériorent les vertus et les actes de toute espèce ; c'est à force d'exercer leur art que les musiciens, les architectes et les autres artistes de tout genre deviennent bons et mauvais ; car s'il n'en était pas ainsi, on n'aurait besoin de maître pour aucun de ces arts, et tous ceux qui les exercent seraient également habiles ou inhabiles. Or, il en est exactement de même par rapport aux vertus. C'est dans l'exécution des conventions et des transactions de tout genre qui ont lieu entre les hommes, que nous nous montrons les uns justes et les autres injustes ; c'est dans les occasions où il y a des dangers à braver que nous prenons des habitudes de timidité ou de courage, que nous devenons ou lâches ou courageux. Il en sera de même encore des passions ou des désirs et de la colère. Car l'habitude de se comporter les uns d'une manière et les autres d'une autre, dans les mêmes circonstances, fait que les hommes deviennent les uns sages et modérés, les autres débauchés et emportés. En un mot, c'est de la répétition des mêmes actes que naissent les habitudes, et voilà pourquoi il faut que les actions soient assujetties à un mode déterminé, car de leurs différences naissent les habitudes diverses. Ce n'est donc pas une chose indifférente que de s'accoutumer, dès l'âge le plus tendre, à agir de telle ou telle manière ; c'est, au contraire, une chose très importante ou plutôt, tout est là. (*Morale à Nicomaque*, pp. 54-56.)

La nature semble avoir mis dans tous les individus le germe de chacune des vertus morales, car nous apportons, pour ainsi dire, en naissant quelque disposition à la justice, à la prudence ou à la tempérance, au courage et aux autres qualités de l'âme. Mais nous cherchons ici quelque chose de plus, c'est la bonté et la vertu proprement dites, c'est une autre manière d'être juste, courageux, tempérant et le reste. Ces dispositions naturelles existent, en effet, dans les enfants et dans les animaux, mais elles semblent plutôt nuisibles qu'utiles sans l'intelligence. C'est ce qu'on peut reconnaître en considérant que les mouvements du corps, de quelque vigueur qu'il soit doué, ne peuvent que l'exposer à des chocs très funestes, quand il est privé de la vue. Or, il en est de même ici; notre manière d'agir est tout autre, quand elle est dirigée par l'intelligence. Et c'est précisément dans une habitude ou disposition semblable que consiste la vertu proprement dite.

Concluons de là que, de même que la partie de l'âme qui conçoit et apprécie les opinions comprend deux sortes de facultés, l'adresse et la prudence, ainsi la partie morale comprend deux sortes de vertus, la vertu naturelle et la vertu en soi ou proprement dite, et celle-ci, qui est principale et directrice, s'il le faut ainsi dire, ne saurait exister sans la prudence.

. . . .

Tous ceux qui, désormais, entreprennent de définir la vertu, ne manquent guère de faire entrer dans leur définition qu'elle est une disposition à tel ou tel genre de qualités ou d'actions conforme à la droite raison: or, c'est la prudence qui donne à la raison cette rectitude dont ils parlent. Tous semblent donc, jusqu'à un certain point, avoir deviné que cette habitude ou manière d'être, telle qu'ils la conçoivent, est la vertu, quand elle est dirigée par la prudence.

Toutefois, cette définition a besoin d'être un peu modifiée, car la vertu n'est pas seulement une disposition ou manière d'être, conforme à la raison, mais elle doit être unie à la raison ; or la raison, dans ce cas-là, c'est la prudence. Ainsi donc, Socrate pensait que toutes les vertus sont la raison même, envisagée sous différents points de vue (car il croyait que toutes étaient des sciences), et nous croyons qu'elles sont unies à la raison. D'où il suit évidemment qu'il n'est pas possible d'être proprement vertueux sans la prudence, ni d'être prudent sans la vertu morale.

On pourrait aussi résoudre par ce moyen l'argument par lequel on prétend prouver que toutes les vertus sont séparées ou indépendantes les unes des autres, lorsqu'on dit que le même individu n'est pas naturellement disposé à toutes les vertus, en sorte qu'il y en aura telle qu'il aura déjà acquise, et telle qu'il ne possèdera pas encore. Cela peut être vrai des vertus naturelles, mais cela ne saurait l'être de celles dont la possession fait qu'un homme est appelé vertueux dans un sens absolu ; car, dès qu'on possède une seule sorte de prudence, on possède aussi toutes les autres. (*Id.*, pp. 279-282.)

II

CE QUE C'EST QUE LA VERTU ET L'ACTE DE VERTU

Nous trouvons dans Aristote diverses définitions de la vertu, plus ou moins complètes. « La vertu n'est pas seulement une disposition ou manière d'être conforme à la raison, mais elle doit être unie à la raison. » Il nous rappelle que Socrate pensait que toutes les vertus sont la raison même, envisagée sous différents points de vue. Et il ajoute : « Nous croyons qu'elles sont unies à la raison ». Dans la pensée de Socrate, le bien n'est que l'utile, dans le sens le plus élevé. Et toute sa doctrine tend à persuader à l'homme que son véritable intérêt est de pratiquer la vertu. En cela, sa morale n'est pas plus utilitaire que celle de l'Evangile. D'ailleurs, la raison n'est-elle pas pour Socrate l'âme qui perçoit les réalités éternelles ? Et dans ce sens, la vertu n'est-elle pas la raison pratique ? Il me semble que la théorie de Socrate explique mieux que celle d'Aristote l'unité de la vertu. « Nous croyons, dit le disciple, maître aussi, que les vertus sont unies à la raison. D'où il suit évidemment qu'il n'est pas possible d'être proprement vertueux, sans la prudence, ni d'être prudent, sans la vertu morale. »

Ceux qui ont défini la vertu « une sorte d'impassibilité ou de calme imperturbable », ont oublié que la vie c'est l'action, et que la vertu ou la force doit s'exercer dans la vie extérieure qui manifeste l'âme, autant que dans le gouvernement de l'âme. Et si l'impassibilité veut dire l'état de ce qui n'est pas susceptible de souffrance, cette définition ne tient pas compte de la sensibilité : elle fait donc de l'homme un être incomplet.

« On peut supposer, dit encore Aristote, que la

vertu est l'art de pratiquer tout le bien possible, et de diriger vers ce but nos sentiments de plaisir ou de peine. » Ici l'activité a un libre jeu et peut s'exercer à l'infini, et la sensibilité n'est pas exclue. Cette définition me semble donc plus complète. Il ne s'agit plus de rendre l'homme insensible au plaisir et à la peine, mais de diriger ces sentiments vers le bien, afin qu'il trouve toute sa joie à faire ce qui est honnête, et qu'il ne redoute d'autre peine que celle d'avoir fait le mal. Aristote appelle vertueux celui dont la conduite est réglée par l'honnête, l'utile et l'agréable; et il dit que l'honnête et l'utile paraissent toujours agréables. D'abord l'honnête et l'utile ne peuvent se confondre que dans la plus haute acception de celui-ci; c'est-à-dire, si l'on entend par utile tout ce qui tend au perfectionnement de l'homme et à son bien suprême, au bonheur par la vertu. Et si l'agréable est ce qui plaît, ce qui donne du plaisir, l'honnête et l'utile sont loin d'être toujours agréables. Il est vrai que l'honnête plaît à la partie la plus élevée de l'âme, comme étant conforme à ce principe divin ; mais que de fois, pour le pratiquer, il nous faut sacrifier quelque désir ou quelque plaisir ! Aristote semble le reconnaitre lui-même, puisqu'il dit : « Il est même plus difficile, quoi qu'en dise Héraclite, de résister au plaisir qu'à la colère », et il nous encourage à ce douloureux renoncement, en ajoutant : « Or, c'est toujours dans ce qui est plus difficile que consistent l'art et la vertu ; car c'est en cela que le bien est véritablement mieux ». Sans doute, la perfection serait de trouver toujours son plaisir dans la vertu. Mais quel homme pourrait se vanter d'être parvenu à cet heureux état qui est plutôt celui d'un Dieu! Il est vrai qu'il y a dans le sacrifice accompli, dans la satisfaction d'avoir fait un acte digne de notre nature, une joie pure et austère, plus intime, plus profonde et plus durable que tous les autres plaisirs. Mais pour l'éprouver dans toute sa plénitude, il faut que le renoncement soit désintéressé et qu'il ne se propose d'autre fin que la vertu. Après nous avoir dit ce que c'est que la vertu, Aristote nous montre ce qui constitue les actes de vertu. Ici cesse l'analogie qui existe entre l'art et la vertu et qui consiste en ce que l'un et l'autre ne s'apprennent que par la pratique.

« Il suffit que les produits de l'art existent d'une certaine manière; mais il ne suffit pas pour les actes de vertu qu'ils soient conformes à la justice et à la raison. Il faut que celui qui les fait sache ce qu'il fait; que son action soit le résultat d'une détermination réfléchie qui lui fait choisir cette manière d'agir pour elle-même. Enfin, il faut que cette manière d'agir soit en lui l'effet d'une disposition ferme et immuable. » Toute la morale est là en quelques traits de génie qui sont comme une vue d'ensemble de toutes les observations et les expériences d'une âme clairvoyante et droite, servie par la plus puissante intelligence.

1° « Il faut que celui qui agit sache ce qu'il fait »,

c'est-à-dire qu'il soit éclairé sur la fin qu'il se propose, sur les moyens qui peuvent l'y conduire et sur les mobiles qui le font agir ; 2° « Que son action soit le résultat d'une détermination réfléchie, qui lui fait choisir cette manière d'agir pour elle-même », c'est-à-dire qu'il ait pleine conscience de son acte, qu'il le choisisse par sa libre volonté, pour l'acte en lui-même, avec le plus pur désintéressement, convaincu de l'excellence et de la beauté du bien en soi ; 3° « Que cette manière d'agir soit en lui l'effet d'une disposition ferme et immuable » ; cette disposition ne saurait être que l'amour du bien qui a pris possession de son âme pour tout soumettre à son influence, et qui dirige toutes nos actions d'après le même principe et vers la même fin.

Mais si le principe et la fin de nos actions sont immuables, elles n'ont cependant en elles-mêmes rien d'absolu. La règle générale est fixe, mais le détail des actions particulières varie à l'infini. Et comme nous le dit Aristote « c'est à celui qui pratique, d'observer sans cesse ce qu'exigent les circonstances, comme on le fait aussi dans la médecine et dans la navigation ». Cette comparaison est aussi juste qu'elle est claire: La vertu est une ; mais elle s'applique à des cas bien divers et se manifeste sous bien des formes, dans le même individu. Puisqu'elle est le fruit de la liberté, ses inspirations dépendent du génie de chacun qui ne peut se développer qu'en toute liberté.

On a défini la vertu une sorte d'impassibilité, ou de calme imperturbable. Mais c'est une définition vicieuse, parce qu'elle est exprimée en termes trop absolus, et qu'elle ne dit pas comment et quand il faut agir, et toutes les autres conditions ou exceptions qu'il est utile d'ajouter.

On peut donc supposer que la vertu est l'art de pratiquer tout le bien possible, et de diriger vers ce but nos sentiments de plaisir ou de peine ; et que le vice est tout le contraire. La vérité de ce qui a été dit devient encore évidente par ce qui suit. En effet, puisqu'on peut réduire à trois classes, comprises sous les noms d'honnête, d'utile et d'agréable les motifs propres à déterminer notre préférence ; et, au contraire, comprendre sous les noms de honteux, de nuisible et de pénible, les motifs propres à déterminer notre aversion ; l'homme vertueux est celui dont la conduite est réglée par les premiers de ces motifs, et le vicieux, celui dont la conduite s'en écarte, surtout par rapport au plaisir. Car c'est un sentiment commun à tous les êtres animés, et qui accompagne tout ce qui est un objet de choix ou de préférence, puisque l'honnête et l'utile paraissent toujours agréables. Ajoutons que ce sentiment n'a pu que se fortifier en nous depuis notre enfance, et que notre vie tout entière en a pris, s'il le faut ainsi dire, la teinte ineffaçable. Aussi sommes-nous tous plus ou moins portés à prendre le plaisir ou la peine pour règle de toutes nos actions. C'est pour cette raison qu'un traité tel que celui-ci doit nécessairement porter tout entier sur ces deux sortes de sentiments ; car ce n'est pas une chose de peu d'importance pour la conduite de la vie, que nos sentiments de plaisir ou de peine soient, ou non, conformes à ce qui est bien ou mal. Il est même plus difficile, quoi qu'en dise Héraclite, de résister au plaisir qu'à la colère : or c'est toujours dans ce qui est plus difficile, que consiste l'art et la vertu ; car c'est en cela que le bien est véritablement mieux. (*Morale à Nicomaque*, pp. 60-62.)

La vertu ne ressemble pas aux autres arts ; car c'est dans les produits mêmes de ceux-ci que se trouve le bien qui leur est propre ; et, par conséquent, il suffit que ces produits existent d'une certaine manière ; mais cela ne suffit pas pour les actes de vertu. Il ne suffit pas, dis-je, pour les constituer tels, qu'ils soient conformes à la justice et à la raison ; mais il faut encore que celui qui les fait, réunisse en lui-même de certaines conditions. Il faut, premièrement, qu'il sache ce qu'il fait ; ensuite, que son action soit le résultat d'une détermination réfléchie, qui lui fait choisir cette manière d'agir pour elle-même. Enfin, il faut que cette manière d'agir soit en lui l'effet d'une disposition ferme et immuable. Mais ces conditions ne sont pas du nombre de celles qu'on exige pour les arts, à l'exception de la connaissance que l'artiste a de ce qu'il fait. Or, cette connaissance, lorsqu'il s'agit de vertus, n'a qu'une influence peu considérable, ou nulle, tandis que celle des deux autres conditions est très importante ; ou plutôt, elles sont tout, et ne peuvent avoir lieu que par la fréquente répétition des actes de justice et de raison. (*Id.*, pp. 63-64).

Puisque la théorie n'est pas uniquement l'objet de ce traité, comme elle l'est dans d'autres ouvrages (car nous ne nous proposons pas seulement de savoir ce que c'est que la vertu, mais de devenir vertueux, puisqu'autrement notre étude serait sans utilité), il est nécessaire que nous considérions ce qui a rapport aux actions, et comment elles doivent être faites. Car ce sont elles qui déterminent les habitudes et qui leur impriment leur caractère distinctif. Et d'abord, que l'on doive agir conformément à la raison, c'est un principe généralement admis. Mais on nous accordera sans doute que ce sujet, des actions humaines, ne peut être traité que d'une manière un peu générale, et qu'il ne comporte pas une exactitude rigoureuse; parce que la nature ou l'espèce des raisonnements dépend de celle du sujet qu'on traite. Or, il en est de nos *actions* et de nos intérêts comme des choses relatives à la santé; elles n'ont rien d'immuable ou d'absolu; et si telle est la nature de ce sujet, en général, le détail des actions particulières sera encore moins susceptible d'une démonstration rigoureuse, puisqu'on ne saurait les réduire en art, ni les soumettre à aucune règle précise. C'est à celui qui pratique d'observer sans cesse ce qu'exigent les circonstances, comme on le fait aussi dans la médecine et dans la navigation. (*Id.*, pp. 56-57.)

III

LA VERTU, L'HARMONIE DE LA RAISON ET DES PASSIONS

Nous avons déjà vu qu'Aristote ne fait pas dépendre la vertu de la raison seule. Il distingue dans l'âme deux parties, dont l'une a en elle-même la raison, tandis que l'autre est susceptible de céder à ses inspirations; et « de ces deux parties, dit-il, dépendent, selon nous, les vertus qui font l'homme de bien ». Il me semble qu'il veut dire que c'est la raison qui conçoit la noble fin, en vue de laquelle l'homme doit faire toutes ses actions, et que la raison agit sur la sensibilité pour s'en faire une puissante auxiliaire. Mais je doute que l'homme puise toutes ses inspirations dans sa raison. Peut-être même les plus grandes et les meilleures lui viennent-elles du cœur; car, selon la parole profondément juste de Pascal : « Le cœur a ses raisons que la raison ne connaît point ». Et nous trouvons même dans Aristote une pensée qui se rapproche de celle-ci : « Absolument parlant, la raison n'est pas, comme d'autres philosophes le prétendent, le principe et le guide de la vertu; ce sont bien plutôt les passions. Il faut que la nature mette d'abord en nous une sorte de force irrationnelle qui nous pousse au bien, et c'est aussi ce qui est; puis ensuite, vient la raison qui donne en dernier lieu son suffrage, et qui juge les choses. » Cette force irrationnelle n'est autre que le cœur dont les généreuses impulsions sont plus puissantes que les plus forts raisonnements. « Sans aucune intervention de la raison, nous dit Aristote, on peut observer dans les enfants des élans instinctifs des passions vers le bien. » Il me semble que l'enfant n'a pas encore de passions; mais une heureuse nature et une sage et libérale direction poussent vers le bien les forces vives des sentiments qui déterminent l'action. Et ce qui se passe dans ces êtres, encore privés de raison, se manifeste aussi plus ou moins chez les hommes faits. Je ne crois pas qu'il y en ait beaucoup qui n'agissent que sous l'influence de la raison. Un grand nombre de ceux qui se flattent de n'être mus que par des motifs raisonnables, suivent, à leur insu, les penchants de leur cœur : se connaissant mal, ils ignorent les mobiles secrets auxquels ils cèdent instinctivement. Pour s'en rendre bien compte, on n'a qu'à observer ce qui cause les entraînements des masses : ce n'est pas la voix de la raison qui agit sur elles, c'est le souffle communicatif d'une puissante passion qui enflamme la parole et la fait pénétrer dans les âmes. « Si l'on part de la raison comme principe pour aller au bien, dit encore Aristote, très souvent les passions en désaccord avec elle, ne la suivent pas ; et même, elles lui sont contraires ». Mais la plus heureuse disposition, à son avis, c'est l'harmonie complète de la raison et des passions, celles-ci mettant en activité toutes les forces de l'être, et la raison intervenant pour les diriger, les éclairer et les modérer. Dans cet état parfait qu'il est difficile d'établir, l'âme se porte naturellement vers le bien qu'elle aime ; elle trouve son plaisir à l'accomplir ; et ses lumières et ses forces croissent avec son activité.

Nous avons distingué deux parties de l'âme, l'une desquelles a en elle-même la raison, tandis que l'autre est susceptible de céder à ses inspirations, quoiqu'elle ne la possède pas ; et de ces deux parties dépendent, selon nous, les vertus qui font l'homme de bien. D'après cette division, il n'est pas difficile de voir à laquelle d'entre elles se rapporte le but ou la fin de nos actions ; car c'est toujours en vue d'une chose plus noble ou plus importante que se fait celle qui l'est moins, comme on le reconnait évidemment dans toutes les choses de l'art, aussi bien que dans celles de la nature. Or, la supériorité appartient à la partie de l'âme qui possède la raison. (*Politique*, trad. Thurot, pp. 481-482.)

La vraie condition de la vertu, c'est que la raison bien organisée soit d'accord avec les passions, qui gardent leur vertu spéciale ; et que, réciproquement, les passions soient d'accord avec la raison. Dans cette heureuse disposition, la raison et les passions seront en complète harmonie ; la raison commandera toujours ce qu'il y a de mieux à faire ; et les passions, régulièrement organisées, seront toujours prêtes à exécuter, sans la moindre peine, ce que la raison leur ordonne. Si la raison est vicieuse et mal disposée, et que de leur côté les passions soient ce qu'elles doivent être, il n'y aura pas de vertu, parce qu'il y manquera la raison, et que la véritable vertu se compose de ces deux éléments. Il ne sera donc pas possible d'user mal de la vertu, ainsi qu'on le disait. Absolument parlant, la raison n'est pas, comme d'autres philosophes le prétendent, le principe et le guide de la vertu ; ce sont bien plutôt les passions. Il faut que la nature mette d'abord en nous une sorte de force irrationnelle qui nous pousse au bien, et c'est aussi ce qui est ; puis ensuite, vient la raison qui donne en dernier lieu son suffrage, et qui juge les choses. C'est bien là ce qu'on peut observer dans les enfants, et dans les êtres qui sont privés de raison. Il y a tout d'abord chez eux les élans instinctifs des passions vers le bien, sans aucune intervention de la raison; puis, la raison arrive plus tard; et donnant son vote approbatif dans le sens des passions, elle pousse l'être à faire définitivement le bien. Mais si l'on part de la raison comme principe pour aller au bien, très souvent les passions, en désaccord avec elle, ne la suivent pas; et même, elles lui sont toutes contraires. J'en conclus donc que la passion régulière et bien organisée est le principe qui nous mène à la vertu plutôt que la raison. (*Grande Morale*, pp. 158-159.)

IV

LA VERTU CONSISTE DANS DE BONNES HABITUDES

Mais si les passions sont le principe de la vertu, elles ne sont pas cependant la vertu même. Aristote appelle passion tous les mouvements de la sensibilité, le désir, la colère, la crainte, l'audace, l'envie, la joie, l'amitié, en un mot, tout ce qui est accompagné de plaisir ou de peine, tout ce qui se rapporte à l'être sentant. Dans cette énumération sont confondus les sentiments et les passions. Il y a quelque chose de fatal dans tous les faits de la sensibilité; il ne dépend pas de nous de les éprouver ou non : « ce n'est pas par choix et par réflexion que nous éprouvons de la colère ou de la crainte ». Mais nous pouvons, par une détermination réfléchie, d'abord surmonter ces sentiments, et, par degré, diminuer la force de la tendance qui nous y porte, afin de devenir modérés et courageux. De même, nous ne sommes pas vertueux en ce que nous éprouvons de la pitié pour les malheureux, ou de l'émulation pour tout ce qui nous semble digne de louange. Mais si, par choix, nous faisons les actes que nous inspirent ces sentiments, nous fortifions la tendance à les éprouver. C'est ainsi que nous nous donnons des habitudes. Mais ces habitudes ne sont des vertus que si elles rendent l'homme bon et capable d'exécuter les actes qui lui sont propres.

Les habitudes se forment, ainsi que nous l'avons vu, par la répétition des mêmes actes : « On devient juste en pratiquant la justice, et raisonnable, en pratiquant la raison ». Aucune théorie, fût-elle la plus parfaite, n'a jamais suffi à rendre l'homme vertueux : les meilleurs raisonnements ne sauraient tenir lieu de l'action vigoureuse qui est indispensable pour refouler les mauvaises tendances, et fortifier les bonnes. C'est là l'œuvre de toute notre vie, et la nature vient au secours de notre faiblesse et de notre indolence, en nous stimulant à l'action par le plaisir même que nous éprouvons à agir : « Le plaisir qui vient de l'action même, dit Aristote, porte l'homme vertueux à faire des actes de vertu, et à les faire avec un charme toujours nouveau. » Mais on n'est pas réellement vertueux si le but de l'acte de vertu est le plaisir de la vertu, non la vertu en elle-même.

Aristote nous semble trop absolu quand il dit « qu'on est vertueux si l'on agit avec plaisir, et qu'on cesse de l'être si l'on ne fait le bien qu'avec douleur, parce qu'on le fait par une nécessité qui vous y force ». Cette nécessité peut n'être que la contrainte raisonnable que l'on s'impose à soi-même, et qui est très volontaire, alors même qu'elle est douloureuse. Il se peut que, dans ces cas, nos mobiles ne soient pas toujours les plus désintéressés, que ce soit plutôt la raison que l'amour du bien qui nous détermine à agir. Mais je doute que les débuts dans la pratique du bien puissent être chose agréable et facile ; et n'est-ce pas exposer ceux qui s'y engagent, à des déceptions et à des découragements que de leur laisser croire que tout est plaisir dans la vertu ? Chacun sait par expérience ce qu'il en coûte de lutter contre de mauvaises tendances pour transformer une nature difficile, et rompre avec des habitudes plus ou moins invétérées. Aristote nous semble même exagérer la tyrannie de l'habitude quand il dit « qu'il n'y a que le commencement qui est en notre pouvoir; et que l'homme injuste et le débauché ne peuvent plus ne pas l'être, puisqu'ils le sont devenus volontairement ». Sans doute, il faut d'héroïques efforts pour remonter le courant vicieux ; mais l'homme doué de raison ne perd jamais entièrement l'usage de la liberté morale. D'ailleurs, Aristote lui-même encourage ceux qui essaient de s'affranchir du joug de l'habitude en leur disant que « l'habitude est plus facile à changer que la nature »; et en leur rappelant la parole d'Evénus : « N'en doute point, ami, un exercice constant, l'application et l'étude ont des résultats durables, c'est là ce qui, chez les hommes, finit par être comme la nature elle-même ». Ce n'est pas un premier effort qui rend l'homme vertueux, pas plus « qu'une seule hirondelle ne fait le printemps ». La vertu, par sa constance, triomphe de tout : ferme et immuable, elle est toujours égale à elle-même dans toutes les circonstances de la vie, et elle conserve, dans toute sa pureté, le principe qui la fait agir.

Puisqu'il y a dans l'âme trois sortes de choses, passions, facultés, dispositions ou habitudes, il faut que la vertu soit quelqu'une de ces choses. Or, j'appelle passion le désir, la colère, la crainte, l'audace, l'envie, la joie, l'amitié, la haine, le regret, l'émulation, la pitié, en un mot, tout ce qui est accompagné de plaisir ou de peine. J'entends par facultés les pouvoirs en vertu desquels nous sommes dits capables d'éprouver de tels sentiments, c'est-à-dire en vertu desquels nous sommes susceptibles d'éprouver de la colère ou de la tristesse, ou de la pitié. Enfin, j'appelle habitudes ou dispositions, la tendance bonne ou mauvaise qui nous porte vers ces passions : par exemple, à l'égard de la colère, si elle a en nous trop de violence, ou si nous en sommes trop peu susceptibles, c'est une mauvaise disposition; si nous n'y sommes portés qu'avec la modération convenable, c'est une bonne manière d'être. Et ainsi du reste.

Ni les vertus, ni les vices ne sont donc des passions, parce que ce n'est pas eu égard à nos passions qu'on nous donne le nom de vertueux ou de vicieux, mais eu égard à nos vertus et à nos vices; et parce que ce n'est pas à raison de nos passions que l'on nous blâme ou qu'on nous loue. Car on ne loue point celui qui est frappé de crainte ou agité par la colère; on ne blâme pas même l'homme qui éprouve simplement un accès de colère, mais on blâme la manière dont il s'y laisse emporter; enfin, on nous loue ou l'on nous blâme, à cause de nos vertus ou de nos vices.

D'ailleurs, ce n'est pas par choix et par réflexion que nous éprouvons de la colère ou de la crainte, au lieu que les vertus sont l'effet d'une détermination irréfléchie ou du moins n'y sont jamais entièrement étrangères. Outre cela, on dit que nous sommes mus par les passions, et non pas suivant l'impulsion de nos vertus ou de nos vices; mais on dit qu'ils sont en nous des dispositions, ou manières d'être particulières. Voilà pourquoi ils ne sont pas des facultés ou capacités; car ce n'est pas simplement pour être susceptibles d'éprouver des passions qu'on nous dit vertueux ou vicieux, qu'on nous loue et qu'on nous blâme. De plus, les facultés sont en nous le produit de la nature; mais ce n'est pas elle qui nous rend vicieux ou vertueux comme je l'ai dit précédemment. Si donc les vertus ne sont ni des passions, ni des facultés, il s'ensuit qu'elles ne peuvent être que des dispositions, c'est-à-dire des habitudes ou manières d'être. Nous voyons par là à quel genre de choses appartient la vertu.

Mais il ne suffit pas de dire qu'elle est une habitude ou disposition; il faut encore que l'on sache quelle espèce d'habitude elle est. Disons donc que toute vertu rend parfait, dans sa manière d'être, tout ce dont elle est une vertu, et le met en état de bien exécuter les fonctions qui lui sont propres. Ainsi la vertu de l'œil le rend lui-même exact, et donne de l'exactitude et de la précision à ses fonctions; car c'est par la vertu ou perfection de l'œil que nous voyons bien. Et de même, la vertu du cheval le rend lui-même bon, c'est-à-dire propre à la course, à bien porter le cavalier, et à soutenir, sans s'effrayer, le choc des ennemis. Si donc il en est ainsi dans tous les cas, la vertu de l'homme devra être pareillement une disposition, ou manière d'être, par laquelle l'homme devient bon et capable d'exécuter les actes qui lui sont propres. (*Morale à Nicomaque*, pp. 65-67.)

On appelle actes de justice et de raison ceux qui font les hommes justes et raisonnables : et, pour être raisonnable et juste, il ne suffit pas de faire de pareils actes ; mais il faut les faire comme les font ceux qui sont justes et raisonnables. On est donc autorisé à dire que c'est en pratiquant la justice qu'on devient juste, et en pratiquant la raison qu'on devient raisonnable ; et que, si l'on néglige de s'exercer à cette pratique, on ne doit pas espérer de jamais devenir vertueux.

Cependant la plupart des hommes ne s'appliquent point à agir de cette manière ; mais ils se persuadent qu'il suffit, pour être philosophe et pour devenir vertueux, d'avoir recours à de vains raisonnements ; et en cela ils font comme des malades qui se contenteraient d'écouter fort attentivement ce que leur disent les médecins, sans rien faire de ce qu'ils leur prescrivent. Or, de même que ceux-ci ne recouvreront jamais la santé du corps, en ne suivant pas d'autre traitement; de même les premiers ne recouvreront jamais la santé de l'âme, en philosophant de cette manière là. (*Id.*, pp. 64-65.)

Le plaisir qui vient de l'action même qu'on fait, nous excite d'autant plus à agir : et, par exemple, il portera l'homme vertueux à faire des actes de vertu, et à les faire avec un charme toujours nouveau. Ne sera-t-il pas même beaucoup plus vif encore au moment de l'acte qui l'accompagne? Quand on agit avec plaisir, on est vertueux; et l'on cesse de l'être, si l'on ne fait le bien qu'avec douleur. La douleur ne se rencontre que dans les choses qu'on fait par nécessité; et si l'on éprouve de la douleur à bien faire, c'est qu'on le fait par une nécessité qui vous y force. Mais, dès qu'on agit par nécessité, il n'y a plus de vertu. C'est qu'il n'est pas possible de faire des actes de vertu sans éprouver, ou de la peine, ou du plaisir. Il n'y a pas ici de milieu. Et pourquoi? C'est que la vertu suppose toujours un sentiment, une passion quelconque; et la passion ne peut consister que dans la peine ou le plaisir; elle ne peut jamais être entre les deux. Ainsi, évidemment, la vertu est toujours accompagnée, ou de peine, ou de plaisir. Si donc, je le répète, quand on fait le bien, on le fait avec douleur, on n'est pas vertueux; et, par conséquent, la vertu n'est jamais accompagnée de douleur; et si elle n'est pas accompagnée de douleur, elle l'est toujours de plaisir. Ainsi donc, loin que le plaisir soit un obstacle à l'action, il est au contraire une invitation à agir; et d'une manière générale, l'action ne peut se produire sans le plaisir, qui en est la suite et le résultat particulier. (*Grande morale*, pp. 155-156.)

Si l'on devient volontairement injuste, en faisant sciemment des choses qui sont de nature à vous rendre tel, il ne faut pas croire qu'on pourra cesser de l'être, et devenir juste, aussitôt qu'on le voudra; pas plus qu'un homme qui se serait rendu malade, en vivant volontairement dans l'intempérance, et négligeant les avis des médecins, ne pourra recouvrer la santé quand il le voudra. On le pouvait avant que d'être malade ; mais une fois qu'on s'est abandonné à la maladie, cela n'est plus possible. Ainsi celui qui a une fois lâché la pierre qu'il tenait dans la main, ne peut plus la retenir : cependant, il était maître de la lancer ou de la jeter; car le principe de son action était en lui-même. Pareillement, l'homme injuste et le débauché pouvaient, au commencement, s'empêcher de devenir tels ; et voilà pourquoi ils le sont volontairement ; mais, une fois qu'ils le sont devenus, il n'est plus en leur pouvoir de ne pas l'être. (*Morale à Nicomaque*, p. 108.)

Les actions ne sont pas volontaires de la même manière que les habitudes : car nous sommes maîtres de nos actions depuis le moment où nous les commençons jusqu'à ce qu'elles soient pleinement accomplies, connaissant en détail tout ce qui les constitue : au lieu que, dans les habitudes, il n'y a que le commencement qui soit en notre pouvoir. A la vérité, nous ne connaissons pas ce qu'y ajoutent les actes particuliers, comme cela arrive, par exemple, dans les maladies ; mais il dépendait de nous d'en user de telle ou telle manière ; et c'est par cette raison que les habitudes sont volontaires. (*Id.*, pp. 111 et 112.)

L'habitude est plus facile à changer que la nature, et même c'est parce qu'elle ressemble à la nature qu'elle est quelquefois si difficile à changer, comme dit aussi Evénus : « N'en doute point, ami, un exercice constant, l'application et l'étude ont des résultats durables, c'est là ce qui, chez les hommes, finit par être comme la nature elle-même. » (*Id.*, p. 327.)

Il n'y a rien dans les choses humaines où la constance se manifeste autant que dans les actions conformes à la vertu ; elle y parait plus que dans les sciences mêmes ; et c'est précisément parce que les hommes parfaitement heureux portent cette constance jusque dans les moindres détails des actions de leur vie, qu'elles sont ce qu'il y a de plus honorable à la fois et de moins sujet à l'instabilité ; et cela même semble être cause qu'ils n'ont pas, à cet égard, un moment d'oubli. (*Id.*, p. 38.)

Le propre de la vertu, c'est de conserver le principe qui la fait agir ; le vice, au contraire, dégrade ou détruit ce principe. Or, le principe des actions, c'est le motif en vue duquel on agit ; comme dans les mathématiques, ce sont les suppositions qu'on a d'abord admises. Mais, ni dans ce cas, ni dans l'autre, ce n'est le raisonnement qui nous fait connaître les principes ; en fait de conduite, c'est la vertu, soit naturelle, soit acquise par de bonnes habitudes, qui nous donne des opinions saines sur le principe de nos actions. (*Id.*, pp. 320-321.)

CHAPITRE V

LA VERTU, JUSTE MILIEU ENTRE DEUX VICES

Il serait difficile, me semble-t-il, de se faire une idée juste de la théorie d'Aristote sur le juste milieu, si l'on séparait des textes précédents les pages qui traitent de cette question. En effet, cette expression de juste milieu éveille l'idée d'une sorte de médiocrité, de vertu relative qui serait loin d'être la vertu parfaite. Telle ne saurait être l'idée d'Aristote qui nous dit ailleurs que la vertu rend parfaite la chose dont elle est la vertu. La comparaison qu'il fait entre l'art et la vertu, nous aide à mieux comprendre sa pensée : « Quiconque, dit-il, est instruit dans son art évite l'excès et le défaut, cherche le milieu ou le terme moyen et le préfère ; non pas sans doute le milieu par rapport à la chose elle-même, mais considéré par rapport à nous ». Le milieu par rapport à la chose serait une perfection relative. En excluant cette idée, Aristote laisse subsister pleinement celle du progrès infini dans l'art qui aspire à la perfection absolue. « Le milieu par rapport à nous » me semble être cet heureux équilibre entre la raison et la passion. Pour lui, une œuvre d'art n'est bien exécutée que s'il n'y a rien à ajouter, ni rien à retrancher, « attendu, dit-il, que l'excès et le défaut sont également contraires à la perfection, et qu'il n'y a que le juste milieu entre l'un et l'autre qui puisse la lui donner ». Le juste milieu d'Aristote ne me paraît donc qu'une autre expression pour désigner la perfection, puisque c'est l'état d'une chose à laquelle il n'y a rien à ajouter ni à retrancher. Ce qui nous autorise à le croire, c'est qu'il ajoute que « les artistes auxquels nous donnons le nom d'excellents ont toujours en vue ce juste milieu dans leurs travaux ». Or, les vrais artistes ne perdent jamais de vue l'idéal, l'union parfaite du vrai et du beau. Et si la vertu se compose de deux éléments, les passions et la raison, elle ne saurait être parfaite que par l'harmonie de ces éléments, « la raison commandant toujours ce qu'il y a de mieux à faire, et les passions, régulièrement organisées, étant toujours prêtes à exécuter, sans la moindre peine, ce que la raison leur ordonne ». Trop de passion, ou bien une passion incomplètement soumise à la raison, doit produire des excès ; trop de raison, ou une raison froide, dépourvue du souffle d'une grande passion, c'est le manque. En s'abandonnant à la colère que provoque l'injustice dans une âme droite, l'homme devient irascible : tel est souvent Alceste que le mal met hors de lui. En étouffant en soi cette noble indignation par trop de raison ou une raison peu élevée, qui le persuade que la colère ne peut empêcher l'injustice, l'homme devient impassible, indifférent même : tel est Philinte que les crimes de l'humanité n'émeuvent pas plus que le carnage des animaux féroces, se dévorant entre eux. En surmontant sa légitime colère, grâce à une raison forte et élevée qui lui fait comprendre que les méchants sont plus dignes de pitié que de colère, l'homme devient doux ; il pardonne, il supporte et il essaie de corriger : tel est Socrate qui considère l'homme injuste comme étant plus malheureux que ses victimes.

« On peut, dit Aristote, s'abandonner plus ou moins à la crainte, à la confiance, au désir, à l'aversion, à la colère, à la pitié : en un mot, être trop ou trop peu touché des sentiments de plaisir ou de peine, et à tort dans l'un et l'autre cas. Mais l'être lorsqu'il le faut, dans les circonstances convenables pour les personnes et par les causes qui rendent ces sentiments légitimes, et l'être de la manière qui convient, voilà ce juste milieu en quoi consiste précisément la vertu. » Mais ce juste milieu est-il autre chose que la perfection même, la passion gouvernée par la raison qui, tour à tour, l'excite, l'élève ou la modère et la contient, afin que les actes dont elle est le principe soient faits avec convenance, avec tact et avec mesure ?

Aristote dit que « la vertu est une sorte de modération ou de médiocrité qui tend sans cesse au juste milieu ». Je ne crois pas que l'idée de médiocrité soit dans la pensée du maître. S'il faut entendre par modération la force de l'âme qui se possède, qui gouverne ses désirs, ses sentiments et ses passions, la véritable vertu est toujours modérée. Quant au juste milieu auquel elle tend toujours, il me semble être un point précis qu'il est difficile d'atteindre et autour duquel on peut errer en un nombre infini de points. C'est le point presque imperceptible que doit toucher l'archer pour remporter le prix. Ainsi est-il vrai de dire : « L'homme vertueux ne l'est que d'une seule manière ; le méchant prend mille formes diverses ».

Mais ce qui nous prouve que dans la pensée d'Aristote, la vertu n'est un juste milieu que par rapport à l'homme qui ne peut saisir rien d'absolu, c'est sa conclusion même où il s'exprime en ces termes : « Voilà pourquoi la vertu, quant à son essence et à sa définition, est une sorte de moyen terme ; mais considérée dans ce qu'elle a de bon ou même d'excellent, elle est, pour ainsi dire, un extrême ». Cette conclusion satisfait la conscience qui ne peut se contenter de rien de relatif, alors même que l'absolu est inaccessible à l'homme. Ainsi la doctrine d'Aristote n'abaisse pas la vertu pour l'accommoder à la faiblesse humaine : elle la laisse subsister dans toute sa perfection ; et les vertus partielles, plus ou moins relatives, sous lesquelles nous nous représentons la vertu, sont comme les mille parcelles d'un pur diamant dont chacune reflète quelque faible rayon, mais qui n'est réellement un précieux joyau que dans son parfait ensemble.

Quiconque est instruit dans un art, évite l'excès et le défaut, cherche le milieu ou le terme moyen, et le préfère ; non pas sans doute le milieu par rapport à la chose elle-même, mais considéré par rapport à nous.

Si donc c'est en ne perdant point de vue ce milieu, et en y ramenant tout ce qu'on fait, que, dans toute science, l'on parvient à un heureux résultat, en sorte que l'on dit ordinairement des ouvrages qu'elle produit, quand ils sont bien exécutés, qu'il n'y a rien à y ajouter, rien à en retrancher (attendu que l'excès et le défaut sont également contraires à la perfection, et qu'il n'y a que ce juste milieu entre l'un et l'autre qui puisse la leur donner) ; si, dis-je, ceux à qui nous donnons le nom d'artistes excellents ont toujours en vue ce juste milieu dans leurs travaux, et si la vertu est un art plus parfait que tous les autres, et qui leur est bien préférable, il s'ensuit que la vertu, comme la nature, tend sans cesse à ce juste milieu. Je parle de la vertu morale; car c'est elle qui s'occupe de nos actions et de nos passions. Or il peut s'y trouver aussi un excès, un défaut et un milieu.

En effet, on peut s'abandonner plus ou moins à la crainte, à la confiance, au désir, à l'aversion, à la colère, à la pitié ; en un mot, être trop ou trop peu touché des sentiments de plaisir ou de peine, et à tort dans l'un et l'autre cas. Mais l'être lorsqu'il le faut, dans les circonstances convenables, pour les personnes et par les causes qui rendent ces sentiments légitimes, et l'être de la manière qui convient, voilà ce juste milieu en quoi consiste précisément la vertu.

Il y a aussi excès, défaut et milieu par rapport aux actions ; or la vertu s'applique à celles-ci, aussi bien qu'aux passions : l'excès y est une erreur, le

défaut un sujet de blâme; au contraire, le milieu obtient de justes éloges, et le succès s'y trouve: deux choses qui appartiennent à la vertu. Elle est donc, en effet, une sorte de modération ou de médiocrité, qui tend sans cesse au juste milieu. De plus, il y a bien des manières d'errer; aussi les Pythagoriciens comparaient-ils le mal à la quantité infinie, et le bien à la quantité finie; mais il n'y a qu'une manière de bien faire. Voilà pourquoi l'un est facile et l'autre difficile; rien de si facile, en effet, que de manquer le but, rien de si difficile que de l'atteindre; et, par cette raison, l'excès et le défaut sont les caractères du vice; le juste milieu est celui de la vertu; et comme dit un poète : « L'homme vertueux ne l'est que d'une seule manière; le méchant prend mille formes diverses ».

La vertu est donc une habitude de se déterminer, conformément au milieu convenable à notre nature, par l'effet d'une raison exacte et telle qu'on la trouve dans tout homme sensé. Ce milieu se rencontre entre deux vices, l'un par excès, et l'autre par défaut; et de plus, comme nos passions et nos actions peuvent nous écarter du devoir, par excès aussi bien que par défaut, c'est à la vertu qu'il appartient de trouver le milieu entre ces extrêmes opposés, et de s'y fixer. Voilà pourquoi la vertu, quant à son essence et à sa définition, est une sorte de moyen terme; mais considérée dans ce qu'elle a de bon ou même d'excellent, elle est, pour ainsi dire, un extrême. *(Morale à Nicomaque, pp. 69-71.)*

II

CRITIQUE DES TABLEAUX DES VERTUS

On a établi, d'après Aristote, le tableau des vertus, juste milieu entre un excès et un défaut. Ces tableaux me semblent trop systématiques; pour avoir voulu y observer une certaine rigueur mathématique, on les a rendus plus ou moins factices. Celui qui me paraît suivre de plus près le texte d'Aristote, est moins complet cependant que le tableau que nous avons trouvé dans la *Morale à Eudème*. Ce qui nous frappe dans ce système, c'est que le vice qu'il présente comme l'excès de la vertu, est souvent un défaut qui n'a rien de commun avec cette vertu. Ainsi l'excès de la magnanimité serait l'insolence ou la forfanterie, qui ne touche en rien à la magnanimité; l'exagération de cette vertu à laquelle je ne vois pas d'excès possible, ne serait même ni la fierté, ni la hauteur. De même la jactance ou le charlatanisme qui serait l'excès de la véracité, n'en donne pas la moindre idée. Nous ne voyons non plus aucun rapport de ressemblance ni de dissemblance entre l'égoïsme et la dignité.

Ce tableau n'a pas la symétrie que l'on serait en droit d'attendre d'un travail presque mathématique. Aristote lui-même assimile l'ensemble des rapports entre ces trois dispositions à la progression arithmétique dont le moyen terme est plus grand que le plus petit des deux extrêmes, et moindre que le plus grand.

La témérité est peut-être bien l'excès du courage, dont la lâcheté est le manque; mais peut-on dire que le moyen terme, le courage, est plus grand que le plus petit extrême ou la lâcheté qui est son contraire ? Il en est de même de la magnanimité à l'égard de la bassesse d'âme : il ne s'agit pas là d'une différence du plus au moins, puisque les deux dispositions sont opposées. Je me demande si ce tableau a un autre avantage que celui de nous faire connaître les dispositions bonnes ou mauvaises de l'âme qui produisent les vertus ou les vices, et de nous démontrer avec une certaine évidence que le vice est tout autre chose qu'un excès de vertu. Il n'est pas non plus un simple manque de vertu : c'est l'affirmation d'une manière d'être tout opposée à la vertu, et qui résulte d'habitudes contraires et invétérées. Quant à la vertu, elle est ce qui doit être, ni plus ni moins, toujours à la hauteur des circonstances; et il ne peut y avoir en elle aucun excès, alors même qu'elle s'élève jusqu'au plus sublime héroïsme.

Irascibilité, impassibilité, douceur;
Témérité, lâcheté, courage;
Impudence, embarras, modestie;
Débauche, insensibilité, tempérance;
Haine (anonyme), indignation vertueuse;
Gain, perte, justice;
Prodigalité, avarice, libéralité;
Fanfaronnade, dissimulation, véracité;
Flatterie, hostilité, amitié;
Complaisance, égoïsme, dignité;
Mollesse, grossièreté, patience;

Vanité, bassesse, magnanimité ;
Dépense fastueuse, lésinerie, magnificence ;
Fourberie, niaiserie, prudence.
(*Morale à Eudème*, p. 254.)

TABLEAU TRACÉ PAR M. CORAY, D'APRÈS ARISTOTE

EXCÈS	MILIEU	DÉFAUT
1 Témérité.	Courage.	Lâcheté.
2 Intempérance ou débauche.	Tempérance.	Insensibilité ou stupidité.
4 Grossièreté, vanité sotte.	Magnificence.	Lésinerie
5 Insolence ou forfanterie.	Magnanimité.	Bassesse d'âme.
6 Ambition.		Absence d'ambition.
7 Irascibilité.	Indulgence.	Patience excessive
8 Jactance ou charlatanisme.	Vérité.	Dissimulation ou modestie affectée
9 Bouffonnerie.	Gaieté ingénieuse.	Rusticité.
10 Désir de plaire, Flatterie.	Amabilité.	Humeur farouche ou difficile.
11 Étonnement stupide.	Pudeur.	Impudence.
12 Envie.	Némésis.	Malveillance.

Puisqu'il y a trois sortes de dispositions, parmi lesquelles deux sont vicieuses, l'une par excès, l'autre par défaut, tandis qu'une seule, celle qui tient le milieu, constitue la vertu, on voit qu'elles sont opposées les unes aux autres ; car les deux extrêmes sont opposés entre eux et au milieu, et le milieu l'est à l'un et à l'autre extrême. En effet (comme dans une progression arithmétique) le terme moyen est plus grand que le plus petit des deux extrêmes, et moindre que le plus grand ; ainsi, les habitudes moyennes, dans tout ce qui tient aux passions et aux actions, sont, pour ainsi dire, un excès par rapport au défaut et un défaut par rapport à l'excès. Car l'homme courageux paraît téméraire, comparé au lâche ; et, au contraire, il paraît timide comparé au téméraire ; de même, le tempérant paraît dissolu, quand on le compare à l'homme insensible à tous les plaisirs, et presque insensible, quand on le compare au débauché ; enfin, le libéral semble prodigue, en comparaison de l'avare, et avare, en comparaison du prodigue. Aussi, chacun des extrêmes repousse-t-il, pour ainsi dire, le milieu vers l'extrême opposé ; le téméraire nomme craintif celui qui est courageux, et le lâche l'appelle téméraire ; et il en est de même des autres.

Mais, puisque telle est l'opposition qu'il y a entre ces choses, celle des extrêmes entre eux devra être plus grande que celle de chaque extrême à l'égard du milieu, car ils sont plus éloignés l'un de l'autre qu'ils ne le sont du milieu ; de même que dans une proportion numérique le grand nombre diffère plus du petit, et réciproquement, que chacun d'eux ne diffère du nombre égal ou du terme moyen. Cependant, les extrêmes, dans certains cas, ressemblent plus au milieu, comme la témérité au courage, et la prodigalité à la libéralité ; mais la plus grande dissemblance est entre les extrêmes. Or, on appelle contraires les termes qui sont le plus éloignés l'un de l'autre ; il y a donc une plus grande opposition là où se trouve une plus grande distance. De plus, il y a encore des cas où l'excès est plus en opposition avec le juste milieu, et d'autres où c'est le défaut : ainsi, par rapport au courage, la témérité, qui pèche par excès, n'est pas ce qui s'en éloigne le plus ; c'est la lâcheté, qui pèche par défaut : au contraire, l'insensibilité, qui pèche par défaut, est moins éloignée de la tempérance que la débauche, qui pèche par excès.

Cela vient de deux causes : l'une, qui est dans la nature même de la chose ; car, précisément parce qu'un des deux extrêmes est plus près du milieu et lui ressemble plus, ce n'est pas celui-là que nous lui opposons, mais plutôt l'extrême contraire. Ainsi, parce que la témérité ressemble plus au courage que la lâcheté, c'est plutôt celle-ci que nous lui opposons : car les extrêmes plus éloignés du milieu paraissent plus contraires. Telle est donc l'une des causes, prise dans la nature de la chose. L'autre est en nous-mêmes ; car nous regardons comme plus opposées au juste milieu, les dispositions auxquelles nous nous sentons plus naturellement enclins. Ainsi, nous avons reçu de la nature plus de penchant pour les plaisirs, et par conséquent nous sommes plus disposés à une vie molle et voluptueuse qu'à une vie sobre et réglée. Nous appelons donc plutôt opposées, au contraire, les choses pour lesquelles notre entraînement est plus grand, et c'est pour cela que l'intempérance, qui est un excès, est plus opposée, ou plus contraire à la tempérance. (*Morale à Nicomaque*, pp. 79-80.)

Entre la crainte et l'audace, le vrai milieu, c'est le courage ; mais l'excès produit par la confiance, ou par l'absence de toute crainte, n'a point reçu de nom ; et il y a un assez grand nombre de passions qui sont dans ce cas L'excès dans l'audace s'appelle témérité ; l'excès contraire, dans la crainte, ou dans le défaut d'audace, se nomme lâcheté. Par rapport aux plaisirs et aux peines (non pas aux peines de toute espèce et toujours dans un moindre degré), le milieu c'est la tempérance ; et l'excès, la débauche. Au reste, il n'y a guère de gens qui pèchent par défaut, en fait de plaisirs ; aussi n'a-t-on point imaginé de termes propres à les désigner ; appelons-les *insensibles.* A l'égard du penchant à donner et à recevoir de l'argent ou des présents, le juste milieu s'appelle libéralité ; et l'on désigne par les noms de prodigalité et d'avarice, l'excès et le défaut relatifs à ce penchant. Mais ceux qui pèchent ainsi exagèrent en sens contraire : le prodigue a une facilité excessive à donner, et n'a pas assez de penchant à recevoir ou à prendre, tandis que l'avare n'a que trop de penchant à prendre, et n'en a pas assez à donner.

Mais il y a, par rapport aux richesses, d'autres dispositions de l'âme, car la magnificence est aussi un certain milieu. Le magnifique diffère du libéral en ce que l'un dépense des sommes considérables, et l'autre se borne à des dons de peu de valeur. L'excès en ce genre s'appelle sotte vanité, ridicule étalage, et le défaut se nomme lésinerie. Ces deux extrêmes diffèrent aussi de la libéralité par quelques nuances.

Le milieu, par rapport aux honneurs et à l'absence de toute considération, s'appelle magnanimité ; l'excès en ce genre prend le nom d'insolence, et le défaut prend celui de bassesse d'âme. Or, de même que nous avons dit que la magnificence diffère de la libéralité, en ce que celle-ci s'applique aux choses de peu de valeur; ainsi il y a, à l'égard de la magnanimité ou passion de l'âme qui aspire aux honneurs importants, une autre passion qui n'est que le désir des honneurs de moindre importance : car on peut désirer les dignités et les honneurs, quels qu'ils soient, plus ou moins qu'il n'est convenable.

On appelle ambitieux celui dont les désirs, en ce genre, sont excessifs, et celui qui pèche par défaut, *homme sans ambition* ; le caractère intermédiaire n'a pas de nom, de même que les dispositions qui le produisent, excepté qu'on donne le nom d'ambition à celle qui fait l'ambitieux. De là vient que les extrêmes se disputent, en quelque manière, la place du milieu. Nous-mêmes nous donnons quelquefois le nom d'ambitieux à celui qui n'a que des désirs modérés, et d'autres fois nous l'appelons homme sans ambition ; et tantôt nous louons l'ambitieux, tantôt l'homme sans ambition.

Il y a aussi par rapport à la colère, un excès, un défaut et un milieu ; mais on ne leur a presque pas donné de noms ; appelons donc le caractère intermédiaire indulgence, nommons *indulgent* celui qui a ce caractère, désignant par les mots *irascible et irascibilité*, la personne et le caractère où se montre l'excès de cette disposition, et exprimons par les mots *non-irascible* et *non irascibilité* le défaut de cette même disposition.

Enfin, il y a encore trois caractères intermédiaires, qui se ressemblent à quelques égards, quoiqu'ils diffèrent sous d'autres rapports. Ils se ressemblent en ce qu'ils sont relatifs au commerce des hommes dans la société, tant par leurs discours que par leurs actions ; mais ils diffèrent en ce que, dans l'un, on ne considère les discours et les actions que sous le rapport de la vérité ; et, dans les deux autres, on ne les considère que sous celui de l'agrément, que lui-même peut être envisagé par rapport à la simple plaisanterie, ou comme embrassant tous les détails de la vie. Il faut donc que nous parlions encore de ces trois caractères, afin de mieux faire voir que, dans tous, c'est le juste milieu qui est digne de louanges, tandis que les extrêmes ne sont ni estimables, ni louables, mais méritent au contraire d'être blâmés. A la vérité, la plupart des affections ou dispositions, d'où résultent ces caractères, n'ont pas de noms; mais nous essaierons de leur en donner, comme nous l'avons fait pour ceux dont nous avons parlé précédemment, tant pour répandre plus de lumière sur ce sujet, que pour rendre notre pensée plus facile à comprendre.

Et d'abord, appelons *vérité* le milieu entre la jactance orgueilleuse d'un homme qui cherche à donner aux autres une idée exagérée de ses avantages, et la *dissimulation* de celui qui affecte de les diminuer; et donnons le nom de *vrai* au caractère qui est placé entre ces extrêmes opposés. Quant à l'agrément qui consiste dans l'art de plaisanter avec grâce, celui qui y observe un juste milieu pourra être appelé un homme d'un caractère gai, jovial, tandis que l'excès en ce genre sera exprimé par le nom de *bouffonnerie*, et le défaut par celui de *rusticité*. Mais, pour ce qui contribue, à tous les autres égards, à l'agrément ou au charme de la vie, le caractère qui ne pèche par aucun excès, est l'amabilité; et l'exagération en ce genre, quand elle n'est le produit d'aucun sentiment d'intérêt personnel, peut être appelée manie de plaire; et flatterie, quand elle est l'effet d'un calcul intéressé. Le défaut en ce genre, qui caractérise un homme désagréable en tout, lui fait donner les noms de bourru, fantasque, difficile à vivre.

Il y a aussi ce qu'on pourrait appeler des moyens termes dans les passions, et dans ce qui tient aux passions. La pudeur, par exemple, n'est pas proprement une vertu : cependant on loue celui qui en est susceptible ; car, dans les choses où ce sentiment intervient, l'on peut tenir un juste milieu, et pécher par excès ou par défaut. L'homme que tout fait rougir, et qui est comme frappé de stupeur, pèche par excès ; celui qui ne rougit de rien, est impudent et pèche par défaut ; l'homme modeste est dans le juste milieu.

Je donnerai le nom de *Némésis* (ou de généreuse indignation), à un sentiment qui tient le milieu entre l'envie et la malveillance : deux passions qui se rapportent au plaisir ou à la peine que nous ressentons de ce qui arrive aux personnes que nous connaissons. En effet, l'homme susceptible d'une indignation généreuse, s'afflige du bonheur qui arrive à ceux qui en sont indignes ; et l'envieux, exagérant ce sentiment, s'irrite du bonheur de tout le monde ; mais le malveillant, au contraire, est si peu disposé à s'affliger ou à s'irriter qu'il se réjouit du mal d'autrui. (*Id.*, pp. 74-79.)

III.

OU IL N'Y A PAS DE MILIEU

Aristote reconnaît lui-même que le milieu ne se rencontre pas dans toutes sortes d'actions et de passions. « Il y en a, dit-il, dont le nom seul emporte avec soi l'idée de quelque chose d'odieux et de vil. » Et il cite, à cet effet, la malveillance et l'impudence qui, déjà, figurent à son tableau, l'une comme excès de l'indignation généreuse causée par le bonheur des méchants, l'autre comme l'opposé de la pudeur. Là encore, je remarque que la malveillance qui part d'un tout autre principe, ne peut avoir rien de commun avec l'indignation généreuse. Dans cette même page, Aristote dit qu'il ne peut y avoir ni excès ni défaut par rapport à la tempérance et au courage, le milieu étant un extrême. Or, il nous montre ailleurs le courage entre la témérité qui est son excès, et la lâcheté, son contraire. De même, la tempérance entre l'insensibilité qui serait son excès si elle était possible, et l'intempérance, son contraire. Toutes ces contradictions montrent ce qu'il y a d'artificiel dans le système du juste milieu, dans le cadre duquel Aristote, malgré d'ingénieux efforts, n'a pu faire entrer toutes les passions, ni toutes les vertus, ni tous les vices.

Le milieu ne se rencontre pas dans toutes sortes d'actions et de passions ; il y en a dont le nom seul emporte avec soi l'idée de quelque chose d'odieux et de vil ; par exemple, la malveillance (ou la disposition à se réjouir du mal d'autrui), l'impudence, l'envie, et, en fait d'actions, le vol, le meurtre ; car ces actions-là et d'autres du même genre sont déclarées criminelles par leur nom même et non par l'excès ou le défaut qui s'y trouvent. On ne peut donc jamais bien faire en les commettant ; on ne peut que se rendre coupable. On ne peut pas non plus considérer, en de telles choses, ce qui est bien et ce qui ne l'est pas, ni avec quelles personnes, quand et comment il faut les commettre ; mais l'on peut dire qu'absolument parlant, c'est tomber dans l'égarement que de faire quelque action de ce genre. Il en serait de même si l'on prétendait qu'on doit envisager un milieu, un excès ou un défaut, dans l'injustice, dans la poltronnerie ou la débauche ; car, de cette manière, il y aurait donc milieu dans l'excès ou dans le défaut, ou excès d'excès et défaut de défaut. Mais comme il ne peut y avoir ni excès ni défaut par rapport à la tempérance et au courage (car le milieu, dans ce cas, est, s'il le faut ainsi dire, un extrême), ainsi à l'égard des actions et des passions dont j'ai parlé tout à l'heure, il n'y a ni milieu, ni défaut, ni excès ; mais, de quelque manière qu'on s'y laisse entraîner, on se rend criminel. En un mot, il ne peut y avoir ni milieu dans l'excès ou dans le défaut, ni excès ou défaut dans le milieu.

Mais cela ne doit pas seulement se dire de la vertu en général ; il faut aussi qu'on puisse appliquer le même principe à chaque vertu en particulier. Car les raisonnements qui ont nos actions pour objet, quand ils sont très généraux, ne peuvent pas être d'une grande utilité ; il y a toujours plus de vérité dans ceux qui s'appliquent aux détails, puisque les actions n'ont pour objet que des choses particulières et que c'est avec elles que les raisonnements doivent être d'accord. (*Morale à Nicomaque*, pp. 71-73.)

IV

DIFFICULTÉ DU JUSTE MILIEU ; MOYENS D'Y PARVENIR

Aristote qui, déjà, nous a montré combien il est difficile de tenir le juste milieu, y revient encore pour y insister davantage. « Faire le bien autant et de la manière qu'il le faut, dit-il ; avoir, en le faisant un juste égard aux personnes et aux motifs, voilà ce qui n'est pas facile et qui n'est pas donné à tous ; c'est pour cela que ce qu'on fait bien est beau, rare et digne de louange. » Il nous prouve, une fois de plus, par ces paroles, que le juste milieu n'est autre chose que la perfection ; car ce qu'il exige, c'est la raison parfaite unie à des sentiments purs de tout alliage et produisant des actions si complètes et si belles, qu'il n'y ait rien à y ajouter, ni rien à en retrancher. De telles actions sont rares, en effet, et c'est en s'y exerçant toujours qu'on peut y arriver. Pour parvenir à ce juste milieu, Aristote nous conseille de nous éloigner de l'extrême le plus opposé et de nous approcher plutôt de l'extrême le moins dangereux. Il est évident que pour acquérir une vertu, il faut se détourner du vice opposé. Mais par le seul fait d'aspirer à cette vertu, on hait son contraire et l'on s'en éloigne. Le conseil ne me semble plus judicieux lorsqu'il nous incite à nous rapprocher de l'extrême le moins dangereux, à tendre, par exemple, à l'insolence pour arriver à la magnanimité, et à la jactance pour arriver à la vérité. Ce moyen peut s'appliquer à la rigueur à certaines vertus ; ainsi, pour devenir courageux, quand on a un naturel pusillanime et lâche, il faut faire de violents efforts qui, d'abord, nous rendent plutôt téméraires ; de même, pour devenir tempérant lorsqu'on est trop enclin à rechercher le plaisir, il faut se rendre insensible, c'est-à-dire s'abstenir entièrement, ce qui est moins difficile que de se modérer. Mais pour atteindre à un état parfait, est-il nécessaire, est-il bon même de se proposer d'abord pour but un état plus imparfait ? Nous ne le croyons pas. Ce qui est important, c'est de se connaître, d'avoir conscience de ses penchants naturels, de lutter avec énergie contre les tendances mauvaises et de se porter avec courage vers les dispositions opposées. Et, à ce sujet, nous trouvons une parole d'Aristote qui a lieu de nous surprendre : « Il faut, dit-il, surtout se garantir, en tout genre, des choses qui donnent du plaisir, car nous n'en jugeons jamais sans partialité ». Cette parole nous semble en contradiction avec beaucoup d'autres sur le plaisir et la douleur qui, selon lui, caractérisent, l'un les actes de vertu, et l'autre les actes faits par nécessité. Il est vrai, il est question ici des choses qui donnent du plaisir, et tel est le cas de tout ce qui satisfait nos penchants. Ce n'est donc le plus souvent qu'en résistant au plaisir que l'on devient vertueux.

C'est une affaire que de devenir vertueux ; car, en tout genre, tenir le juste milieu est une tâche difficile. Ainsi, trouver le centre d'un cercle n'est pas le fait de quiconque voudra l'entreprendre, mais de celui qui sait la géométrie, et pareillement, s'abandonner à la colère, ou prodiguer l'argent est chose facile et que tout le monde peut faire ; mais ne e faire qu'autant et de la manière qu'il le faut ; avoir, en le faisant, un juste égard aux personnes et aux motifs, voilà ce qui n'est plus facile et qui n'est pas donné à tous ; c'est pour cela que ce qu'on fait bien est beau, rare et digne de louange.

Il faut donc que celui qui aspire à ce juste milieu commence par s'éloigner de l'extrême le plus opposé, suivant le conseil de Calypso :

> Loin des lieux où s'élève une sombre vapeur
> Dirige ton vaisseau.....

Car, entre les deux extrêmes, il y en a un qui est plus vicieux et l'autre qui l'est moins. Et, puisqu'il est très difficile d'arriver à ce point si désirable, il faut, en changeant (comme on dit) la manœuvre, s'approcher plutôt de l'extrême le moins dangereux. Morale à Nicomaque, p. 82.)

On doit, de plus, observer vers quels objets on se sent le plus porté, car les uns ont naturellement plus de penchant pour une chose, les autres pour une autre et c'est ce qu'on reconnaîtra par le plaisir ou par la peine qu'on ressent ; il faut alors se diriger en sens contraire, car c'est en nous écartant le plus possible de l'excès vicieux, que nous nous approcherons du milieu désiré, comme font ceux qui entreprennent de redresser un bois tortu. Mais il faut surtout se garantir, en tout genre, des choses qui donnent du plaisir, car nous n'en jugeons jamais sans partialité. (*Id.*, 83.)

DEUXIÈME PARTIE

Les vertus (individuelles et sociales)

La vertu est une, ainsi que nous l'avons vu : c'est le principe de vie de l'âme, et ce principe est immuable. Mais les manifestations de la vertu sont infiniment diverses : elles varient selon les circonstances qui révèlent dans les mêmes individus les caractères les plus opposés. Ainsi l'homme véritablement vertueux est, tour à tour, ferme, inflexible même dans la pratique de la justice, et doux, indulgent, plein de pitié, miséricordieux et charitable. Il est d'un courage intrépide pour parler et agir selon sa conscience, et plein de prudence, de réserve et de délicatesse, lorsqu'un motif supérieur l'incline à cette manière d'être. Ce que l'on appelle les vertus n'est donc autre chose que les formes diverses sous lesquelles se manifeste la vertu. Ces dispositions particulières semblent s'exclure réciproquement lorsqu'elles sont l'effet de la nature ; cultivées et fortifiées par l'habitude et par la règle morale qu'on s'impose à soi-même, elles se développent et s'exercent harmonieusement. Parmi les vertus, les unes ont surtout pour base le respect de la personne humaine en soi et comprennent les devoirs de l'homme envers lui-même. Ces vertus, qu'on peut appeler individuelles, sont le courage, la tempérance, la magnanimité et la sagesse. Les autres vertus qui comprennent les devoirs de l'homme envers ses semblables, ont surtout pour principe le respect de la personne humaine chez les autres. Telles sont la libéralité, la justice, l'équité, la bonté. Aristote semble attribuer à ces vertus sociales une supériorité plus grande : « Les plus grandes vertus, dit-il, sont celles qui rendent le plus de services à autrui ». Mais élever telle ou telle vertu au-dessus des autres, c'est opposer la vertu à elle-même. Ainsi que nous l'avons déjà dit, toutes les vertus ne sont possibles que par la vertu une et indivisible, qui est l'essence de toutes, la force toujours inspiratrice et agissante qui rend la vie parfaite.

Le beau ou l'honnête est ce qui, étant désirable en soi, est en outre digne de louange, ou bien aussi ce qui, étant bon, est agréable parce qu'il est bon. Si c'est là l'honnête et le beau, il s'ensuit nécessairement que la vertu est belle ; car étant bonne, elle est louable aussi. La vertu est, on peut dire, une puissance d'acquérir et de conserver les biens ; une puissance qui nous procure des biens aussi nombreux que grands, et qui en tout produit toute espèce de biens. Les parties diverses de la vertu, c'est le courage, la tempérance, la dignité, la magnanimité, la libéralité, la douceur, la réflexion, la sagesse. Par une suite nécessaire, les plus grandes vertus sont celles qui rendent le plus de services à autrui, puisque la vertu est une faculté puissante de faire du bien. Voilà pourquoi on a une estime supérieure pour les gens justes et courageux ; car l'une de ces vertus est utile aux autres dans la guerre, et l'autre dans la paix. Après le courage et la justice, vient dans l'estime publique la libéralité; car les hommes généreux abandonnent volontiers et ne disputent jamais les richesses dont le vulgaire est avide par-dessus tout. La justice est la vertu qui fait qu'on ne veut que ce qui vous appartient ou que ce que la loi vous accorde ; l'injustice veut au contraire le bien d'autrui et ce que la loi n'accorde pas. Le courage est la vertu qui nous fait accomplir de belles actions dans le danger, et nous fait agir comme le veut la loi, dont nous sommes les serviteurs dociles. La lâcheté est tout le contraire. La tempérance est la vertu qui fait que nous ne prenons les plaisirs du corps que dans la mesure où le veut la loi de la raison. La débauche est le vice opposé. La libéralité consiste à faire du bien avec les richesses que l'on possède ; l'avarice est le contraire. La magnanimité est la vertu qui inspire les plus grands actes et les plus grands bienfaits ; et son contraire, c'est la petitesse d'âme. La magnificence est la vertu qui pousse à la grandeur dans les dépenses qu'on doit faire ; et son contraire c'est la mesquinerie, de même que la petitesse est le contraire de la magnanimité. La prudence est la vertu de la pensée qui nous éclaire dans le choix judicieux des biens et des maux relatifs au bonheur. (Rhétorique, *Traduction Barthélemy St-Hilaire*, pp. 91-94.)

CHAPITRE PREMIER

LES VERTUS INDIVIDUELLES

I.

LE COURAGE

Le courage est au fond de toutes les vertus, soit que l'âme supporte, qu'elle lutte ou qu'elle agisse. On pourrait même dire qu'il est la vertu, s'il n'était plus fait de raison que de passion, ainsi que toutes les vertus individuelles qui sont la force de l'âme agissant sur soi pour maîtriser les passions. Il est vrai de dire cependant qu'une noble passion est propre à enflammer le courage: il en est ainsi du patriotisme, de l'amour de la vérité et de la justice, de l'amitié, etc.; mais dans ce cas, la raison qui gouverne la passion lui aide à triompher d'une passion contraire, telle que la peur.

Le courage, selon Aristote, consiste à braver les dangers, la mort même, en vue d'une fin honorable et conforme à la raison; à supporter avec fermeté les maux qui ne dépendent pas de nous, et à redouter ceux qu'il y aurait de la honte à braver, tels que le déshonneur. Celui qui s'expose à des périls inutiles, soit par ignorance ou par vaine gloire, n'est donc pas véritablement courageux. Mais ce n'est pas manquer de courage que de craindre le danger : pourvu qu'on se résolve à l'affronter, le connaissant et sentant l'obligation de le surmonter, on est un homme courageux, malgré toutes les révoltes de la nature et les mouvements contraires provoqués par la peur. « Le vrai courage, dit Aristote, quoiqu'il rende intrépide, n'empêche pas qu'on ne redoute les dangers, parce qu'on n'est qu'un homme, mais on les affrontera comme on le doit, et comme la raison le veut, par un sentiment d'honneur, car telle est la fin de la vertu. » Ainsi Aristote qui toujours tient compte de la faiblesse humaine, fait ressortir ici que l'instinct de conservation nous éloigne naturellement du danger qui peut mutiler nos membres, sinon anéantir notre vie. Mais il nous montre aussi le sentiment de l'honneur qui triomphe des révoltes de la chair, et nous fait accomplir avec la fermeté nécessaire l'acte commandé par la raison. L'admiration que nous avons pour les héros, ne risquerait pas de s'affaiblir si nous pouvions être témoins des luttes intérieures qui précèdent leurs actions courageuses. D'ailleurs, beaucoup d'entre eux, et des plus vaillants, nous ont initiés à leurs hésitations et à leurs défaillances. Il n'y a, me semble-t-il, que l'enfant, l'ignorant, et l'insensé qui puissent ne rien craindre. Sans doute, l'habitude de dominer la crainte, diminue l'effort qui la surmonte, mais elle n'étouffe pas l'instinct naturel qui nous fait éviter la souffrance et la mort.

On peut se demander s'il faut plus de courage pour faire les actes auxquels l'honneur nous oblige qu'il n'en faut pour supporter avec patience les maux qui ne dépendent pas de nous. J'inclinerais à croire que la fermeté constante qui fait supporter avec résignation les malheurs inévitables est plus digne de louange que l'intrépidité qui fait agir avec une résolution vigoureuse dans les circonstances difficiles où la vertu est nécessaire. Cette action même n'a pas la continuité du courage passif qui produit la résignation et la patience : elle semble donc exiger de nobles élans plutôt qu'une force d'âme qui ne défaille jamais. Mais peut-être est-il plus équitable de dire que, selon les dispositions naturelles, il est plus ou moins difficile de se résigner ou d'agir. Un naturel ardent, énergique, impétueux, est plus disposé à l'action ; tandis qu'un naturel timide, indolent, pacifique, est plutôt incliné à la patience.

Aristote pense qu'il faut plus de fermeté pour endurer la peine que pour s'abstenir de ce qui donne du plaisir. Mais il me semble que, dans l'abstention, il y a un effort violent et plus ou moins douloureux, une action énergique exercée sur un désir, une passion qui touche à notre moi le plus cher. Dans l'acte de s'abstenir, se réunissent donc la fermeté qui agit pour refouler le désir, et celle qui supporte la souffrance. Peut-être Aristote n'a-t-il pas assez insisté sur le courage que l'homme doit déployer dans sa lutte contre lui-même pour triompher de ses mauvais penchants et se donner des habitudes de vertu. Cette espèce de courage est renfermée sans doute dans la définition de l'homme courageux, savoir, « celui qui brave et qui craint les dangers qu'il faut braver ou craindre, qui le fait par les motifs, et dans les circonstances, et de la manière convenables; car ses actions et ses sentiments sont toujours déterminés par une juste appréciation des choses, et par la droite raison ». Les dangers qu'il faut craindre sont, en effet, ceux qui menacent notre âme, les passions et les désirs déréglés qui, sans cesse font la guerre à l'âme, et qu'il y aurait déshonneur à ne pas surmonter. Ces dangers, il ne suffit pas de les craindre, car nous ne pouvons pas toujours les éviter comme beaucoup de choses que nous craignons, puisque c'est en nous-mêmes que se trouve la cause de ces maux : il faut donc que nous en triomphions par une action ferme et constante sur nous-mêmes; et ce noble combat exige un courage supérieur à celui qui vainc des armées et conquiert des pays.

Aristote semble croire que la vie est plus chère à l'homme vertueux qu'à tous les autres. Sans doute il en comprend mieux le prix inestimable, par là même qu'il en fait le meilleur usage. Mais l'honneur et la vertu lui étant plus chers que la vie, il est prêt à la sacrifier pour une fin supérieure. Et je crois que ce détachement serait encore possible, alors même que l'homme de bien n'aurait aucune espérance d'immortalité, si toutefois la croyance au bien n'entraînait pas celle de l'immortalité.

On ne craint évidemment que les choses qui sont propres à inspirer de l'effroi, et ce sont en général des maux ; voilà pourquoi on définit la crainte, l'attente d'un mal. On craint donc tous les maux, comme le déshonneur, la pauvreté, la maladie, le manque d'amis, la mort. Cependant il ne semble pas qu'on puisse avoir du courage contre tous ; il en est même qu'on doit redouter, qu'il est beau de craindre, et qu'il y aurait de la honte à braver : par exemple, le déshonneur ; car celui qui le craint est un homme estimable, et qui a de la pudeur ; tandis que celui qui le brave est impudent. Toutefois, il y a des gens qui le nomment courageux, par une sorte de métaphore, parce qu'il a de la ressemblance avec l'homme de cœur. Peut-être, au reste, ne faut-il craindre ni la pauvreté, ni la maladie, ni, en général, tous les maux qui ne procèdent point du vice, ou dont on n'est point soi-même la cause ; mais celui qui ne s'en laisse pas effrayer n'est pas pour cela un homme courageux, bien qu'on lui applique quelquefois ce nom par analogie. Car il se trouve des gens qui sont généreux, et capables de supporter avec beaucoup de fermeté la perte de leur fortune, quoique timides d'ailleurs, et craintifs dans les dangers de la guerre. Si donc un homme craint les outrages auxquels seraient exposés sa femme et ses enfants, s'il redoute l'envie, ou quelque chose de ce genre, ce n'est point un lâche ; pas plus que ce ne sera un homme courageux, s'il montre une impassible fermeté en se voyant sur le point d'être battu de verges. (*Morale à Nicomaque*, p. 112.)

Quels sont donc les dangers à l'égard desquels on peut être appelé véritablement courageux ? Sont-ce les plus grands ? Personne, en effet, n'est plus inébranlable dans les périls que l'homme de courage. La mort est assurément ce qu'il y a de plus terrible, puisqu'elle est la fin de tout, et qu'il n'y a plus rien qui puisse paraitre bon ou mauvais à celui qui a perdu la vie ; cependant il semble que l'homme courageux ne soit pas celui qui brave tous les genres de mort, par exemple, dans un naufrage ou dans une maladie. Dans quelles occasions doit-il donc braver la mort? est-ce dans les plus éclatantes, comme celles qui se rencontrent à la guerre ? C'est là, en effet, que sont les plus grands périls et les plus glorieux. Les honneurs que prodiguent en pareil cas les républiques et les monarques, confirment cette pensée. On appellera donc proprement courageux celui qui ne redoute point une mort honorable, ni tous les périls qui peuvent à chaque instant y conduire, et tels sont surtout ceux que présente la guerre.

Et cependant, l'homme courageux, s'il est exempt de crainte sur mer et dans les maladies, ne l'est pas comme les gens de mer, car il désespère de sa vie, et s'indigne d'une telle mort; au lieu que l'expérience des gens de mer soutient leur espoir. Les hommes ont aussi de la fermeté, toutes les fois que la valeur offre quelque ressource, ou lorsque la mort doit être glorieuse ; mais rien de tout cela n'a lieu dans les deux genres de dangers que je viens d'indiquer.

Au reste, les sujets de terreur ou d'effroi ne sont pas les mêmes pour tous les hommes ; nous ne parlons donc ici que de ce qui est au-dessus de la force humaine, et que redoute nécessairement toute personne qui n'a pas perdu le sens. Quant aux périls qui sont proportionnés à l'homme, ils diffèrent en importance, en plus et en moins ; et il en est de même des motifs de confiance ou d'audace. Le vrai courage, quoiqu'il rende intrépide, n'empêche pas qu'on ne redoute de tels dangers, parce qu'on n'est qu'un homme, mais on les affrontera comme on le doit, et comme la raison le veut, par un sentiment d'honneur, car telle est la fin de la vertu. On peut cependant être plus ou moins susceptible de les craindre, et même redouter comme graves des périls qui ne le sont pas. On pèche, en ce genre, en craignant ce qu'on ne doit pas craindre, ou en le craignant autrement qu'on ne doit, ou lorsqu'il ne le faut pas, ou de quelque autre manière également repréhensible, et il en sera de même de la confiance et de l'audace. L'homme vraiment courageux est donc celui qui brave et qui craint les dangers qu'il faut braver ou craindre, qui le fait par les motifs, et dans les circonstances, et de la manière convenables ; cas ses actions et ses sentiments sont toujours déterminés par une juste appréciation des choses, et par la droite raison. D'ailleurs, la fin de tous les actes est conforme aux habitudes qu'on a contractées: le courage est pour l'homme courageux une chose honorable et belle, et telle est aussi la fin qui donne à chaque genre d'action le caractère qui le distingue ; c'est donc en vue de l'honneur qu'un homme de cœur fait et endure tout ce qu'exige le vrai courage. (*Id.*, p. 113.)

Quoique le courage se rapporte aux passions et aux actes où paraissent l'audace et la crainte, il ne se manifeste pas également dans les uns et dans les autres, mais plus dans les occasions où il y a lieu d'éprouver de la crainte; car celui qui conserve son sang-froid dans ces occasions-là, et qui s'y comporte comme il le doit, est plus courageux que celui qui montre de la confiance dans les occasions qui exigent de l'audace. Or, c'est par la fermeté avec laquelle on supporte la peine et la douleur que l'on mérite le nom d'homme courageux; et voilà pourquoi on loue avec justice, le courage, parce qu'il est une chose pénible, et qu'il est plus difficile d'endurer ce qui cause de la peine, que de s'abstenir de ce qui donne du plaisir. Néanmoins, la fin que se propose cette vertu a bien aussi son attrait, mais qui semble disparaitre au milieu de toutes les circonstances qui l'accompagnent. C'est ce qu'on peut voir, par exemple, dans les combats athlétiques : car la fin que se proposent les athlètes, la couronne et les honneurs qu'ils espèrent obtenir, sont sans doute des choses agréables; mais les coups et les blessures auxquels ils sont exposés, la fatigue continuelle qu'ils endurent, sont aussi des choses pénibles et douloureuses, quand on n'est pas tout à fait invincible; et comme ces maux sont considérables, tandis que le fruit qu'on en recueille l'est assez peu, il semble qu'en effet il n'y ait rien d'agréable dans une telle profession.

Or, si telle est la nature du courage, les blessures et la mort même ne peuvent être qu'un sujet d'affliction pour l'homme courageux, et il ne peut s'y exposer qu'avec répugnance; mais il les supportera parce qu'il y a de l'honneur à le faire, et qu'il y aurait de la honte à ne le faire pas. Plus même il possèdera toutes les vertus, plus il sera heureux, plus la mort doit lui causer de peine ; car c'est surtout pour un tel homme que la vie a un grand prix, et il ne peut ignorer qu'en la perdant il sera privé des plus grands biens ; or, c'est là sans doute un vif sujet d'affliction ; mais il n'en sera pas moins courageux : peut-être même le sera-t-il plus encore, parce qu'il préférera à tous ces biens l'honneur qui s'acquiert dans les combats. On voit donc qu'en tout genre de vertu les actes ne sont accompagnés de quelque plaisir qu'autant qu'on en considère la fin. (*Id.*, pp. 124-126.)

II

INFLUENCE DE L'EXPÉRIENCE, DE LA COLÈRE ET DE L'ESPOIR SUR LE COURAGE

« Il semble, dit Aristote, que l'expérience des événements de la vie contribue au courage. » Je doute que cette expérience soit de nature à agir sur la volonté, à moins qu'elle n'éclaire la raison pour faire connaître à l'homme les choses qu'il doit préférer et le convaincre si bien de l'excellence de ces choses, qu'il ait moins d'efforts à faire pour se détacher des autres. Mais l'expérience n'apprend à juger de la réalité des choses qu'à ceux qui sont attentifs à ses enseignements et qui les appliquent à leur conduite. Les meilleures leçons restent sans profit pour le présomptueux qui est aveuglé par une vaine confiance en lui-même, et le paresseux dont la volonté est paralysée pour le bien. Aucune science ne remplace la pratique : il faut agir pour apprendre à agir, à se garantir et à se défendre.

Il ne faut pas confondre avec le courage l'emportement de la passion, la violence de la colère qui agit avec audace, mais sans raison, « ainsi que les bêtes féroces qui s'élancent contre le chasseur qui les a blessées ». Mais une noble colère, ainsi que toute passion élevée, est capable d'inspirer le vrai courage et de le seconder d'autant mieux qu'elle est plus conforme à la raison. « Les hommes d'un vrai courage, nous dit Aristote, n'agissent que par un sentiment d'honneur ; seulement la colère seconde leur action, ou du moins s'y joint. »

Je ne crois pas que l'espoir du succès diminue le mérite du vrai courage. Sans doute, il y a peu de gloire à combattre ou à agir vigoureusement, lorsqu'on a la certitude du succès. Mais l'espérance de la victoire est loin d'être l'assurance ; et cette espérance si naturelle au cœur de l'homme, l'anime au combat et renouvelle sans cesse sa force. Il est vrai qu'il y a des cas où l'honneur l'oblige à la lutte alors même qu'elle est désespérée ; et c'est là le courage le plus sublime. Mais par là même qu'il espère, l'homme vaillant n'est pas moins digne de louange, pourvu qu'il soit inspiré, non par l'amour du succès, mais par le sentiment du devoir qui l'oblige « de se montrer inébranlable en la présence de tout ce qui est ou qui paraît propre à inspirer de l'effroi, parce qu'il y a de l'honneur à le faire, et de la honte à ne le faire pas ».

Le courage le plus grand est celui qui se manifeste dans les dangers imprévus par la résolution intrépide et le sang-froid imperturbable, fécond en ressources inattendues, propre à rassurer les plus timides et à les entraîner par un commun élan à une action d'autant plus héroïque qu'elle est plus désintéressée.

Il semble que l'expérience des événements de la vie contribue au courage ; et, pour cette raison, Socrate prétendait qu'il est, pour ainsi dire, une science (Lachès et Protagoras) : aussi les uns se montrent-ils braves dans certains cas, et les autres dans d'autres. Les soldats, par exemple, se montrent tels dans les expéditions militaires ; car il y a dans la guerre mille circonstances qui semblent très menaçantes, quoiqu'elles n'offrent aucun danger réel, et le soldat expérimenté les apprécie au premier coup d'œil. Il paraît donc courageux et brave, en comparaison de ceux qui ne savent pas, comme lui, juger de la réalité des choses. De plus, l'expérience lui a surtout appris à agir et à se garantir, à se défendre des coups de l'ennemi et à le frapper ; parce qu'il sait faire usage de ses armes, et choisir celles qui offrent le plus d'avantages, soit pour attaquer son adversaire, soit pour parer les coups que celui-ci lui porte. Aussi est-il, à l'égard du soldat inexpérimenté, comme un homme armé de toutes pièces, à l'égard d'un homme sans armes, ou comme l'athlète consommé, par rapport à celui qui ne s'est jamais exercé. Car, dans ce genre d'exercice, ce ne sont pas les plus courageux qui combattent le plus volontiers, mais ceux dont le corps a le plus de vigueur, le plus de souplesse et d'agilité. (*Morale à Nicomaque*, pp. 119-120.)

On attribue quelquefois au courage ce qui n'est que l'effet de la colère; car on regarde comme des gens courageux ceux que cette passion emporte, comme les bêtes féroces qui s'élancent contre le chasseur qui les a blessées; parce qu'en effet, les hommes courageux s'irritent facilement, et que rien ne porte plus que la colère à affronter les dangers. De là ces façons de parler si souvent employées par Homère : « La colère redouble ses forces »; ou « Son courage et sa colère se réveillent »; ou bien « Une vive colère agite ses narines » et « Son sang bouillonne ». Car ce sont des indices du réveil et de l'emportement de la colère. Cependant les hommes d'un vrai courage n'agissent que par un sentiment d'honneur; seulement la colère seconde leur action, ou du moins s'y joint, au lieu que les animaux ne sont touchés que de la douleur.

. . . .

Les hommes en qui l'espoir du succès entretient la confiance, ne sont pas non plus véritablement courageux: Car, pour avoir souvent remporté la victoire sur de nombreux ennemis, ils sont pleins d'audace dans les dangers, et c'est par là qu'ils ressemblent aux hommes d'un vrai courage; mais la confiance de ceux-ci se fonde sur les motifs que nous avons expliqués précédemment; au lieu que l'audace de ceux-là n'est entretenue que par la conviction qu'ils ont de leur supériorité, et par l'espoir de ne pas éprouver à leur tour le mal qu'ils entreprennent de faire aux autres. C'est à peu près ce qui arrive aux gens ivres; car ils sont aussi remplis de confiance et d'espoir; mais lorsque l'événement trompe leur attente, ils prennent la fuite, au lieu que le devoir de l'homme courageux est de se montrer inébranlable en la présence de tout ce qui est ou qui paraît propre à inspirer de l'effroi; parce qu'il y a de l'honneur à le faire et de la honte à ne le faire pas. (*Id.*, pp. 121-123.)

Il y a plus de véritable fermeté à conserver du sang-froid et de l'intrépidité dans un danger subit et imprévu que dans celui qu'on a pu apprécier à l'avance; car le parti que l'on prend, en ce cas, semble tenir plus au caractère habituel, et moins à la réflexion. En effet, quand le péril a pu se prévoir, on peut prendre une résolution fondée sur le raisonnement ou sur la raison; mais c'est l'habitude seule qui nous détermine dans le cas d'un événement inattendu.

Ceux qui ignorent le danger qui les menace peuvent aussi quelquefois paraître courageux, et ressemblent, en effet, beaucoup aux hommes pleins de confiance et d'espoir; néanmoins, ceux-ci leur sont supérieurs en ce qu'ils ont au moins une opinion fondée jusqu'à un certain point, au lieu que les autres n'en ont aucune. Aussi les premiers tiennent-ils ferme pendant quelque temps, tandis que ceux dont la confiance n'est fondée que sur l'erreur et l'ignorance, du moment où ils viennent à connaître ou même à soupçonner qu'ils s'étaient trompés, prennent la fuite. C'est ce qui arriva aux Argiens qui avaient attaqué les Spartiates, les prenant pour des Sicyoniens. (*Id.*, pp. 123-124.)

III

LA TÉMÉRITÉ

La témérité, selon Aristote, est l'excès du courage. Mais il me semble que le vrai courage n'admet point d'excès, car l'héroïsme qui est la vertu portée au plus haut degré, est souvent le devoir imposé par les circonstances et par l'appréciation raisonnable de celui qui doit agir. Il y a beaucoup de cas où l'homme le plus obscur est obligé d'être héroïque pour être à la hauteur de son devoir. Après nous avoir présenté la témérité comme l'excès de la vertu dont le courage est le juste milieu, Aristote nous dit que « le téméraire est celui qui porte jusqu'à l'excès l'audace dans les dangers ». Nous pouvons admettre un excès dans l'audace qui n'est pas en elle-même une vertu et qui n'a droit à nos louanges que si elle est gouvernée par la raison, en vue d'une noble fin. Le téméraire, par besoin d'agitation et de mouvement, peut-être aussi par ostentation, est capable d'affronter des dangers inutiles, et de s'exposer à des périls, imminents ou non, sans avoir bien pesé ses forces ni considéré les moyens de remporter des succès. La témérité réussit quelquefois ; mais étant le plus souvent dépourvue de prudence et de réflexion, elle n'est pas aussi digne de louange que le courage qui agit en pleine connaissance du danger et par une libre et sage détermination de le surmonter.

On n'a point donné de nom à l'entière absence de la crainte. Au reste, celui qui ne craindrait absolument rien, ni les tremblements de terre, ni les inondations de la mer soulevée, ne pourrait être qu'un homme en démence, ou tout à fait insensible, comme on dit que sont les Celtes. Celui qui porte jusqu'à l'excès l'audace dans les dangers, est appelé téméraire, mais il peut quelquefois n'être que fanfaron, et n'avoir qu'une audace feinte. Ainsi il veut paraître dans les dangers ce qu'est réellement l'homme courageux ; il l'imite autant qu'il lui est possible : aussi, la plupart de ces gens-là ne sont-ils que des faux braves, qui, tout en cherchant à se montrer intrépides à l'approche des périls, ne savent pas les supporter. (*Morale à Nicomaque*, pp. 115-116.)

IV

LA LÂCHETÉ

La lâcheté me paraît être une disposition opposée au courage, plutôt que le manque de courage. On peut manquer d'une vertu sans avoir le vice contraire. Il y a un certain état négatif qui fait qu'on se tient prudemment à l'abri du danger et qu'on évite avec soin les difficultés et les embarras. Ce n'est pas encore la lâcheté, mais cette sorte de neutralité morale ne peut durer : vienne un danger pressant, ou un devoir direct qui impose une action immédiate et courageuse, et celui qui est dominé par la crainte, devient lâche et se soustrait à l'obligation d'agir par une fuite plus ou moins honteuse qu'il cherche à dissimuler sous de vains prétextes et sous les faux noms de prudence, de timidité, peut-être même de discrétion et de réserve.

Ainsi qu'il y a deux espèces de courage, le courage actif et le courage passif, il y a aussi deux espèces de lâcheté, celle qui craint d'agir et qui s'y refuse tout à fait, ou bien qui agit avec indécision et mollesse, et celle qui ne sait pas supporter les maux inévitables, tels que les coups de la fortune, le chagrin, la souffrance, en un mot les épreuves de la vie. Peut-être le nombre des lâches qui ne savent pas souffrir est-il plus grand que celui des lâches qui ne savent pas agir, par là même que l'obligation d'agir est intermittente, et celle d'endurer et de supporter est continue.

Si le courage est la base de toute vertu, la lâcheté rend la vertu impossible.

Le lâche est celui en qui domine l'excès de la crainte; car il redoute ce qu'il ne faut pas craindre, ou autrement qu'il ne faut, et ainsi des autres conditions que nous avons marquées. Il pèche par le défaut d'audace et de confiance. Mais incapable de se modérer dans l'affliction, c'est alors qu'il se décèle davantage. Le lâche est donc un homme qui conçoit difficilement de bonnes espérances; car il s'effraie de tout : le brave, au contraire, ne perd jamais cette noble confiance qui tient à la bonne espérance. (*Morale à Nicomaque*, p. 116.)

Pour ce qui est de chercher la mort, afin d'échapper à la pauvreté, ou à quelque chagrin, ou à l'amour, ce n'est pas le fait d'un homme de courage, mais bien plutôt d'un lâche ; car c'est une lâcheté de fuir les choses pénibles et affligeantes : et alors ce n'est pas par un motif honorable et généreux qu'on supporte la mort, mais seulement pour fuir un mal. (*Id.*, p. 117.)

V

INFLUENCE DU RESPECT DE SOI SUR LE COURAGE

Le respect de soi peut rendre courageux les plus timides et les plus lâches. Il nous inspire la crainte salutaire de déchoir dans notre propre opinion et dans celle d'autrui. Ainsi nous éloigne-t-il de tout ce qui peut nous causer du déshonneur, en même temps qu'il nous fait rechercher ce qui est digne de louange. Le respect de soi n'est autre chose que le sentiment de notre dignité d'homme, et l'obligation de la conserver pure de toute souillure et de l'affirmer de la manière la plus parfaite. La honte et la pudeur en sont des manifestations plus ou moins pures. La pudeur est peut-être un sentiment plus désintéressé que la honte qui est plutôt la crainte de perdre l'estime d'autrui par des actions qui dégradent. Aristote dit « qu'on ne s'inquiète précisément de l'opinion qui dispose de notre honneur, qu'en vue de ceux qui conçoivent cette opinion ;

et par une suite nécessaire, on n'a honte que devant les personnes dont on tient compte ». La honte se rapporte donc à la place que nous voulons occuper dans l'estime d'autrui, elle fait que nous rougissons du mal, moins par haine du mal en lui-même, que par la crainte du mépris de ceux que nous considérons et dont nous voulons être considérés. Il se mêle donc à la honte de l'orgueil et de la vanité, elle n'est souvent même que l'humiliation de l'orgueil confondu ; et elle a pour objet des actes ou des paroles, plutôt que des sentiments et des pensées. C'est donc surtout sur la vie extérieure qu'elle exerce son influence. Elle peut retenir dans le devoir ceux qu'un sentiment plus élevé n'y attache pas. C'est ainsi qu'elle agit sur un naturel faible et timide pour le préserver des chutes ou des défaillances déshonorantes. Le sentiment de la honte est certainement une force, mais ce n'est ni la plus louable, ni la plus efficace. La crainte de perdre l'estime d'autrui en se laissant entraîner à des actes de lâcheté, est un sentiment qui a sa raison d'être ; mais ce n'est pas une vertu solide que celle qui prend sa source dans l'amour-propre et qui cherche sa règle dans l'opinion. Nous n'avons pas à analyser ici tous les cas signalés par Aristote et dans lesquels intervient la honte ; nous ne voulons considérer ce stimulant qu'au point de vue du courage. Il ne serait ni vrai, ni constant s'il ne suivait des inspirations plus hautes que la crainte d'avoir à rougir devant ceux qui voient toutes nos actions.

La pudeur me semble agir sur les sentiments et les pensées beaucoup plus que la honte. Aristote la restreint trop en la définissant « une sorte de crainte du déshonneur », et surtout en la représentant comme le frein de la jeunesse seulement. J'entends par pudeur le sentiment instinctif de tout ce qui peut dégrader l'âme. Or, la pudeur convient à tout âge, car nul être humain n'est à l'épreuve du mal. Il est vrai que dans la jeunesse, ainsi que nous le dit Aristote, « l'homme est exposé à faire beaucoup de fautes par l'entraînement des passions » ; mais à nul âge, il n'est à l'abri de la tentation qui peut changer de nature selon les désirs et les passions, mais contre laquelle il faut lutter toute sa vie. Aristote dit que « personne ne loue un homme avancé en âge, pour être disposé à rougir de tout ; car on pense qu'il ne doit rien faire qui puisse lui causer de la honte ». Mais ce ne sont pas seulement les mauvaises actions qui peuvent faire naître ce sentiment. Il doit soulever toute âme qui se respecte, contre l'idée seule du mal, contre les pensées impures et les désirs qui séduisent. Peut-être ici Aristote ne songe-t-il qu'à la rougeur extérieure qui est le signe visible de la honte et que l'on remarque surtout sur le tendre visage d'un adolescent. Mais il est bien à plaindre, l'homme qui devient incapable de ressentir la pudeur à mesure qu'il avance en âge, et en qui la vue ou le sentiment du mal ne produit plus les soulèvements intérieurs qui font monter la rougeur au front. Socrate n'était plus jeune lorsqu'il parlait de de « cette crainte divine qui fait les âmes vertueuses et rend libres et intrépides ceux qui l'éprouvent ».

La honte peut, à mon sens, se définir une douleur ou un trouble de l'esprit relatif à ceux des maux présents, passés ou futurs, qui semblent pouvoir amener du déshonneur. L'absence de toute honte est le dédain ou l'indifférence pour les maux de cet ordre.
Si la honte est telle que je viens de la définir, il s'ensuit que l'on a honte des mauvaises actions qui semblent faites pour nous déshonorer, ou pour déshonorer ceux qui nous intéressent. Ces actions sont toutes celles qui proviennent d'un vice : par exemple de jeter son bouclier et de fuir, ce qui est un acte de lâcheté ; et de refuser ou de nier un dépôt, ce qui est un acte d'improbité. Il est honteux d'avoir des relations avec des gens qu'on ne devrait pas connaître, dans des lieux et dans des temps où ces relations sont coupables ; car c'est de l'intempérance. Il y a de la honte à tirer profit des plus petites choses, de choses dégradantes, ou de gens qui ne peuvent se défendre, tels que les pauvres ou les morts ; et de là le proverbe : « Il tondrait sur un cadavre » ; car ce sont là des actes d'avidité sordide et de bassesse. Il est honteux de ne pas obliger de sa bourse quand on le peut, ou d'obliger moins qu'on ne doit, ou de se laisser obliger par des gens moins riches que soi. Il y a de la honte à emprunter à une personne qui elle-même paraît sur le point de nous demander ce service ; de demander quelque chose à qui réclame, ou de réclamer quand on vous demande, d'admirer les choses au point de paraître les vouloir pour soi ; et de réitérer ses instances après avoir

échoué ; car ce sont là autant de marques de bassesse. Il est honteux de louer une personne en face, parce que c'est de la flatterie, d'exagérer en sa présence l'éloge de ses qualités, de déguiser ses défauts, de prendre une part excessive à sa douleur, et de faire tant d'autres démonstrations qui ne sont bonnes que pour des flatteurs. Quand on ne sait pas supporter des fatigues que supportent de plus vieux que vous, des personnes délicates, ou des personnes en meilleure situation, en un mot des personnes moins capables de les supporter, c'est une honte, parce que ce sont des preuves de mollesse. Il y a de la honte à recevoir les bienfaits d'autrui et à y revenir souvent, à reprocher les services qu'on a rendus, toutes marques d'une âme étroite et basse. Toujours parler de soi, et promettre plus qu'on ne peut, s'approprier les actions des autres, c'est honteux ; car c'est de la jactance. On en peut dire autant des actes qu'inspire chacun des autres vices de caractère, et des signes ou autres indices par lesquels ils se manifestent. Tout cela nous cause de la honte et doit nous faire rougir.

Il y a de la honte encore à ne pas avoir sa part des belles qualités que tout le monde possède, ou du moins que possèdent tous nos semblables, ou la plupart de nos semblables. J'entends par semblables nos compatriotes, nos concitoyens, nos camarades, nos parents, en un mot nos égaux ; car c'est une honte de ne pas avoir autant d'éducation qu'eux, ou tels autres avantages dans la mesure où ils les ont. Si c'est par sa propre faute qu'on semble en manquer, ce n'en est que plus honteux ; car alors c'est par suite d'un vice personnel qu'on paraît être soi-même cause des défauts qu'on a, qu'on a eus, ou qu'on aura. Quand on éprouve, quand on a éprouvé, ou qu'on doit éprouver des choses qui peuvent amener le déshonneur et l'opprobre on en rougit; telles sont toutes ces complaisances où on livre sa personne, et où l'on rend des services dégradants, qui nous font tomber dans le mépris. (*Rhétorique*, pp. 222-226.)

La honte est l'appréhension d'un déshonneur qu'on redoute uniquement pour lui-même et non pour ses conséquences. Mais on ne s'inquiète précisément de l'opinion, qui dispose de notre honneur, qu'en vue de ceux qui conçoivent cette opinion ; et par une suite nécessaire, on n'a honte que devant les personnes dont on tient compte. Or on tient compte de ceux qui nous considèrent, que nous considérons nous-mêmes, dont nous voulons être considérés, avec qui nous rivalisons, en un mot tous ceux dont nous ne dédaignons pas l'opinion. Les personnes dont nous ambitionnons la considération, et que nous-mêmes nous considérons, sont celles qui possèdent quelqu'un de ces biens qu'on apprécie tant dans le monde, ou celles qui disposent pour le moment d'une chose que nous leur demandons avec instance, comme le font les amoureux. Ceux avec qui l'on rivalise sont nos égaux ; et ceux dont on recherche l'estime sont les sages qu'on croit dans le vrai plus qu'on n'y est soi-même, comme sont les gens plus âgés que nous et les gens instruits. On rougit de ce qu'on fait sous les yeux des autres, et au grand jour ; d'où vient le proverbe : « La pudeur est dans les yeux. »

De là vient aussi qu'on rougit davantage devant ceux qui doivent rester toujours avec nous et ceux qui voient toutes nos actions, parce qu'on est dans les deux cas sous les yeux d'autrui. (*Id.*, pp. 226-228.)

Pour ce qui regarde la pudeur, on n'en peut guère parler comme d'une vertu ; car elle semble plutôt être une passion, une affection fugitive, qu'une habitude morale. Aussi peut-on la définir une sorte de crainte du déshonneur. Et, en effet, elle a beaucoup de ressemblance avec la crainte que cause un danger imminent ; car ceux qui éprouvent de la honte rougissent, et la crainte de la mort se manifeste par une pâleur subite. Or, ces deux affections, en quelque sorte purement corporelles, semblent indiquer un sentiment plutôt qu'une habitude.

Au reste, ce sentiment ne convient pas à tous les âges, mais seulement à la jeunesse, parce qu'à cette époque de la vie l'homme étant exposé à faire beaucoup de fautes, par l'entraînement des passions, on suppose que la pudeur est un frein propre à le retenir. C'est pourquoi on loue les jeunes gens qui ont de la pudeur; au lieu que personne ne loue un homme avancé en âge, pour être disposé à rougir de tout ; car on pense qu'il ne doit rien faire qui puisse lui causer de la honte, puisque si les mauvaises actions peuvent seules faire naître ce sentiment, il ne convient pas à un honnête homme de l'éprouver, car il ne doit rien faire qui puisse y donner lieu. Et peu importe qu'il y ait des choses véritablement honteuses, d'autres qui ne le sont que dans l'opinion, car il ne faut faire ni les unes ni les autres, afin de n'avoir point à rougir de sa conduite. D'ailleurs, il n'y a qu'un homme vil et méprisable qui puisse commettre des actions honteuses ; or, être capable de commettre de pareilles actions, en rougir, et s'imaginer qu'à cause de cela on est un homme de bien, c'est une absurdité ; car on ne peut avoir honte que des actions volontaires, et jamais un homme de bien n'en fera volontairement de mauvaises.

Toutefois, on suppose généralement, ou l'on peut admettre dans certains cas, que la pudeur est un sentiment estimable; car s'il arrive à l'honnête homme de faire quelque action répréhensible, il en éprouvera de la honte ; mais, encore une-fois, ce sentiment n'a rien de commun avec la vertu. Et si l'impudence, qui fait qu'on ne rougit pas de commettre des actions honteuses, est une chose odieuse et vile ; rougir de les avoir commises, ce ne sera pas plus une chose estimable. (*Morale à Nicomaque*, pp. 188-189.)

Appendice au respect de soi

Une vertu qui touche au respect de soi et au courage, c'est la franchise et la sincérité. Celui qui a le sentiment de sa dignité d'homme rougirait de l'abaisser par un mensonge ; il aime la vérité, non seulement parce qu'elle est grande et belle dans l'opinion des hommes, mais parce qu'elle est souverainement digne d'être aimée. Et le culte qu'il lui a voué dans son âme, lui est cher par-dessus tout; aussi a-t-il une noble indépendance pour rendre hommage à la vérité en toutes circonstances. Aristote n'a pas traité à part la vertu de la sincérité, sans doute parce qu'il pense qu'un homme libre a naturellement le respect de la vérité. « Il se montre vrai dans sa conduite comme dans ses discours, parce que tels sont sa nature et son caractère. »

Aristote n'admet donc pas même que l'homme d'honneur ait un effort à faire, une vertu à exercer pour dire la vérité : « Celui, dit-il, qui aime la vérité et qui la dit dans les choses où il n'a aucun intérêt, la dira encore plus dans celles où il sera intéressé, puisqu'alors la crainte du déshonneur fortifiera en lui l'aversion naturelle qu'il a pour le mensonge ». Nous voyons dans cette belle pensée le scrupule délicat de l'homme de bien qui se met en garde contre lui-même là où son intérêt est en jeu, et qui affirme alors avec d'autant plus de force qu'il craint davantage de faire du tort à autrui. Mais nous ne croyons pas que ce soit la crainte du déshonneur qui fortifie en lui l'aversion naturelle qu'il a pour le mensonge, c'est, à notre avis, un sentiment supérieur, l'amour désintéressé du bien et de la vérité. Et comme tout ce qui est grand est simple, il dit la vérité sans exagération ni emphase, ainsi qu'il parle à Dieu et à sa propre âme.

Chaque homme agit, parle et même vit d'une manière conforme à son caractère particulier, excepté dans les cas où quelque motif secret dirige sa conduite. Cependant comme le mensonge est en lui-même une chose vile, et digne de blâme, et que la vérité est belle et digne d'éloges, l'homme franc et sincère qui observe le juste milieu, est louable, au lieu que les caractères où se trouve le mensonge, sont blâmables..... Je n'entends pas, au reste, la loyauté ou la sincérité dans les contrats, ou dans les transactions de la vie civile, ni dans tout ce qui tient à la justice ou à l'injustice (ce sujet appartient à une autre vertu); mais je parle de l'homme qui, dans les circonstances où il n'a aucun intérêt de ce genre, se montre vrai dans sa conduite comme dans ses discours, parce que tels sont sa nature et son caractère. Ce sera, sans doute, un homme d'honneur; car celui qui aime la vérité, et qui la dit dans les choses où il n'a aucun intérêt, la dira encore plus dans celles où il sera intéressé, puisqu'alors la crainte du déshonneur fortifiera en lui l'aversion naturelle qu'il a pour le mensonge. Il est donc digne de louange et d'estime : toutefois, il sera plus disposé à affaiblir la vérité qu'à l'exagérer ; car il semble qu'il y ait à cela plus de convenance et de délicatesse ; au lieu que l'exagération a toujours quelque chose de choquant. (*Morale à Nicomaque*, pp. 180-181.)

Le respect de soi dans la dignité extérieure

Bien que le respect de soi agisse surtout sur la vie intime pour purifier nos pensées et nos sentiments de tout ce qui peut les souiller, il se manifeste aussi au dehors par des paroles et des actes conformes à notre dignité de personne libre. La convenance et la délicatesse sont des vertus habituelles de l'homme qui se respecte : elles mettent un frein à sa langue pour réprimer les discours vains et choquants ou les paroles blessantes pour autrui. La joie et la gaieté n'ont chez lui rien d'immodéré ni de bruyant : il est parfaitement maître de lui-même.

Qu'il rie ou qu'il plaisante, il ne manque jamais aux bienséances. Il sait prendre part à l'enjouement des autres et jouir de leurs plaisirs sans jamais descendre au rôle de « ces bouffons insupportables qui ne cherchent que les occasions de faire rire les autres et qui ne s'inquiètent guère de dire des choses inconvenantes ou propres à affliger celui qui est l'objet de leurs plaisanteries ». Nul autre que lui ne dirige sa conduite, il est toujours et partout son propre légis-

Comme il y a dans la vie de l'homme des intervalles de repos et de délassement, dans lesquels il cherche quelques amusements, il est naturel qu'à cet égard il porte dans son commerce avec ses semblables un sentiment de convenance et de délicatesse, qui consiste à ne dire et n'entendre que des choses convenables, et à les dire comme il convient; et nécessairement il faudra distinguer ces deux sortes de convenances relatives, l'une à ce qu'on doit dire, et l'autre à ce qu'on doit entendre ; et par conséquent il y aura aussi, en ce genre, un excès et un défaut, par rapport au juste milieu. En effet, ceux qui portent jusqu'à l'excès la manie de plaisanter, sont généralement regardés comme des bouffons insupportables qui ne cherchent que les occasions de faire rire les autres, et qui d'ailleurs ne s'inquiètent guère de dire des choses inconvenantes, ou propres à affliger celui qui est l'objet de leurs plaisanteries. Et, d'un autre côté, ceux qui ne savent jamais rien dire de plaisant, et qui s'irritent des moindres railleries, passent pour des hommes sauvages, et d'une humeur farouche ; au lieu qu'on appelle gens d'un commerce agréable et facile, ceux dont les plaisanteries n'ont jamais rien de choquant. Car il y a une sorte de souplesse et de flexibilité qui caractérise les mœurs, comme il y en a une qui caractérise les mouvements du corps. Cependant, comme il n'y a rien de si commun que la plaisanterie, et que la plupart des hommes aiment à railler plus qu'il ne faudrait, il arrive souvent que la bouffonnerie passe sous le nom d'humeur agréable et gaie, quoiqu'elle en diffère beaucoup. Mais c'est dans un juste milieu en ce genre que consiste proprement le talent de la plaisanterie. L'homme qui a ce caractère, ne consent à dire ni à entendre que des choses qui ne sont contraires ni à la décence, ni à l'élévation et à la dignité d'une personne libre; car il y a en effet des choses qu'une telle personne peut entendre ou dire en plaisantant, et les railleries d'un homme libre et bien élevé ne ressemblent en aucune façon à celles d'un homme servile et sans éducation.

L'homme libre, et qui a un sentiment délicat des convenances, sera donc à lui-même son propre législateur en ce genre. (*Morale à Nicomaque*, pp. 185-187.)

VI

INFLUENCE DE L'ÉMULATION

L'émulation, ainsi que le respect de soi, contribue à développer la vertu. Elle est plus ou moins louable selon les motifs qui la guident et les biens qu'elle se propose d'atteindre. Aristote en distingue trois espèces, la première, inférieure, ayant pour objet « la richesse, les amis, les fonctions publiques, et tous les avantages de cet ordre ». Le désir d'acquérir la richesse est un désir naturel, mais peu élevé, surtout lorsqu'on se propose la richesse comme fin plutôt que comme moyen. Les fonctions publiques peuvent être le but d'une noble ambition, celle de contribuer au bien général ; mais insensiblement on se laisse entraîner à les rechercher pour soi. Se faire des amis est un désir plus légitime encore, car l'homme n'est pas fait pour vivre seul, et la sympathie est un des biens les plus précieux. Dans cet ordre d'avantages, richesses, amis et fonctions publiques, l'émulation peut dégénérer en basse envie. Aristote les distingue avec beaucoup de justesse : « L'émulation, dit-il, porte les uns à se rendre dignes d'obtenir les biens qu'ils souhaitent; l'envie pousse les autres à faire en sorte que leur prochain ne les ait pas ».

Une autre espèce d'émulation est celle qui tend à nous rapprocher d'ancêtres, de parents, de connaissances illustres, ou à nous rendre dignes d'un pays, d'une cité dont nous avons droit d'être fiers. Cette noble émulation est capable d'inspirer des actes de courage et d'héroïsme, de soutenir les grands patriotes dans leurs plus pénibles efforts et leurs plus douloureux sacrifices, en vue du bien public. Et dans les conditions les plus humbles et les plus obscures, elle entretient le feu sacré de l'honneur qui perpétue dans les familles le patrimoine de la vertu. Ces biens réels ne sont pas l'objet de l'envie qui ne s'attache qu'à ce qui paraît aux yeux et n'ambitionne que les distinctions extérieures accordées à la vertu.

Il y a une émulation encore plus haute, celle qui nous porte à égaler les hommes qui, par une vertu singulière, sont devenus les modèles de l'humanité. Cette émulation si féconde en heureux résultats, prend sa source dans l'admiration. Aussi importe-t-il de perpétuer pieusement le culte des grands hommes qui ont été réellement le sel de la terre par les qualités éminentes de leur esprit et de leur cœur. Alors même qu'on reste très loin derrière eux, l'exemple de leur courageux dévouement ne demeure pas sans effet sur ceux mêmes qui ne sont pas doués d'une intelligence aussi haute ni d'une énergie aussi puissante. Le noble courage est contagieux : il est dans l'air qui se respire au milieu d'une nation vaillante et probe, au sein d'une famille qui pratique simplement la plus intrépide vertu. Et lorsque, à cette puissante contagion du bien, qui est la plus efficace des influences extérieures, se joint l'action constante d'une âme libre et forte, fermement établie dans le bien, le courage est la vertu même, invincible et irrésistible pour le triomphe du bien.

L'émulation porte les uns à se rendre dignes d'obtenir les biens qu'ils souhaitent : l'envie pousse les autres à faire en sorte que leur prochain ne les ait pas. Par une conséquence nécessaire, on peut dire que ceux-là ressentent de l'émulation qui se sentent dignes des biens qu'ils n'ont pas ; car on ne cherche jamais à avoir ce qu'on regarde comme impossible. Aussi est-ce la jeunesse et les grandes âmes qui ressentent l'émulation, ainsi que tous ceux qui possèdent ces avantages considérables, récompense digne des hommes les plus honorables, tels par exemple que la richesse, les amis, les fonctions publiques, et tous les avantages de cet ordre. En effet, comme il leur convient d'être honnêtes, et comme il convient que ces biens soient le partage des honnêtes gens, ils ont de l'émulation pour les biens de cet ordre.

On rivalise encore avec ceux que l'opinion générale des autres trouve dignes de ces biens. Quand on a des ancêtres, des parents, des connaissances illustres, un pays, une cité dont on est fier, on ressent à leur égard une émulation passionnée ; car ce sont là autant de choses que nous faisons nôtres, et dont nous voulons rester dignes. Mais si ces biens qui apportent tant d'honneur sont faits pour exciter notre émulation, il faut à plus forte raison que les vertus l'éveillent également, ainsi que tout ce qui peut rendre quelqu'un bienfaisant et utile à autrui ; car on honore les bienfaiteurs et les gens vertueux, de même qu'on apprécie tous les biens dont la jouissance s'étend au prochain, la richesse, par exemple, et la beauté, qu'on prise plus que la santé même.

On voit en outre à l'égard de qui l'émulation s'exerce : c'est à l'égard de ceux qui possèdent les biens dont nous venons de parler, ou des biens analogues, courage, sagesse, autorité ; car l'autorité permet d'obliger une foule de gens, comme le peuvent les chefs d'armée, les orateurs et tous ceux qui ont une telle puissance en main. On a encore de l'émulation à l'égard de ceux qu'un grand nombre de gens prennent pour modèles, ou dont un grand nombre de gens cherchent à se faire connaître et aimer ; de ceux que la multitude admire, ou que nous admirons nous-mêmes ; de ceux enfin dont l'éloge et la louange sont répétés par les poètes et par les écrivains. On dédaigne les positions contraires; car le dédain est le contraire de l'émulation, et ressentir de l'émulation est tout l'opposé de dédaigner. Par conséquent, quand on est dans ce sentiment qui donne l'émulation, ou dans une situation qui l'inspire aux autres, on est tout naturellement porté à dédaigner les choses ou les personnes, qui ont précisément les défauts contraires aux biens qui provoquent l'émulation en nous. C'est ce qui fait que souvent on dédaigne ceux que la fortune favorise quand ils n'ont que la fortune toute seule, sans les vertus qui l'honorent et la justifient. (*Rhétorique*, p. 261-264.)

CHAPITRE II

LA TEMPÉRANCE

I.

Aristote ne donne pas à la tempérance l'acception large que nous trouvons dans Xénophon et Platon qui, d'après Socrate, la représentent comme la vertu de l'âme, maîtresse de ses désirs et de ses passions. « La tempérance et l'intempérance, dit le philosophe de Stagyre, ne se rapportent qu'aux plaisirs qui sont communs à l'homme et aux autres animaux ; et voilà pourquoi on les regarde comme des appétits serviles, et qui nous rapprochent de la bête. » Or, ces plaisirs sont ceux des sens, et uniquement de ceux des sens par lesquels l'animal jouit, c'est-à-dire le goût et le toucher. S'il n'y a pas d'intempérance possible pour l'animal qui obéit fatalement à ses instincts naturels, il n'y a pas non plus pour lui de capacité de tempérance, car chez lui la raison ne peut intervenir pour régler les appétits, et d'ailleurs, il n'est nul besoin de cette intervention, puisque la nature s'est chargée de les régler par la loi de l'instinct. L'animal ne mange ni ne boit au delà de ses besoins ; il n'a ni le désir de les outrepasser ni celui de se créer des besoins factices. Il vit donc selon sa nature. La tempérance, pour l'homme, me semble être aussi l'art de vivre selon sa nature, c'est-à-dire de maintenir la prédominance de la nature supérieure ou de la raison, sur la nature inférieure où les appétits sensuels. C'est sans doute parce que cet état est celui qui doit être comme étant conforme à la raison, qu'Aristote nous dit que « la tempérance n'est pas une vertu, mais une façon d'agir, une disposition, pour ainsi dire mixte ». Un autre traducteur l'appelle « une vertu qui n'est pas très pure, une vertu mélangée ». En effet, si l'homme ne pervertissait pas la nature en employant son intelligence à surexciter et à compliquer ses besoins naturels ; s'il ne méconnaissait pas les plaisirs les plus dignes d'une âme libre et élevée, pour accorder une préférence exclusive aux jouissances matérielles, s'il vivait, en un mot, d'une manière conforme à la raison, ses désirs se rangeraient d'eux-mêmes sous cette loi, sans qu'il y eût aucune vertu à exercer dans ce sens. Ce serait là ce qui doit être. On peut donc appeler la tempérance « une vertu mélangée », car elle n'est nécessaire que parce que l'homme est enclin à la sensualité qui le dégrade et qu'il détruit ainsi l'équilibre qui doit régner entre les éléments constitutifs de son être.

Nous voyons que, selon Aristote, il y a des sens inférieurs, ceux du goût et du toucher, dont les excès produisent l'intempérance, et des sens plus élevés, tels que la vue et l'ouïe, dont les plaisirs peuvent aussi être recherchés à l'excès sans, toutefois, tendre à l'intempérance. Ces plaisirs, d'ordre supérieur, tiennent plus à l'intelligence et au sentiment qu'à la sensation. Les beaux-arts qui nous charment par la vue et l'ouïe, ne se servent de ces sens que comme porte-idées, pour arriver jusqu'à l'esprit ou l'âme. Il ne peut y avoir là d'excès, à moins que nous ne leur sacrifiions des plaisirs plus élevés encore ou plus essentiels. Et alors même qu'il y aurait excès, ce serait de l'immodération plutôt que de l'intempérance.

La tempérance paraît se rapporter aux plaisirs du corps, mais non pas à tous, même en ce genre. Car ceux qui prennent plaisir aux objets de la vue, comme les couleurs, les figures et les tableaux, ne sont appelés ni tempérants, ni intempérants; quoique d'ailleurs il semble qu'en ce genre on puisse aussi avoir du plaisir dans la mesure convenable, et pour les choses qui le méritent, et dans un degré ou excessif, ou trop faible. Il en faut dire autant des objets de l'ouïe, car on ne donne pas le nom d'intempérants à ceux qui aiment à l'excès la musique ou les représentations dramatiques, pas plus qu'on ne nomme tempérants ceux qui ne les aiment qu'avec modération. Il en est de même du goût pour les odeurs, si ce n'est eu égard aux idées qui s'y joignent.

La tempérance et l'intempérance ne se rapportent donc qu'aux plaisirs qui sont communs à l'homme et aux autres animaux; et voilà pourquoi on les regarde comme des appétits serviles, et qui nous rapprochent de la bête. Ce sont proprement ceux du toucher et du goût.

C'est donc se rapprocher de la nature inférieure que d'aimer ces sortes de jouissances et de leur accorder une préférence exclusive, puisqu'on se prive alors des plaisirs qui sont les plus dignes d'une âme libre et élevée. (*Morale à Nicomaque*, pp. 124-130.)

La tempérance n'est pas une vertu; c'est une façon d'agir, ou une disposition, pour ainsi dire, mixte.

On peut même aller jusqu'à dire que la tempérance qui sait se dominer n'est pas une vertu très pure, et que c'est plutôt une vertu mélangée. (*Id.*, p. 90.)

II

L'EXCÈS DANS LES PLAISIRS NÉCESSAIRES ET LES PLAISIRS DÉSIRABLES

L'intempérance consiste dans la prédominance de certains désirs inférieurs, correspondant, il est vrai, à des besoins naturels, mais exagérés par une préférence plus ou moins exclusive qui peut varier, selon les dispositions particulières de chacun. « Il y a, en effet, dans le désir quelque chose qui est propre à chacun de nous, et aussi quelque chose qui est naturel et commun à tous les hommes. » Je crois que l'intempérance, telle que la comprend Aristote, porte surtout sur les désirs communs à tous les hommes. Quand ils cèdent à l'attrait particulier exercé sur eux par certains objets, le vice, pour être moins grossier, peut-être, est plus coupable, parce qu'il s'y joint tous les raffinements de l'intelligence au service des sens. Et comme tout ce qui nous est propre, il entre davantage dans notre être, dans notre vie, il prend sur nous un empire plus irrésistible.

Parmi les plaisirs qui entraînent l'homme à l'intempérance, il y en a de nécessaires : ce sont ceux qui contribuent à la conservation et à la santé du corps. Tel est le besoin de se nourrir. La nature y a attaché un certain plaisir, l'appétit, pour stimuler l'homme à faire ce qui est indispensable à l'entretien de sa vie. C'est un devoir de manger pour vivre, et il n'y a rien que de très légitime dans le plaisir que l'on éprouve à satisfaire ce besoin naturel. Mais, ainsi que nous le dit Aristote, il y a du mal à se rassasier avec excès, à dépasser ce qu'exige le désir naturel. « Aussi donne-t-on le nom de gourmandise ou de voracité à ce penchant qu'ont certaines personnes à se gorger de nourriture au delà du besoin, et ce ne sont guère que des hommes vils et lâches qui contractent un pareil vice. » Il y a du mal aussi à trop rechercher ce qui flatte le goût, à se préoccuper outre mesure du boire et du manger, à donner, en un mot, à la nourriture, une place excessive dans notre vie.

Outre les plaisirs nécessaires, il y a les plaisirs désirables, tels sont la victoire, l'estime ou la considération publique, la richesse et les autres choses bonnes et agréables de cette espèce. « Nous n'appelons pas simplement et absolument intempérants, dit Aristote, les hommes que l'attrait de toutes ces choses fait sortir des bornes que prescrit la raison qui est leur partage ; mais nous y ajoutons une désignation plus particulière ; nous disons qu'ils sont intempérants, en fait de richesses, d'honneurs, etc., etc. » Ici Aristote nous paraît rentrer dans l'idée de Socrate qui considère comme étant contraire à la tempérance tout désir, quelque légitime qu'il soit, lorsqu'il devient prédominant, au point de rechercher trop ardemment les objets capables de le satisfaire. La richesse est une chose relativement bonne en elle-même, puisqu'elle nous assure l'indépendance et qu'elle nous fournit le moyen de faire du bien. Mais si nous la recherchons comme une fin et que nous lui sacrifiions d'autres biens plus excellents, tels que l'honneur et la paix, nous sommes intempérants de richesses. La considération publique aussi est un bien plus digne d'être préféré que la richesse. Mais si, pour l'obtenir, nous poursuivons plus l'apparence de la vertu que la vertu elle-même, nous sommes intempérants d'estime.

Même jusque dans nos affections les meilleures et les plus respectables, nous pouvons être excessifs ou intempérants. Ainsi Aristote nous cite l'amour maternel idolâtre de Niobé, et l'idolâtrie filiale de Satyrus, surnommé Philopator, parce qu'il poussait l'amour filial jusqu'à l'extravagance. Et pourtant la loi morale commande ces sentiments là où la nature ne les aurait pas créés : ils sont en eux-mêmes une vertu, surtout l'amour filial qu'on doit porter jusqu'au culte. Mais je ne crois pas qu'ils deviennent répréhensibles par l'excès, il me semble que c'est plutôt par l'alliage impur qui s'y mêle. Niobé n'est pas tant le type de l'amour maternel que celui de la vanité et de l'égoïsme maternels. Elle s'admire dans ses enfants et les aime mal, plutôt qu'elle ne les aime avec excès. Il en est ainsi de toutes les nobles affections perverties par l'idolâtrie.

Quant aux plaisirs coupables, il n'y a pas d'autre règle de conduite que l'abstention. Ils tiennent à des désirs naturels dévoyés, et ils sont condamnables dans leur tendance et dans leur objet. C'est ici qu'il convient d'appliquer une belle parole d'Aristote sur la tempérance : « Il faut, dit-il, une force active pour la tempérance qui consiste à se rendre maître de ses passions; ce qui est autre chose que de résister, comme vaincre et n'être pas vaincu sont des choses différentes. » Ce sont là les idées de Socrate qui voit dans la tempérance l'empire de l'âme sur soi-même. Il ne suffit pas de résister aux plaisirs coupables : il faut agir courageusement pour refouler les mauvais désirs et les surmonter, afin qu'ils ne fassent plus la guerre à l'âme par des tentations sans cesse renaissantes. Puisque la tempérance est cette force active et victorieuse, elle n'est donc pas une simple disposition, elle est une vertu qui affranchit l'âme de la tyrannie des passions, et la rend capable de diriger vers le bien toutes les puissances dont elle est douée.

Il y a dans le désir quelque chose qui est propre à chacun de nous, et aussi quelque chose qui est naturel et commun à tous les hommes ; car les uns trouvent une chose agréable et les autres une autre, et il y en a pour qui certains objets ont plus d'attrait que tous les autres.
Il n'y a donc guère de gens qui puissent pécher en fait de désirs naturels ; mais il est un point dans lequel on pèche le plus souvent, car manger ou boire ce qu'on trouve, jusqu'à s'en rassasier avec excès, c'est dépasser ce qu'exige le désir naturel, qui n'est que la satisfaction d'un besoin. Aussi donne-t-on le nom de gourmandise ou de voracité à ce penchant qu'ont certaines personnes à se gorger de nourriture au-delà du besoin, et ce ne sont guère que des hommes vils et lâches qui contractent un pareil vice. Mais bien des gens pèchent par l'attrait des plaisirs auxquels ils sont particulièrement sensibles, et de bien des manières diverses ; et comme on appelle amateurs de telle ou telle chose ceux qui aiment celles qu'il ne faut pas, ou plus qu'il ne faut, ou à la manière du vulgaire grossier, ou pour ne s'y pas plaire comme il convient ; les intempérants sont sujets à donner dans l'excès de toutes ces manières, puisqu'ils trouvent du plaisir à des choses indignes de plaire, et qui au contraire méritent notre aversion ; ou bien, si ce sont des choses qui ont droit de nous plaire, en les aimant ou les recherchant plus qu'il ne convient, et comme font les hommes grossiers et sans lumières. Il est donc évident que la débauche ou l'inconti-

nence est un excès en fait de plaisirs et qu'elle est blâmable. (*Morale à Nicomaque*, pp. 131-132.)

Peut-on être intempérant en tout, ou ne l'est-on qu'en de certaines choses ; et si on l'est ainsi, quelles sont ces choses-là ? C'est maintenant ce qu'il s'agit de faire connaître. Nul doute que c'est par rapport aux plaisirs et aux peines, qu'on se montre tempérant et ferme, intempérant et faible. Cependant, entre les causes propres à donner du plaisir, il y en a qui sont nécessaires, et d'autres qui sont préférables en elles-mêmes, mais qui peuvent nous porter dans les excès. Or, je dis que les plaisirs du corps sont nécessaires, et j'appelle de ce nom ceux qui résultent de la nourriture, et les autres circonstances de ce genre. J'ajoute qu'il y a des plaisirs qui, bien que n'étant pas nécessaires, sont néanmoins préférables en eux-mêmes, et j'appelle ainsi la victoire, l'estime ou la considération publique, la richesse et les autres choses bonnes et agréables de cette espèce. Or, nous n'appelons pas simplement et absolument intempérants les hommes que l'attrait de toutes ces choses fait sortir des bornes que prescrit la raison qui est leur partage, mais nous y ajoutons une désignation plus particulière ; nous disons qu'ils sont intempérants en fait de richesses, de profits, d'honneurs et de colère, mais non pas qu'ils sont avides simplement, parce que ce ne sont pas toujours les mêmes, bien qu'on indique aussi par le langage quelque ressemblance entre eux.

. . . .

A l'égard des plaisirs des sens, à l'occasion desquels on dit qu'un homme est tempérant ou intempérant, celui qui recherche avidement les choses agréables, et qui fuit les sensations pénibles, comme la faim, la soif, le chaud et le froid, et, en général, tout ce qui affecte les sens du toucher et du goût; celui, dis-je, qui les fuit ou les recherche, non pas par choix, mais contre son intention, est appelé simplement et absolument intempérant, sans qu'il soit besoin d'ajouter que c'est par rapport à telle ou telle chose, comme on le fait dans le cas de la colère. La preuve, c'est qu'on se sert aussi du mot débauche, pour exprimer cette sorte d'intempérance, et non pour celle qui se rapporte à quelqu'un des autres plaisirs. Et voilà pourquoi on peut dire d'un même homme, à l'occasion des plaisirs des sens, qu'il est débauché et intempérant, ou qu'il est sobre et tempérant; mais on ne se servira pas indifféremment de ces expressions dans l'autre cas, parce que, dans le premier, il est question de plaisirs et de peines du même genre.

Au reste, si l'on est occupé des mêmes sentiments, on ne l'est pas toujours de la même manière. Chez les uns, ils sont l'effet d'un choix, d'une préférence, et non chez les autres. C'est pourquoi nous regardons comme plus débauché celui qui, sans désirs, ou, au moins, n'ayant que des désirs modérés, se livre à des excès, ou fuit les peines médiocres, que celui qui y est excité par de violents désirs; car, que ne ferait pas le premier, si ses désirs avaient cette impétuosité, ou s'il était assiégé des plus pressants besoins?

Cependant, comme entre les désirs et les plaisirs il y en a qui sont naturellement honnêtes et vertueux (on peut distinguer, dans les choses agréables, celles qui sont naturellement désirables de celles qui sont, au contraire, un juste sujet de mépris et d'aversion, et de celles qui sont, pour ainsi dire, intermédiaires entre les unes et les autres, comme nous l'avons remarqué précédemment: tels sont la victoire, le profit, l'honneur. Or, on n'est pas blâmable pour aimer toutes ces choses, et celles qui ne sont ni désirables, ni odieuses, ni pour les désirer et y trouver quelque satisfaction; mais on l'est par la manière dont on en est touché, et pour les désirer à l'excès. Aussi blâme-t-on tous ceux qui, sans écouter la raison, recherchent avec une ardeur extrême quelqu'une de ces choses naturellement désirables et estimables, comme les honneurs, et qui y attachent plus d'importance qu'il ne faut. L'affection d'un père pour ses enfants, et la tendresse filiale sont même dans ce cas : car sans doute ce sont là des biens, et on loue ceux qui en sont touchés. Il peut, cependant, y avoir de l'excès dans de pareils sentiments, si, comme Niobé, on les porte jusqu'à manquer de respect pour les dieux, ou si, à l'exemple de Satyrus, qui fut surnommé Philopator, on porte jusqu'à l'extravagance la tendresse pour un père. Il n'y a pourtant là ni vice, ni perversité, par la raison que nous avons dite, parce que chacune de ces choses est en elle-même et naturellement un bien désirable; mais c'est l'excès qui y est répréhensible, et qu'il y faut éviter. Ce n'est pas non plus intempérance, ou débauche : car non seulement la débauche est une chose qu'on doit fuir, elle est même très blâmable; mais on y applique le terme d'intempérance, en ajoutant en quoi, ou dans quel genre, à cause d'une certaine ressemblance dans la manière d'être affecté. On dit intempérant ou qui n'est pas maître de sa colère, de sa passion pour les honneurs ou pour la richesse. (*Id.*, pp. 301-306.)

Quant aux plaisirs et aux peines, aux désirs et aux aversions que font naître les sensations du toucher et du goût, auxquelles se rapportent les idées de débauche et de sobriété, on peut être susceptible de se laisser entraîner à ceux dont la plupart des hommes savent triompher, et l'on peut résister à ceux qui séduisent le plus grand nombre. En ce genre, on appelle intempérant celui qui cède au plaisir, et tempérant celui qui y résiste ; on dit de celui qui cède à la peine, qu'il est mou, sans énergie ; on dit de celui qui ne s'en laisse point abattre, qu'il a de la force d'âme. La manière d'être qui tient le milieu entre ces deux genres de dispositions, est celle de la grande majorité des hommes, quoiqu'ils inclinent plus généralement du pire côté.

Cependant, comme il y a des plaisirs qui sont nécessaires, d'autres qui ne le sont pas, ou qui ne le sont que jusqu'à un certain point, et qu'assurément l'excès ou le défaut, en ce genre, ne sont pas des nécessités de la nature ; comme il en est de même des désirs et des sentiments pénibles : celui qui recherche avec ardeur les sensations agréables, ou qui les veut éprouver au plus haut degré, par choix et pour elles-mêmes, sans avoir aucun autre but, est proprement un débauché ; car il est impossible qu'il éprouve du regret ou du repentir, et dès lors son vice est incurable. Celui qui est insensible à ces plaisirs, est dans l'extrême opposé : l'homme tempérant et sobre est dans le juste milieu. Il en faut dire autant de celui qui fuit toutes les sensations pénibles ou douloureuses, de dessein prémédité, et non faute de pouvoir les supporter.

Mais, parmi ceux dont la manière d'agir n'est pas le résultat d'un choix ou d'une préférence, l'un se laisse séduire par l'attrait du plaisir, l'autre cède à la peine que lui font éprouver ses désirs ; en sorte qu'il y a quelque différence entre eux. Or, il n'est personne qui ne fasse moins de cas de l'homme qui, sans passion, ou du moins avec des désirs très modérés, commet quelque action honteuse, que de celui qui la fait parce qu'il est emporté par un violent désir; de celui qui maltraite quelqu'un, sans être en colère, que de celui qui le fait dans un accès de fureur; car que ferait le premier s'il éprouvait une passion violente? Voilà pourquoi le débauché est plus méprisable que l'intempérant qui n'est pas maître de lui. Celui-là est donc, entre ceux dont nous venons de parler, comme le type de ce qu'on pourrait appeler mollesse ou faiblesse de caractère. Cependant, l'intempérant est opposé au tempérant, et l'homme faible à l'homme ferme ou capable d'endurer la peine; car c'est dans la résistance que consiste cette vertu, au lieu qu'il faut une force active pour la tempérance, qui consiste à se rendre maître de ses passions; ce qui est autre chose que de résister, comme vaincre et n'être pas vaincu sont des choses différentes. C'est pour cela que l'empire sur soi-même est une qualité plus précieuse que la patience ou la résignation.

Quant à celui qui pèche par faiblesse, dans les choses où la plupart des hommes résistent et peuvent résister, c'est un homme mou, et qui aime à vivre dans les délices; car ce penchant tient à une sorte de mollesse. (*Id.*, pp. 314-315.)

III

L'HOMME TEMPÉRANT EST DOCILE A LA RAISON

L'intempérance est accompagnée de peine, soit qu'elle obtienne les choses qui lui sont agréables, ou que ces choses lui soient refusées. Le désir en lui-même est une souffrance, en même temps qu'un plaisir; et cette souffrance augmente à mesure que le désir est surexcité par une longue attente. La satisfaction du désir le plus souvent amène aussi de la déception et de la tristesse. Ils sont donc bien rares les moments de la jouissance, pour l'intempérant qui ne songe qu'au plaisir et qui le recherche sans cesse avec avidité.

La tempérance n'est pas l'insensibilité. Nul être humain ne saurait être indifférent au plaisir ni s'abstenir toujours de le rechercher. Un tel état serait contre nature ; et il ne dépend pas de nous de le provoquer, alors même que nous le voudrions : nous ne réussirions pas à anéantir en nous les désirs, les sensations et les sentiments. Mais l'homme tempérant ne connait pas la recherche ardente ni l'attente fiévreuse du plaisir : en résistant à l'attrait que le plaisir exerce sur les âmes faibles, il s'épargne aussi d'amères déceptions et d'inévitables tristesses. Il éprouve la calme sérénité d'un état conforme à la nature et à la raison, et il jouit de la paix victorieuse qui est le partage des âmes fortes et libres. Il connaît les cas où il doit s'abstenir et ceux où il faut se modérer. Et plus il s'abstient, plus il devient tempérant et fort. « En général, il ne désire ni ne recherche les plaisirs qu'il ne doit pas aimer, ni ne s'y abandonne avec emportement, ni ne s'afflige d'en être privé ». Aristote ajoute : « qu'il ne désire même aucune chose qu'avec modération, et non pas plus qu'il ne faut, ou quand il ne le faut pas, ou de toute autre manière qui serait également répréhensible ». Mais nous ne croyons pas qu'un équilibre si parfait soit possible ; nous doutons même qu'il soit désirable. Il faut y tendre comme à une heureuse discipline de l'âme, mais se garder de soumettre à un même niveau tous les désirs ; car il y en a d'excellents qui ne peuvent pécher par l'excès, et qui sont féconds en actes nobles et courageux.

Le vice de l'intempérant consiste à éprouver plus de chagrin qu'il ne convient, parce qu'il n'obtient pas les choses qui lui seraient agréables : en sorte que c'est le plaisir, ou au moins l'amour du plaisir, qui est cause de sa peine ; au lieu que la tempérance consiste à n'être pas affligé de l'absence des plaisirs, et à s'en abstenir. Ainsi donc l'intempérant désire tout ce qui est agréable, et ce qui l'est le plus ; et il est tellement séduit et entraîné par ses désirs, qu'il en préfère les objets à toute autre chose. Voilà pourquoi il s'afflige, lorsqu'il est trompé dans son attente, et tout le temps qu'il désire ; car le désir est toujours accompagné d'un sentiment de peine, quoiqu'il semble étrange que le plaisir soit cause de la peine qu'on ressent.

Au reste, il n'y a guère d'hommes qui pèchent en ce genre, par défaut, et qui aient moins de plaisir qu'il ne faut ; car une pareille insensibilité n'est pas dans la nature humaine. Les animaux mêmes savent discerner les aliments qui s'offrent à eux ; il y en a qui leur plaisent, et d'autres qui ne leur plaisent pas. Mais, s'il est quelque être animé à qui rien ne fasse plaisir, et qui ait une égale indifférence pour toutes choses, il s'en faut beaucoup qu'un tel être soit un homme : aussi n'a-t-on point donné de nom à ce genre de caractère qui ne se rencontre nulle part. (*Morale à Nicomaque*, pp. 132 et 133.)

Il faut observer que l'excès et le défaut peuvent naturellement avoir sur les actions une influence très nuisible, comme on le remarque dans ce qui tient à la force et à la santé (car, dans les choses qui ne se manifestent pas par elles-mêmes, on doit recourir aux indices évidents) ; ainsi, des exercices trop violents détruisent la force, aussi bien que le manque d'exercice ; et de même, les aliments et les boissons, en trop grande ou trop petite quantité, ne sont pas moins nuisibles à la santé ; pris avec modération, ils la produisent, l'entretiennent et la fortifient.

Or, il en est de même de la tempérance, du courage et des autres vertus. Celui qui fuit et craint tout, qui n'a de fermeté contre aucun péril, devient lâche ; comme celui qui ne craint absolument rien, et qui se précipite dans tous les dangers, devient téméraire. Pareillement, s'abandonner à toutes les jouissances des sens et ne s'abstenir d'aucune, c'est le moyen de devenir débauché ; et fuir tous les plaisirs, par l'effet d'une sauvage rudesse, c'est courir le risque d'étouffer en soi toute sensibilité.

Car l'excès et le défaut sont contraires à la tempérance, aussi bien qu'au véritable courage : l'une et l'autre ne se conservent qu'en observant un certain milieu.

Au reste, les vertus sont produites, fortifiées ou détruites par les actes eux-mêmes et sous leur influence, mais ce sont eux aussi qui constituent (en quelque sorte) l'essence de nos facultés d'agir, puisque l'effet est le même dans d'autres choses plus évidentes ou plus sensibles comme dans la force, par exemple, qui vient de l'habitude de prendre une nourriture abondante et de supporter beaucoup de fatigues, et c'est ce que l'homme robuste est surtout capable de faire. Or, il en est de même des vertus : car c'est en nous abstenant des voluptés que nous devenons tempérants, et plus nous le sommes, plus nous devenons capables de nous en abstenir. De même, pour le courage, en prenant l'habitude de mépriser les dangers et de les braver, nous devenons courageux ; et c'est surtout quand nous le serons devenus, que nous serons en état d'affronter les périls les plus menaçants. (*Morale à Nicomaque*, pp. 57-59).

Quant à l'homme sobre et tempérant, il se tient dans un juste milieu ; car il ne trouve point de plaisir dans les choses qui séduisent le plus un débauché ; elles lui inspirent plutôt de la répugnance. En général, il ne désire, ni ne recherche les plaisirs qu'il ne doit pas aimer, ni ne s'y abandonne avec emportement, ni ne s'afflige d'en être privé. Il ne désire même aucune chose qu'avec modération, et non pas plus qu'il ne faut, ou quand il ne le faut pas, ou de toute autre manière qui serait également répréhensible. Mais tout ce qui peut contribuer à la santé ou à la bonne disposition du corps, et qui est agréable, il le désire et le recherche, toutefois avec la modération convenable, sans que les autres plaisirs puissent y faire obstacle, et sans que son désir le fasse sortir des règles de la décence, ou puisse l'engager à compromettre sa fortune. Car celui qui se met dans ce cas-là priserait de pareilles jouissances plus qu'elles ne valent, au lieu que l'homme tempérant et modéré ne s'expose pas à ce péril, mais sait toujours entendre la voix de la raison. (*Id.*, pp. 133-134.)

La tempérance et la force morale sont généralement regardées comme des qualités dignes d'estime et de louange; au lieu que l'intempérance et la mollesse passent pour des habitudes vicieuses et blâmables. L'homme tempérant est en même temps docile à la raison, et l'intempérant en méconnaît l'autorité : entraîné par ses passions, il fait le mal avec connaissance de cause ; au lieu que le tempérant, sachant que ses désirs sont vicieux, s'abstient, par raison, d'y céder. On donne à l'homme raisonnable le nom de tempérant, de ferme dans sa conduite, et celui-là est regardé par les uns comme parfaitement raisonnable, et non par les autres. Ceux-ci soutiennent que les termes d'intempérant et de débauché sont absolument identiques, ceux-là le nient. Il y en a qui prétendent que l'homme sensé ne peut jamais être intempérant, et d'autres croient que certains hommes, même très sensés, sont quelquefois intempérants. Au reste, ce mot s'applique à ceux qui ne savent pas maîtriser la colère, l'ambition, et l'amour des richesses. (*Id.*, pp. 289-290.)

IV

NÉCESSITÉ DE MAÎTRISER SES DÉSIRS ET SES PASSIONS

Aristote pense que l'intempérance est plus volontaire que le manque de courage, parce que l'une est l'effet du plaisir, et l'autre celui de la peine. Mais il me semble que le même instinct qui fait rechercher le plaisir fait aussi fuir la douleur dont l'absence est considérée par certains philosophes comme étant le plaisir. Je crois donc que la volonté a aussi peu de part dans l'une que dans l'autre : on peut se laisser aller insensiblement à l'amour du plaisir comme à la crainte de la peine. Dans l'un et l'autre cas, on manque de fermeté, soit pour résister, soit pour supporter. Aristote reconnaît lui-même que personne ne veut être intempérant. Il peut arriver même que, tout en se condamnant soi-même, on se laisse entraîner à l'intempérance. C'est pourquoi il faut réprimer l'amour du plaisir dès l'âge le plus tendre. Et, en général, on s'occupe beaucoup plus de satisfaire les caprices des enfants que de mettre un frein au penchant qui les porte vers tout ce qui est agréable. « Le goût du plaisir est insatiable, nous dit Aristote, et il est excité par tous les objets dans l'homme qui manque de jugement. » C'est l'éducateur qui doit donner à l'enfant la règle qu'il est encore incapable de s'imposer lui-même : en attendant l'éveil de la raison, c'est à lui de contenir et de modérer. Dans une page aussi profonde de psychologie, que ferme et concise d'expression, Aristote nous montre la nécessité de discipliner les passions qui s'accroissent toutes par l'activité d'une seule et, parvenues à un certain degré de force et de violence, finissent par troubler entièrement l'esprit. La raison est, selon lui, l'autorité à laquelle tous les désirs doivent être soumis, afin qu'ils tendent vers ce qui est beau et honorable, plutôt que vers ce qui est agréable ou honteux.

Aristote est peut-être trop indulgent pour la colère, parce qu'elle ne lui semble pas aussi contraire à la raison que les désirs. Il démontre même pas des comparaisons pittoresques que la colère est capable d'entendre la raison, mais qu'elle l'entend mal. Mais n'y a-t-il pas des cas où la colère est entièrement dépourvue de raison, et n'obéit qu'au désir furieux de la vengeance ? Peut-être est-elle moins dégradante que beaucoup d'autres désirs en ce qu'elle est inspirée par un vif sentiment de justice ; mais elle n'a pas toujours une source aussi respectable. Et alors même que la colère est juste, parce qu'elle est le ressentiment d'une injure ou d'un tort quelconque, elle peut-être tout à fait insensée dans ses procédés et ses effets. Et qui peut dire où s'arrêtent les ravages faits par la colère et toutes les autres passions qu'elle met en activité par son affinité avec elles ? Il est donc aussi nécessaire de maîtriser la colère que les autres passions.

Il semble que l'intempérance soit quelque chose de plus volontaire que le manque de courage, parce que l'une est l'effet du plaisir, et l'autre celui de la peine, et que l'on est enclin à rechercher l'un de ces sentiments, et à fuir l'autre. D'ailleurs, la peine trouble et corrompt, en quelque sorte, l'exercice de nos facultés naturelles, au lieu que le plaisir ne produit rien de pareil. Il est donc réellement plus dépendant de la volonté, et, par cette raison, un plus légitime sujet de reproche. Car il est facile de se faire des habitudes qui y soient relatives, et on ne manque pas, dans tout le cours de la vie, d'occasions propres à s'y exercer sans danger. Mais il en est tout autrement des objets propres à donner de la crainte. Il semble, au reste, qu'il y ait quelque différence, par rapport à la volonté, entre la lâcheté, ou timidité, en général, et celle qui se manifeste dans les actes ou dans les cas particuliers; car l'une ne produit actuellement aucun sentiment de peine, tandis que les circonstances particulières troublent l'esprit d'un homme au point de lui faire jeter ses armes, ou de lui faire commettre d'autres actions indignes d'un homme d'honneur, en quoi il semble qu'il éprouve une sorte de contrainte.

C'est tout le contraire pour le débauché : tous ses actes particuliers sont volontaires, puisqu'ils sont l'effet du désir et de l'inclination ; mais, à considérer l'intempérance comme habitude, la volonté y paraît moins ; car, en général, personne ne veut être intempérant. L'expression même d'intempérance ou de conduite désordonnée, s'applique aux fautes de peu d'importance, comme sont celles des enfants, à cause d'une certaine ressemblance qu'il y a entre leur intempérance et celle des hommes plus avancés en âge ; mais laquelle de ces deux notions a donné son nom à l'autre, c'est ce qu'il importe peu de décider en ce moment. Toutefois, il est assez visible que c'est la seconde qui a pris son nom de la première, et avec assez de raison ; car le penchant pour les choses honteuses a besoin d'être réprimé ou châtié, comme tout ce qui est susceptible de s'accroître ; et c'est précisément ce qu'on peut appliquer au désir et aux enfants. (*Morale à Nicomaque*, pp. 134-135.)

La vie des enfants est agitée par des désirs continuels, et rien n'égale le penchant qui les porte vers tout ce qui est agréable. Si donc on ne les rend pas soumis et dociles, ce penchant ne saurait que s'accroître en eux. Le goût du plaisir est insatiable, et est excité par tous les objets, dans l'homme qui manque de jugement ; l'activité de quelque passion ne manque guère d'accroitre toutes celles qui ont quelque affinité avec elle ; et, parvenues à un certain degré de force et de violence, elles finissent par troubler entièrement l'esprit. Voilà pourquoi il faut qu'elles soient modérées et en petit nombre, et qu'elles ne soient pas contraires à la raison. C'est là ce qui constitue le caractère qu'on appelle docile et bien réglé. Car de même qu'il faut qu'un enfant s'accoutume à vivre, en se conformant aux avis de l'instituteur chargé de sa conduite, ainsi il faut que nos désirs soient conformes à la raison. C'est aussi ce qui arrive à tout homme sobre et tempérant ; car il n'a en vue, comme la raison elle-même, que ce qui est beau et honorable ; il ne désire que ce qu'il doit désirer, de la manière et dans le temps qu'il le faut, comme la raison le prescrit. (*Id.*, pp. 135-136.)

Les passions sont tous ces mouvements de l'âme qui changent et altèrent nos jugements, et qui ont pour conséquence la douleur ou le plaisir : telles sont, par exemple, la colère, la pitié, la crainte et tous les sentiments de cet ordre, avec leurs contraires.

La colère pourra se définir, si l'on veut, le désir amer et pénible d'une vengeance espérée et poursuivie, contre un procédé que nous regardons comme un mépris injuste, soit envers nous-mêmes, soit envers quelqu'un des nôtres... Nécessairement, la colère est toujours suivie d'un certain plaisir, celui que donne l'espoir de se venger. Il y a toujours plaisir à s'imaginer qu'on obtiendra ce qu'on désire. Or on ne désire jamais ce qu'on regarde soi-même comme impossible; et lorsqu'on est en colère, on ne désire que ce qu'on croit pouvoir faire soi-même. Aussi le poète a-t-il eu bien raison de dire en parlant de la colère :

> Dans le cœur des humains un désir furieux
> Se distille plus doux qu'un miel délicieux.

Ce qui cause aussi le plaisir dont la colère est accompagnée, c'est qu'on ne cesse de se venger en pensée; et la jouissance d'imagination qu'on se donne ainsi est à peu près comme celle de nos songes. (*Rhétorique*, pp. 179-181.)

Il y a moins de honte à céder à la colère qu'à ne pas maîtriser ses désirs. En effet, elle semble, jusqu'à un certain point, capable d'entendre la raison; mais elle l'entend mal; comme ces serviteurs empressés qui se mettent à courir avant d'avoir entendu tout ce qu'on veut leur dire, et qui ensuite exécutent mal l'ordre qu'on leur donne; ou comme les chiens qui aboient au premier coup qu'on frappe à la porte, avant de reconnaître si celui qui frappe est un ami de la maison. Ainsi, l'homme colère, cédant à sa chaleur et à son impétuosité naturelles, avant d'avoir entendu l'ordre qu'il reçoit, court à la vengeance, car sa raison ou son imagination, lui fait reconnaître qu'il y a outrage, ou signe de mépris, et aussitôt, comme s'il avait conclu légitimement qu'il faut se battre contre l'auteur de l'outrage, le voilà plein de fureur. Mais le désir, pour peu que la raison ou les sens lui fassent connaître une chose comme propre à donner du plaisir, se précipite, en quelque sorte, vers la jouissance : de sorte que la colère suit au moins la raison jusqu'à un certain point, mais le désir ne la suit en rien. Il est donc plus méprisable: car celui qui cède à la colère reste, à quelques égards, au-dessous de la raison; mais celui qui cède à ses désirs ne la considère en rien. D'ailleurs, on est plus pardonnable de céder aux désirs naturels, ou, entre ceux-ci, à ceux qui sont plus généralement le partage de l'homme, et autant qu'ils sont communs à la nature humaine ; or, la colère, même portée à un certain degré de violence, est plus naturelle que les désirs violents et qui ne sont pas des nécessités.

D'un autre côté, il y a plus d'injustice dans ceux qui cachent plus leurs desseins. Or, l'homme violent et colère n'est pas dissimulé, sa passion se montre à découvert. (*Morale à Nicomaque*, pp. 310-312.)

V

LA VRAIE SCIENCE, CELLE DE L'AME, PRÉSERVE DE L'INTEMPÉRANCE

Aristote cherche à s'expliquer et à nous démontrer comment un homme qui a des opinions justes peut s'abandonner à l'intempérance. Nous voyons, en effet, ainsi que nous l'avons déjà dit, que, tout en se condamnant lui-même comme faisant une chose blâmable, l'homme peut se laisser entraîner à l'intempérance et y trouver du plaisir jusqu'au moment où le remords fait sentir son aiguillon. Qui n'a fait pour lui-même cette triste et amère expérience, en se sentant sollicité par l'attrait de telle ou telle chose, en dépit de toutes les opinions contraires? Aussi je ne doute pas que chacun de nous ne soit prêt à reconnaître avec Aristote qu'aucune opinion générale ne prévaut contre l'opinon particulière, c'est-à-dire celle du désir qui est bien plus forte que la théorie générale accréditée par le seul jugement. Il nous est facile d'être sages pour les autres; et nous ne sommes jamais plus logiques que lorsque nous combattons les mauvais désirs de nos semblables. Nous trouvons alors les arguments les plus irréfutables et les plus convaincants. Mais je doute fort que nous soyons plus persuasifs pour autrui que nous ne le sommes pour nous-mêmes lorsque notre opinion générale, fût-elle la sagesse parfaite, est en conflit avec notre opinion particulière, c'est-à-dire, avec notre sentiment, notre désir du moment. Alors tous nos plus justes raisonnements sont renversés par une violente impulsion vers l'objet qui sollicite notre désir ; et nos plus beaux préceptes ne peuvent tenir contre le tourbillon de la passion.

Sommes-nous donc fatalement entraînés au mal, alors même que nous possédons la science du bien ? Non, nous croyons avec Socrate que « là où existe la véritable science, il n'y a rien de plus fort qu'elle, et qui soit capable de maîtriser l'homme comme un vil esclave ». Aristote lui-même qui paraît d'abord réfuter l'opinion du maître, conclut sa remarquable discussion par cette vigoureuse affirmation : « La passion n'a pas lieu lorsque la science véritable et proprement dite existe réellement, et ce n'est pas elle que la passion renverse et dont elle triomphe, mais c'est de la connaissance qui est uniquement dans les sens ou dans les sentiments ». Quelle est cette science véritable, sinon celle que s'est assimilée l'âme et dont elle a fait une partie de son être. Aristote, pour nous faire comprendre ce qu'elle est, nous dit d'abord ce qu'elle n'est pas, et il nous fait saisir sa pensée par des analogies frappantes. Il compare aux déclamations des acteurs les discours sages et vertueux que tiennent les hommes dont l'esprit est convaincu de leurs belles théories, sans que leur âme en soit persuadée. Il les assimile encore au langage des enfants qui

10.

prononcent des phrases régulières dont ils ne savent pas la signification. Et l'aveuglement de la passion qui cherche à se satisfaire, est comme le sommeil ou l'ivresse qui ôte à l'homme l'usage de ses facultés. Mais il dépend de lui d'être éveillé et de ne pas se laisser enivrer. Il est donc responsable de la folie, de l'intempérance et de l'ignorance qui se manifeste au plus fort de la passion. Il dépend de lui aussi de mettre fin à cet état d'inconscience volontaire. Mais il est beaucoup plus difficile de ressaisir que de ne pas abandonner le gouvernement de soi. Après avoir étudié les pages si fermes et si claires par lesquelles Aristote nous montre la différence entre la fausse science qui n'est que dans l'esprit, et la vraie science qui est dans le cœur, nous éprouvons plus d'indulgence pour ceux dont la conduite dément les principes. Nous les considérons moins comme des hypocrites que comme des êtres faibles et inconstants, ainsi que nous qui nous payons si facilement de belles théories, au lieu de nous rappeler que « c'est avec toute son âme qu'il faut philosopher ».

Il semble difficile de comprendre comment un homme qui a des opinions justes, peut s'abandonner à l'intempérance; et même il y a des personnes qui soutiennent que cela est impossible, quand l'esprit est véritablement éclairé. Car il serait étrange, suivant l'opinion de Socrate, que là où existe la véritable science, il y eût quelque chose de plus fort qu'elle, et qui fût capable de maîtriser l'homme comme un vil esclave. Ce philosophe rejetait ainsi intérieurement cette manière de poser la question, comme si l'intempérance n'existait réellement pas, puisqu'il prétendait que personne n'agit sciemment contre la vertu, mais par ignorance. Cependant cette manière de raisonner est en opposition manifeste avec les faits; et, en supposant que l'intempérant agisse par ignorance, il aurait fallu, du moins, chercher quelle sorte d'ignorance l'égare. Car il est évident que celui qui se livre à l'intempérance ne croit pas qu'il doit faire ce qu'il fait, au moins avant le moment où la passion s'empare de lui. D'un autre côté, il y a des personnes qui accordent une partie de la proposition, et non l'autre: ils conviennent qu'il n'y a rien qui ait plus de force que la science ; mais ils n'accordent pas qu'aucun homme ne puisse avoir une conduite opposée à celle qui, dans son opinion, serait meilleure, et, par cette raison, ils soutiennent que l'intempérant se laisse maîtriser par les voluptés, parce qu'il a, non pas la science, mais seulement l'opinion de ce qu'il faut faire.

Cependant, si c'est, en effet, une simple opinion, et non une science contraire ; si ce n'est pas une forte persuasion qui s'oppose à l'action de l'intempérant, mais un faible soupçon, comme il arrive en cas de doute, on peut lui pardonner de ne s'y pas attacher, surtout quand il est entraîné par de violents désirs; mais on doit être sans indulgence pour la perversité, en général pour tout ce qui est véritablement blâmable. Si l'homme prudent se livre à l'intempérance, ce sera donc en dépit de la prudence, qui est pourtant ce qui a le plus de force, mais cela est absurde ; car il faudra alors dire que le même homme est à la fois prudent et intempérant, et assurément personne n'oserait soutenir qu'il soit d'un homme prudent de faire à dessein les actions les plus répréhensibles. (*Morale à Nicomaque*, pp. 290-291.)

Il y a une différence sensible dans la situation des gens qui ont la science et qui en font, ou qui n'en font pas usage ; en sorte qu'ils semblent, à certains égards, l'avoir, et ne l'avoir pas : tel est le cas d'un homme endormi, dans un état de démence ou d'ivresse, ou qui est agité par quelque passion violente, ce qui produit un effet à peu près pareil. Car les accès de la colère, les désirs impétueux et les passions, produisent sur le corps des impressions manifestes qui ressemblent parfois à la folie ; or c'est évidemment le cas où se trouve l'intempérant. Et tenir, en pareil cas, des discours qui annoncent la science, n'est pas une preuve qu'on soit dans son bon sens ; car il y a des gens qui, bien qu'en proie à de pareilles passions, récitent des démonstrations entières et des poèmes d'Empédocle. Les enfants aussi, quand ils commencent à apprendre la langue maternelle, prononcent des phrases régulières, sans savoir encore ce qu'elles signifient ; car leur intelligence ne peut se développer qu'avec le temps. Ainsi, il faut croire que le langage des hommes intempérants ressemble à celui des acteurs sur le théâtre.

On peut encore considérer physiquement la cause de ce phénomène ; car autre chose est une opinion générale et une opinion relative à des choses particulières, dont le sentiment seul décide. Or, lorsque toutes deux viennent à coïncider, il faut nécessairement que, d'un côté, l'esprit prononce la conclusion et que, dans le cas où il y a lieu d'agir, on agisse à l'instant même. Par exemple, s'il faut goûter de tout ce qui a une saveur douce, et si tel objet particulier a une pareille saveur, nécessairement celui que rien n'en empêche, agira sur le champ en conséquence de ce raisonnement. Au contraire, lorsque l'opinion générale, qui interdit de goûter des substances sucrées, se trouve établie, et qu'en même temps on peut dire que tout ce qui est doux est agréable, que telle substance, actuellement présente, est douce, et que cette opinion agit avec force : si par hasard le désir s'y trouve joint, alors l'opinion générale invite à s'éloigner de cet objet, mais le désir porte vers lui. Car chaque partie peut avoir une force impulsive en son principe de mouvement ; en sorte qu'on est dans le cas de se livrer à l'intempérance par l'effet de la raison et par celui d'une opinion qui n'est pas précisément contradictoire en elle-même, mais par accident. En effet, c'est le désir, et non pas l'opinion qui est contraire à la droite raison ; et c'est pour cela que les animaux ne peuvent pas être intempérants : car ils n'ont point de conceptions générales ; ils n'ont que la perception et la mémoire des choses particulières.

Mais, comment se dissipe cette ignorance, et comment l'intempérant recouvre-t-il, pour ainsi dire, la science ? Cela s'explique de la même manière que dans le cas de l'homme endormi, ou dans un état d'ivresse ; il n'y a rien là qui soit exclusivement propre à l'intempérance, et ce sont les naturalistes qu'il faut entendre sur ce sujet. Toutefois, comme la proposition particulière énonce le jugement de ce qui est senti, et détermine, en quelque sorte, les actions, celui qui est dans l'accès de la passion, ou ne l'aperçoit pas, ou l'aperçoit de telle manière qu'on ne saurait dire qu'il sache précisément ce qu'elle signifie, en sorte qu'il en parle comme un homme ivre récite les vers ou la doctrine d'Empédocle ; et parce que cette proposition particulière, ou dernière, n'est ni générale, ni scientifique, et n'a pas les mêmes propriétés que la majeure du syllogisme, il en résulte le phénomène dont Socrate cherchait la cause. Car la passion n'a pas lieu lorsque la science véritable et proprement dite existe réellement, et ce n'est pas elle que la passion renverse et dont elle triomphe, mais c'est de la connaissance, qui est uniquement dans les sentiments. (*Id.*, pp. 298 à 301 etc.)

VI

CAUSES DE L'INTEMPÉRANCE, L'IMPÉTUOSITÉ ET LA FAIBLESSE

« Les causes de l'intempérance, nous dit Aristote, sont, d'une part, l'impétuosité, et de l'autre, la faiblesse ». C'est faute de se connaître soi-même qu'on s'expose à des tentations imprévues qui triomphent en un clin d'œil de nos meilleures résolutions. Il me semble qu'il n'y a rien qui ressemble autant à la témérité que l'intempérance. Une sage défiance de nous-mêmes nous épargnerait bien des fautes. Ce serait encore de la sagesse de profiter de nos expériences pour nous rendre plus vigilants et plus humbles. Ceux qui, selon Aristote, sont plus particulièrement sujets à l'intempérance qui naît de l'impétuosité des passions, ce sont les hommes d'un esprit vif et pénétrant, sans doute parce qu'ils sont plus sensibles que d'autres à l'attrait des choses agréables et que leur nature impressionnable et mobile se laisse tour à tour captiver par toutes les images séduisantes de leur imagination. Ce sont aussi les mélancoliques. Je pense qu'Aristote veut désigner par là les natures sensibles et affectueuses qui, cherchant partout leur objet, suivent leurs impressions au lieu de se laisser guider par la raison.

Il considère l'intempérance comme un égarement plus ou moins involontaire qui laisse subsister le principe de vertu, car l'intempérant n'est pas convaincu qu'il faille agir ainsi qu'il le fait. Mais s'il ne change pas de conduite et que l'habitude de céder à ses désirs diminue de plus en plus la fermeté nécessaire pour y résister, il peut devenir vicieux, alors même qu'il s'abandonne plutôt par faiblesse que par préférence. Aristote compare le vice à l'hydropisie ou à la phtisie, et l'intempérance à l'épilepsie. Mais que la maladie soit continue ou intermittente, elle n'en détruit pas moins la constitution pour aboutir à la mort. D'ailleurs, dans l'épilepsie, les intervalles de relâche diminuent de plus en plus, et les accès se rapprochent et augmentent de violence. L'homme vicieux n'a plus aucune notion de la science du bien, l'intempérant en conserve encore assez pour se condamner lui-même. Mais les actions de l'un et de l'autre sont semblables, alors même que l'un agit par emportement ou faiblesse, et l'autre par choix. Un seul trait nous marque parfaitement la différence qui les sépare : «L'intempérant, dit Aristote, ressemble, à quelques égards, à une cité où l'on décrète tout ce qui est convenable et utile, qui a de bonnes lois, mais qui n'en observe aucune. L'homme vicieux, au contraire, ressemble à une cité où l'on observe les lois, mais où l'on en a de mauvaises. » Mais l'inobservation des bonnes lois ainsi que l'observation des mauvaises, amène la décadence et la ruine de l'Etat par l'anarchie, aussi funeste que le vice.

Les causes de l'intempérance sont d'une part l'impétuosité, et de l'autre la faiblesse. En effet, il y a des gens qui, après avoir pris une résolution, n'y sauraient demeurer fidèles, parce que la passion les emporte ; et il y en a qui sont entraînés par elle, faute d'avoir songé à prendre une résolution. D'autres, au contraire, semblables à ceux qui, après avoir été vivement chatouillés, deviennent insensibles à ce genre de sensation, ayant pris soin de tout sentir et de tout prévoir, de se tenir sur leurs gardes et de fortifier leur raison, ne se laissent vaincre par aucune passion, soit agréable, soit pénible. Mais les hommes d'un esprit vif et pénétrant, et les mélancoliques, sont plus particulièrement sujets à l'intempérance qui naît de l'impétuosité des passions : les uns par la promptitude, et les autres par la violence des affections qu'ils éprouvent, sont incapables d'entendre le langage de la raison, parce qu'ils se laissent surtout conduire par l'imagination.

Le débauché n'est pas sujet à se repentir ; car il persiste dans ses déterminations : mais l'intempérant, celui qui n'est pas maître de soi, est toujours susceptible d'éprouver quelque regret. Les caractères ne sont donc pas entièrement tels que nous l'avons supposé d'abord ; mais l'un est perverti sans ressource, l'autre peut encore s'amender. Car le vice est comme l'hydropisie ou la phtisie, et l'in-

intempérance, comme l'épilepsie ; l'un est une maladie continue, l'autre est une maladie qui a ses intervalles de relâche ; et en général, le vice est un genre d'habitudes autre que l'intempérance. L'homme vicieux ne se connait pas lui-même comme tel ; l'intempérant s'aperçoit de son défaut ; et il vaut mieux, dans ce cas, être suceptible d'une sorte d'emportement momentané, qui vous fait sortir des règles du devoir, que d'être capable de consulter la raison, sans pouvoir persister à suivre ses conseils. On cède alors à des passions moins fortes, et l'on n'a pas le tort d'avoir cédé, pour ainsi dire, de dessein prémédité, comme fait l'homme décidément vicieux, car l'intempérant est semblable à ces gens qui s'enivrent en ne buvant qu'une petite quantité de vin, et même moins considérable que celle qui produit ordinairement l'ivresse. Il est donc évident que l'intempérance n'est pas la même chose que le vice, si ce n'est peut-être à quelques égards ; car l'une a lieu contre l'intention de celui qui s'y livre, l'autre est une affaire de préférence. Cependant les actions qui résultent de ces deux causes sont assez semblables, comme disait Démodocus au sujet des habitants de Milet : « Les Milésiens ne sont pas dépourvus de sens; mais ils agissent comme des gens qui en seraient dépourvus ».

Les intempérants aussi ne sont pas proprement des hommes vicieux ou dépravés, mais ils font des actions blâmables.

En effet, l'un étant disposé à rechercher les plaisirs des sens avec excès et contre toute raison, mais sans être convaincu qu'il faille agir ainsi ; tandis que l'autre semble, au contraire, agir de la même manière par une conviction intime, le premier doit pouvoir facilement être amené à changer de conduite, et non pas le second. Car le propre de la vertu, c'est de conserver le principe qui la fait agir ; le vice, au contraire, dégrade ou détruit ce principe. Or, le principe des actions, c'est le motif en vue duquel on agit ; comme dans les mathématiques, ce sont les suppositions qu'on a d'abord admises. Mais, ni dans ce cas, ni dans l'autre, ce n'est le raisonnement qui nous fait connaître les principes ; en fait de conduite, c'est la vertu, soit naturelle, soit acquise par de bonnes habitudes, qui nous donne des opinions saines sur le principe de nos actions, et celui qui en est à ce point est sobre et tempérant : le débauché est celui qui a les dispositions contraires. Mais il y a tel individu que la passion égare momentanément, et fait sortir de la route que prescrit la raison, sans pouvoir toutefois lui persuader qu'il est permis de s'abandonner sans réserve à la poursuite des plaisirs des sens ; celui-là est intempérant, mais moins dépravé que le débauché. Il n'est pas absolument vicieux : car ce qu'il y a de plus précieux, je veux dire le principe, subsiste encore en lui ; au lieu que, dans l'autre, ce n'est pas un simple égarement que la passion produit, mais c'est un système suivi de dépravation. On voit donc clairement par là qu'il y a d'un côté disposition vertueuse, et de l'autre habitude vicieuse. (*Morale à Nicomaque*, pp. 318-321.)

L'intempérant ressemble, à quelques égards, à une cité où l'on décrète tout ce qui est convenable et utile, qui a de bonnes lois, mais qui n'en observe aucune, comme le remarque plaisamment Anaxandride : « Telle est la résolution de cette république, où l'on ne se soucie nullement des lois. L'homme vicieux, au contraire, ressemble à une cité où l'on observe les lois, mais où l'on en a de mauvaises. (*Id.*, p. 326.)

VII

NÉCESSITÉ DE LA FORCE MORALE

C'est la faiblesse qui cause cette anarchie de l'âme incapable de se gouverner elle-même et se laissant partager entre toutes sortes de désirs plus ou moins violents qui l'entraînent dans tous les sens. Il est difficile d'excuser cette faiblesse quand l'homme est parvenu à l'âge de raison et qu'il est capable de se connaître et de se diriger, de résister aux plaisirs et de supporter les peines. Aristote admet pour excuse de cette mollesse la nature du tempérament. Mais il me semble que le tempérament n'est pas une fatalité contre laquelle l'homme ne puisse lutter avec succès. Quant à l'altération de la santé, elle atténue la responsabilité, car il est rare que l'âme soit entièrement saine dans un corps affaibli par la maladie. Mais nous ne croyons pas qu'une constitution physique plus délicate chez les femmes implique nécessairement plus de faiblesse morale. De nombreux exemples prouvent au contraire que les femmes sont capables de fermeté, d'héroïsme même et que, sous l'influence d'un noble sentiment ou d'une généreuse passion, elles savent être aussi fortes et souvent plus fortes que les hommes.

Si Aristote fait ressortir surtout quelques inconvénients de la force morale, c'est sans doute parce qu'il pense que les avantages en sont trop évidents par eux-mêmes pour qu'il soit nécessaire de les signaler. Sans doute la fermeté devient l'opiniâtreté insensée quand elle n'est pas au service d'une raison éclairée. Elle peut aussi dégénérer en dureté et même en férocité quand elle est poussée au plus haut point; tandis que la faiblesse ressemble souvent à la condescendance et à l'humanité. Mais le manque de mesure dans l'usage des choses excellentes, n'empêche pas qu'elles ne soient bonnes en elles-mêmes. Il me semble qu'Aristote se contredit en soutenant ici que l'homme tempérant dont le caractère ne connaît pas l'excès, n'a pas besoin de cette force morale qui lutte contre de violents désirs. Il nous a dit ailleurs qu'il faut une force active pour exercer la tempérance, puisqu'il s'agit, non de n'être pas vaincu, mais de vaincre. Et la force qui résiste au plaisir et surmonte le désir, est la même que la force qui supporte la douleur. Il est difficile de savoir dans quel cas elle est la plus grande : cela dépend des circonstances et du caractère des individus. Poussée jusqu'à l'héroïsme, cette vertu élève l'homme au-dessus de lui-même, et le rend si auguste, que le héros est considéré par les anciens comme un homme divin, par les chrétiens, comme un martyr et même un saint. Il n'est pas nécessaire de faire des actions d'éclat pour s'élever à cette vertu supérieure, on y arrive par la victoire sur soi-même, par le triomphe de la raison sur les passions. Et c'est là la vraie tempérance.

Quant à celui qui pèche par faiblesse, dans les choses où la plupart des hommes résistent et peuvent résister, c'est un homme mou, et qui aime à vivre dans les délices ; car ce penchant tient à une sorte de mollesse. Tel est, par exemple, celui qui laisse traîner son manteau pour ne pas prendre la peine de le soulever ; ou celui qui, en se donnant l'air et la démarche d'un homme malade, ne se croit pas à plaindre, quoiqu'il ressemble à ceux qui le sont. Or, il en est de même dans tout ce qui tient à la tempérance et à l'intempérance : car, si on se laisse vaincre à des plaisirs ou à des peines portées au dernier degré de vivacité ou de violence, cela n'a rien de surprenant ; on mérite, au contraire, quelque indulgence, si l'on s'efforce au moins d'y résister, comme Philoctète blessé pas un reptile venimeux, tel que nous le représente Théodecte ; ou comme ceux qui, en faisant tous leurs efforts pour s'empêcher de rire, finissent par éclater avec bruit, ainsi qu'il arriva à Xenophantus. Mais ce qui peut étonner, c'est qu'un homme soit incapable de résister aux plaisirs ou aux peines dont presque tout le monde peut surmonter l'attrait ou l'inconvénient, sans avoir pour excuse ou la nature de son tempérament, ou l'altération de sa santé, comme les rois des Scythes chez lesquels la mollesse était héréditaire, ou comme les femmes dont la constitution diffère essentiellement de celle des hommes (*Morale à Nicomaque*, pp. 316-317.)

Si c'est contre la violence et contre la tendance méprisable des désirs que se montre la force morale, l'homme tempérant n'aura donc pas cette force, et celui qui aura la force morale ne sera pas tempérant ; car l'excès n'est point dans son caractère, ni les passions méprisables, et pourtant il faudrait que cela fût ainsi ; puisque, si ses passions sont nobles et généreuses, la disposition qui l'empêcherait de s'y livrer serait vile et méprisable. Il suivrait donc de là que toute force morale ne serait pas estimable. Et, si les passions sont faibles et sans tendance nuisible ou dangereuse, elles n'ont rien de grave ; ou même si, quoique étant viles et méprisables, elles sont sans force, c'est peu de chose. Enfin, si la force morale rend inébranlable dans toute espèce d'opinion, ce n'est pas une qualité estimable ; par exemple, quand on s'attache à une opinion fausse ; et si le défaut de force morale consiste à se désister d'une opinion quelle qu'elle soit, il pourra y avoir, en ce genre, des faiblesses généreuses. C'est le cas de Néoptolème dans le *Philoctète de Sophocle ;* car il est louable de ne pas persister dans la résolution qu'Ulysse lui avait fait prendre, et d'y renoncer par la peine que lui cause le mensonge.

. . . .

Il y a même telle combinaison d'où il peut résulter que le défaut de force morale, joint au défaut de raison, devient une vertu : par exemple, un homme agit contre son opinion, par défaut de force morale ; il est dans l'opinion que des choses bonnes en elles-mêmes, sont réellement mauvaises, et qu'il ne faut pas les faire, et pourtant il finira par faire ce qui est bien, et non ce qui est mal. Au reste, celui qui fait, par conviction et par choix, ce qui lui donne du plaisir, qui même le recherche avec ardeur, vaut peut-être mieux que celui qui agit sans raisonnement et uniquement par faiblesse ; car il est plus susceptible de s'amender lorsqu'on l'aura fait changer d'opinion ; au lieu que l'homme qui n'a aucune force morale est précisément dans le cas du proverbe qui dit : « Quand l'eau vous étrangle que faut-il boire pour la faire passer ». Car si sa conduite était l'effet de la persuasion, il en changerait du moment où on l'aurait fait changer d'opinion ; au lieu que c'est sans raison et sans motif qu'il se décide à agir d'une manière ou d'une autre. D'ailleurs, si la force et la faiblesse morales se rencontrent en tout, quel sera le caractère de la faiblesse absolue ? Car il n'y a personne qui réunisse en soi tous les genres de faiblesse, et pourtant nous prétendons qu'il y a *une* faiblesse morale absolue. (*Id.*, pp. 292-295.)

La tempérance et la patience sont-elles, ou ne sont-elles pas une seule et même vertu ? La tempérance regarde les plaisirs ; et l'homme tempérant est celui qui sait dominer leurs dangereux attraits ; la patience, au contraire, ne se rapporte qu'à la douleur ; et celui qui supporte et endure les maux avec résignation, celui-là est patient et ferme. (*Grande Morale*, p. 138.)

On ne peut opposer à la férocité qu'une vertu héroïque au-dessus de l'humanité, et qui a quelque chose de divin, comme s'exprime Homère, lorsqu'il fait dire à Priam, en parlant d'Hector, qu'il était d'une valeur excessive, et qu'il semblait plutôt « être le fils d'un dieu, que celui d'un simple mortel ». Tellement que, si, comme on le prétend, les hommes peuvent quelquefois s'élever au rang des dieux par l'excès de la vertu, cette disposition doit apparemment être en eux l'opposé de la férocité. Car de même qu'on ne saurait dire que la bête féroce soit susceptible de vice ou de vertu, de même on ne saurait le dire d'un dieu; mais sa vertu doit être quelque chose de plus auguste que ce que l'on appelle communément de ce nom, comme la férocité est quelque autre chose que le vice. Mais comme c'est un être fort rare qu'un homme *divin* (comme parlent les Lacédémoniens quand ils ont une grande admiration pour quelqu'un), c'est aussi une chose rare dans la nature qu'un homme féroce; on ne le trouve guère que chez les barbares. Quelques-uns aussi le deviennent par l'effet des maladies, ou de quelque dégradation des facultés de l'âme, et c'est souvent une expression injurieuse qu'on applique aux hommes qui donnent dans quelque excès vicieux. (*Morale à Nicomaque*, pp. 287-288.)

CHAPITRE III

LA MAGNANIMITÉ

I

La magnanimité n'est pas une vertu particulière, c'est l'élévation de l'âme qui produit la vertu sincère et parfaite. Nous ne dirons pas avec Aristote « qu'elle se rapporte aux choses qui ont de la grandeur », mais que c'est elle qui donne à toutes choses la grandeur en faisant tout concourir à la plus noble fin, en n'agissant que par des motifs purs et désintéressés, en accomplissant les plus petits devoirs par amour du bien. Chez les anciens, la magnanimité me semble être le respect de la personne humaine portée au plus haut point ; chez les chrétiens, il se joint à ce sentiment moral une sorte de vénération religieuse pour l'image de Dieu dans l'âme humaine, et ce culte pieux se manifeste par l'imitation de Dieu qui transfigure la vie la plus humble et donne à tous les actes une empreinte divine. C'est dans ce sens-là que nous comprenons la parole d'Aristote lorsqu'il dit que « l'on regarde comme magnanime celui qui se croit digne de faire de grandes choses et qui l'est en effet ». La magnanimité n'est donc pas de l'orgueil, c'est le sentiment de la dignité humaine, le culte du principe divin qui est dans toute âme et la rend capable de se tranformer à la ressemblance de Dieu. Il n'en est donc pas de la magnanimité comme de la beauté du corps que l'on ne peut concevoir indépendamment de la taille imposante: la beauté de l'âme, ce qu'Aristote appelle « l'ornement de toutes les vertus », ce reflet du divin se trouve dans toute âme qui veut le manifester. Si toutes ne sont pas magnanimes, c'est qu'elles ne connaissent pas la vraie grandeur ou qu'elles y renoncent volontairement pour de mesquines ambitions. Il n'est pas nécessaire de faire des choses éclatantes pour avoir de la magnanimité, ni même d'accomplir des choses extraordinaires : la magnanimité consiste à agir en tout avec dignité, à élever les petites choses par un sentiment pur et désintéressé, et à tout faire avec simplicité, comme des actes conformes à notre nature. Viser à la magnanimité, se préoccuper de ce qui peut nous distinguer d'autrui, c'est aboutir à la boursouflure et à la vanité. Ce qui caractérise surtout le magnanime, c'est qu'il fait toutes choses naturellement, d'après les motifs les plus élevés. C'est n'être plus grand moralement que de se croire tel ; c'est avoir une idée bien mesquine de la grandeur à laquelle nous pouvons parvenir, que de se mesurer à la taille de ceux qui nous entourent et de se glorifier parce que l'on dépasse tel ou tel. Il ne s'agit ni d'égaler ni de surpasser autrui, mais d'atteindre à la stature parfaite dont chacun porte en soi une idée plus ou moins accomplie.

Le nom même de la magnanimité indique assez qu'elle se rapporte aux choses qui ont de la grandeur. Mais faisons voir d'abord quelles sont ces choses ; car observer une habitude, ou celui en qui elle se trouve, cela revient au même. Or, on regarde comme magnanime celui qui se croit digne de faire de grandes choses, et qui l'est en effet ; car celui qui conçoit une pareille opinion sans fondement, est dépourvu de jugement ; et certes, nul homme vertueux ne saurait manquer de jugement.

Le caractère de la magnanimité est donc tel que nous venons de le dire ; car celui qui n'est capable que de choses peu considérables, et qui se juge lui-même tel, est sans doute un homme sensé, mais il n'est pas magnanime. Il en est de cette vertu comme de la beauté du corps ; elle suppose de la grandeur ; et les hommes de petite taille peuvent être bien faits et proportionnés, mais ils ne sont pas beaux…

L'homme véritablement magnanime doit donc être vertueux, et il semble que ce qu'il y a de noble et de grand en chaque genre de vertu, doit être son partage.

On peut donc dire que la magnanimité est, en quelque sorte, l'ornement de toutes les vertus ; car elle leur donne plus de grandeur, et ne saurait exister sans elles. Aussi est-il très difficile d'être véritablement magnanime ; car on ne saurait l'être sans réunir toutes les qualités qui font l'honnête homme. (*Morale à Nicomaque*, pp. 160-163.)

II

LE MAGNANIME

Dans le beau portrait qu'Aristote nous trace du magnanime, nous trouvons des traits qui ne nous semblent pas tout à fait compatibles avec ce caractère d'une si grande et si parfaite unité. C'est ainsi qu'il nous dit : « Celui qui possède cette vertu ne sera que médiocrement sensible aux grands honneurs, même quand ils lui seront accordés par des gens de bien, parce qu'il lui semblera qu'ils lui appartiennent, ou même qu'il en mérite de plus grands ». Il y a là, à mon sens, autre chose que la noble fierté que donne le respect de soi, et je ne puis admettre l'orgueil chez le magnanime. Une âme vraiment grande parce qu'elle est sincèrement désintéressée, ne songe pas même aux honneurs qui pourraient lui être accordés, non par dédain pour les personnes qui ont qualité pour les conférer, mais parce qu'elle n'a d'autre ambition que celle de bien faire et qu'elle trouve sa récompense dans le sentiment du devoir qu'elle accomplit. De même le témoignage de sa conscience la console d'un injuste oubli de la part des hommes et de toutes les rigueurs de la fortune. Elle n'est pas insensible à la prospérité, au succès et à la puissance ; mais elle n'en fait pas le but de ses efforts ; elle jouit de la fortune sans insolence ni hauteur, et elle supporte l'adversité avec une noble et sereine fermeté. La magnanimité ne rend pas indifférent à tout ce qui émeut l'humanité; mais les biens excellents dont rien ne peut la priver, parce qu'ils font partie de son âme, lui tiennent lieu de tout ce que le sort lui refuse.

Soumis au devoir, le magnanime y reste fidèle jusqu'à la mort; et, dans les circonstances difficiles, il n'hésite pas à exposer sa vie, parce qu'il estime par-dessus tout l'honneur et la vertu. Mais il n'est point courageux par ostentation ni par vaine gloire; il ne se précipite pas dans des dangers inutiles, il suit sans défaillance les inspirations de sa conscience. Il ne se lasse pas de faire le bien à tous ceux qui ont besoin de son secours et de son appui; il est heureux de tout ce qu'il donne et ne regrette jamais ses bienfaits, alors même qu'ils tombent sur des ingrats. Nous ne croyons pas avec Aristote que le magnanime « rougisse, en quelque sorte, du bien qu'on lui fait ». Sans doute, il faut tâcher de conserver une noble indépendance à l'égard des autres, mais ce serait de l'orgueil que de ne vouloir rien leur devoir. Il est dur, il est vrai, d'être redevable à ceux qu'on ne peut estimer; mais la reconnaissance est chère à une âme bien née, vis-à-vis de bienfaiteurs dont le caractère est estimable, et le procédé, plein de délicatesse. C'est s'honorer soi-même que d'aimer à recevoir de ses amis et des gens de bien. D'ailleurs, il n'y a pas un seul homme, fût-il dans la condition la plus élevée, qui ne doive quelque chose à ses semblables. S'il s'applique à surpasser en générosité ceux qui l'ont obligé, il se cherche trop lui-même dans le bien qu'il fait, et cette préoccupation n'est pas exempte d'orgueil. Le vrai magnanime exerce la bonté et la charité parce qu'il aime les hommes et qu'il compatit à leurs souffrances. Aristote nous paraît avoir omis ce trait dans la peinture du magnanime. Celui qu'il nous présente excite notre respect et notre admiration, mais il n'a point les vertus humbles et douces qui nous le feraient aimer. Sa fierté trop hautaine nous éloigne plutôt qu'elle ne nous attire; et il y a dans toute sa vertu quelque chose de raide et de calculé qui n'a rien de la spontanéité d'une âme réellement grande, parce qu'elle est toujours simplement bonne. Cependant un trait digne, par-dessus tous, d'être remarqué, c'est « qu'il se montre doux et traitable envers ceux qui sont dans une condition médiocre » tandis qu'il se conduit avec fierté envers ceux qui sont constitués en dignité ou qui sont comblés des faveurs de la fortune. La douceur et la bienveillance envers ceux qui le sort a faits nos inférieurs, c'est l'indice d'une âme sincèrement généreuse qui ne se sert de sa puissance que pour le bien et qui trouve dans ses propres inspirations les moyens les plus ingénieux pour faire le bonheur d'autrui. Mais ce beau trait est un peu défiguré par celui qui l'accompagne: « Il est difficile, dit Aristote, d'obtenir la supériorité sur les privilégiés de la fortune; au lieu que cela est facile avec les autres ». Ainsi c'est toujours la pensée de se rendre supérieur qui occupe le magnanime d'Aristote et qui rapetisse sa vertu. S'il songeait un peu moins à être grand, il le serait tout à fait. La « hauteur à l'égard des puissants » est peut-être un trait exagéré, mais nous aimons mieux cette exagération que celle de l'humilité et surtout que la servilité. Mais ne suffit-il pas d'être simplement digne avec ceux que la fortune a placés au-dessus de nous? La simplicité est et sera toujours la marque de la vraie grandeur. Elle ne recherche pas « les occasions où il y a beaucoup de considération à obtenir ou quelque chose de grand à exécuter », mais elle ne laisse échapper aucune occasion d'exercer la vertu et, grâce à sa haute inspiration, elle fait les petites choses grandement.

« C'est le propre d'une âme élevée, dit Aristote, d'agir et de parler sans feinte et sans détours. » La vérité lui étant plus chère que tout, le magnanime lui sacrifie, sans hésitation, son intérêt et même, quand il le faut, l'opinion, la considération publique. Il peut faire des concessions à l'amitié quand aucun motif de conscience ne s'y oppose; mais il ne consent jamais à se faire la créature d'un autre, quelque estimable qu'il soit.

Nous ne comprenons pas que le magnanime « ne soit pas porté à l'admiration ». Sa propre vertu doit le rendre clairvoyant à discerner celle d'autrui et le disposer à l'admirer. La capacité d'admirer élève l'âme, et cette capacité ne peut diminuer alors même que l'âme se familiarise le plus avec la vraie grandeur. L'expérience ne démontre-t-elle pas que les hommes les plus vertueux admirent aussi plus naïvement la vertu partout où ils la rencontrent ; et que leur modestie même les porte à exalter le mérite d'autrui, aux dépens du leur ?

Un des plus sublimes traits du magnanime, c'est l'oubli volontaire des injures. Il ne veut pas se souvenir du tort qu'on lui a fait, ni des injustices dont il a été l'objet. Il les pardonne, et les efface de sa mémoire, ou plutôt il ne s'en souvient que pour accabler de bienfaits celui qui l'a offensé.

La magnanimité étant surtout relative aux honneurs, ou au déshonneur, celui qui possède cette vertu ne sera que médiocrement sensible aux grands honneurs, même quand ils lui seront accordés par des gens de bien, parce qu'il lui semblera qu'ils lui appartiennent, ou même qu'il en mérite de plus grands. Car il n'y a presque point d'honneurs qui soient le digne prix d'une vertu parfaite. Toutefois il les acceptera, puisqu'on ne peut pas lui en accorder de plus grands ; mais il dédaignera ceux qui lui seront offerts par les âmes vulgaires, ou pour des services de peu d'importance : car ce n'est pas là ce qu'il mérite ; et il en sera de même de la privation des honneurs, puisque jamais il ne pourra y être exposé avec justice. On voit donc que c'est principalement dans ces sortes de choses, comme je l'ai dit, que se montre le caractère du magnanime. Toutefois il saura modérer ses désirs pour les richesses, aussi bien que pour la puissance, et il conservera les mêmes sentiments de modération dans les prospérités et dans les infortunes de toute espèce. Il ne se laissera point emporter à une joie excessive, quand la fortune le favorisera, ni ne s'abandonnera à l'excès de la douleur, quand elle lui deviendra contraire.....

Le magnanime n'est ni avide de dangers, ni disposé à les braver pour de frivoles motifs, parce qu'il n'y a guère de choses qui aient une grande importance à ses yeux ; mais dans les grandes occasions, il ne ménage point sa vie, parce qu'elle ne lui paraît pas d'un prix à qui tout doive céder. Toujours disposé à rendre service, il rougit, en quelque sorte, du bien qu'on lui fait : car la supériorité se manifeste dans le premier cas, et l'infériorité dans le second, et il s'applique à surpasser en générosité ceux qui l'ont obligé, parce qu'alors on lui devra davantage, et qu'ainsi le bienfaiteur devient l'obligé à son tour. D'ailleurs l'homme est, en général, plus disposé à se ressouvenir du bien qu'il a fait que de celui qu'on lui a fait.

Il est encore dans le caractère du magnanime de ne demander aucun service à personne, ou au moins de ne s'y résoudre qu'avec peine, et d'être toujours prêt à obliger les autres ; de se conduire avec fierté envers ceux qui sont constitués en dignité, ou qui sont comblés des faveurs de la fortune, tandis qu'il se montre doux et traitable envers ceux qui sont dans une condition médiocre : car il est difficile d'obtenir la supériorité sur les premiers, il y faut de la dignité ; au lieu que cela est facile avec les autres. La hauteur même, à l'égard des puissants, n'est pas sans quelque générosité ; elle devient grossièreté et rudesse à l'égard des personnes d'un état humble, comme l'abus de la force envers le faible. Il convient encore à l'homme vraiment magnanime de ne pas rechercher toutes les occasions d'obtenir des honneurs, et surtout, là où d'autres occupent le premier rang, de ne montrer de l'activité et de l'empressement que dans les occasions où il y a beaucoup de considération à obtenir, ou quelque chose de grand à exécuter ; en un mot, de ne faire que des choses importantes et qui procurent de la gloire.

Il doit nécessairement être ami prononcé et ennemi déclaré, car la dissimulation est l'indice de la crainte ; se montrer plus soigneux de la vérité que de l'opinion, et enfin agir et parler sans feinte et sans détours, car c'est le propre d'une âme élevée. Aussi s'exprime-t-il toujours avec une noble franchise et avec une grande sincérité, à moins qu'il ne veuille avoir recours à l'ironie, ce qui lui arrive souvent avec le vulgaire.

L'homme d'un caractère magnanime est incapable de régler sa vie sur les désirs ou les volontés d'un autre. si ce n'est de son ami ; car il y a en cela quelque chose de servile. Aussi tous les flatteurs sont-ils de vils mercenaires, et les hommes d'un caractère servile et bas sont des flatteurs. Il n'est pas porté à l'admiration, car peu de choses ont une véritable grandeur à ses yeux. Il oublie volontiers les injures, car il n'y a guère de magnanimité à se ressouvenir surtout du mal : il vaut mieux n'en pas tenir compte. Il ne prend point part aux conversations frivoles, car il n'est enclin à parler ni de lui-même, ni des autres. Il se soucie peu, en effet, qu'on le loue, ou qu'on blâme les autres. Aussi n'est-il pas louangeur ; et il ne dit pas même du mal de ses ennemis, si ce n'est quand on l'a outragé. Il ne descendra jamais aux gémissements et aux prières pour des choses de peu d'importance, ou qui lui sont nécessaires ; car ce serait y attacher de l'intérêt. Il aimera mieux posséder ce qui a de la beauté et qui ne donne aucun profit, que ce qui est utile et profitable ; cela convient mieux à celui qui sait se suffire à soi-même. (*Morale à Nicomaque*, pp. 163-168.)

III

LA VANITÉ, RIDICULE CONTREFAÇON DE LA MAGNANIMITÉ

Ainsi que nous l'avons déjà dit, la magnanimité n'admet point d'excès. L'âme qui doit s'élever toujours ne saurait jamais être trop grande. L'excès signalé par Aristote me semble ne toucher en rien à la magnanimité : c'est l'insolence qui me paraît être l'excès de l'orgueil et de la hauteur. La vanité n'est qu'une ridicule contrefaçon de la magnanimité dans les choses extérieures. Elle vise à la grandeur dans les apparences, et avec d'autant plus de présomption qu'elle est plus éloignée de la grandeur réelle : « Les gens vaniteux, dit Aristote, sont stupides, et font bien voir qu'ils se méconnaissent eux-mêmes, car ils aspirent à tous les emplois honorables, et leur incapacité est bientôt dévoilée ». N'ayant pas le sentiment de la vraie élévation, ils ne la reconnaissent pas chez les plus grands. Ils en saisissent tout au plus quelques indices extérieurs qu'ils croient imiter en les défigurant. Ainsi le vaniteux se flatte-t-il de posséder des qualités qu'il n'a pas, et même, pour attirer la considération ou la gloire, il feint celles qu'il est incapable d'imiter. De cette manière, il peut faire illusion à des personnes peu clairvoyantes et usurper des places qu'il est loin de mériter ; mais il ne tarde pas à se montrer bien insuffisant, et sa ridicule infatuation l'aveugle sur son incapacité qui éclate aux yeux d'autrui. Nous ne voyons point de rapport entre la magnanimité et la vanité, si ce n'est que la vanité est la prétention à la magnanimité qui fait tout avec noblesse, parce que « dans une grande âme tout est grand ».

Les gens vaniteux sont stupides, ils font bien voir qu'ils se méconnaissent eux-mêmes, car ils aspirent à tous les emplois honorables, et leur incapacité est bientôt dévoilée. Ils cherchent à attirer les regards par la magnificence de leurs habits, par leur air, leur démarche, et d'autres moyens de ce genre ; ils affectent de faire savoir au public les événements heureux qui leur arrivent ; ils aiment à en parler, s'imaginant que cela doit leur attirer une grande considération. (*Morale à Nicomaque*, pp. 169-170.)

L'homme vain est celui qui, en fait de qualités propres à attirer de la considération ou de la gloire, veut faire croire qu'il a celles qu'il n'a pas, ou qu'il les possède à un plus haut degré qu'il ne les a réellement. (*Id.*, p. 180.)

Il est sans doute peu digne d'estime, car autrement il ne se plairait pas au mensonge ; cependant il est plutôt vaniteux que méchant. S'il agit ainsi par amour de la gloire ou des honneurs, comme il arrive aux fanfarons, et aux charlatans en tout genre, on ne le blâmera pas avec excès. (*Id.*, p. 181.)

CHAPITRE IV

LA PRUDENCE

I

Aristote classe la prudence dans les vertus intellectuelles ; mais dans les développements qu'il en donne, il nous montre combien elle touche à la vie morale. Ce qui le prouve tout d'abord c'est la définition même, savoir « la faculté qu'a l'homme prudent de délibérer avec succès sur les choses qui lui sont bonnes et avantageuses, non pas sous quelques rapports particuliers, comme celui de la santé ou de la force, mais qui peuvent contribuer, en général, au bonheur de sa vie ». Elle comprend donc toute la conduite, puisque Aristote a défini le bonheur ou le bien souverain « l'activité de l'âme dirigée par la vertu » ; car les choses bonnes et avantageuses sont celles qui stimulent, entretiennent et perfectionnent cette activité de l'âme, elles en sont sinon la fin, du moins les moyens. Même en envisageant la prudence uniquement dans l'acte de délibérer, elle est plus qu'une faculté intellectuelle, puisque son rôle est de conserver et de maintenir la capacité de voir ou de juger de ce qui est bon et utile... Or, il faut beaucoup d'empire sur soi pour empêcher que nos jugements ne soient altérés par nos sentiments et nos passions, dans les choses qui ne sont pas purement intellectuelles et qui touchent au gouvernement de nous-mêmes ou d'autrui et à la conduite de notre vie. Aristote lui-même le reconnaît en rappelant que le nom grec de la tempérance semble indiquer, par sa valeur étymologique, que cette vertu conserve ou sauve la prudence. Nous croyons même ici rencontrer un cercle vicieux, car la prudence qui semble indispensable dans la pratique de la tempérance, n'est elle-même possible qu'à l'aide de la tempérance. Ceci nous prouve, une fois de plus, qu'il n'y a en réalité qu'une vertu, la vertu, c'est-à-dire la force d'âme qui triomphe du mal et réalise le bien.

Aristote donne à la prudence une acception encore plus étendue en disant qu'elle est « une véritable habitude de contemplation, dirigée par la raison, dans les biens propres à la nature humaine ». Puisqu'elle est une habitude, elle s'exerce constamment, et souvent même sans que la volonté dirige ses délibérations vers un but particulier ou prochain. Elle contemple sans cesse l'âme dans ses rapports avec elle-même et avec le monde extérieur, dans tout ce qui concerne sa vie. Ne pourrait-on pas dire que la prudence est l'œil de l'âme, toujours vigilante sur elle-même pour discerner, entre la multitude des idées, des sensations et des sentiments qui l'assaillent, ce qui peut réellement contribuer à son bonheur ?

Quant à la prudence, on peut s'en faire l'idée, en considérant quels sont ceux que l'on appelle prudents : or, il semble que ce qui caractérise l'homme prudent, c'est la faculté de délibérer avec succès sur les choses qui lui sont bonnes et avantageuses non pas sous quelques rapports particuliers, comme celui de la santé ou de la force, mais qui peuvent contribuer, en général, au bonheur de sa vie. Ce qui le prouve, c'est qu'on appelle prudents ou avisés, dans tel ou tel genre, ceux qu'un raisonnement exact conduit à quelque fin estimable, dans les choses où l'art ne saurait s'appliquer ; en sorte que l'homme prudent serait, en général, celui qui est capable de délibérer.

Or, personne ne délibère sur ce qui ne saurait être autrement, ni sur ce dont l'exécution n'est pas en son pouvoir. Par conséquent, si la science est toujours susceptible de démonstration, et si l'on ne démontre pas les choses dont les principes pourraient être autres qu'ils ne sont (et toutes choses pourraient être autrement) ; en un mot, s'il est impossible de délibérer sur les choses qui ont une existence nécessaire, il s'ensuit que la prudence n'est ni une science, ni un art. Elle n'est pas une science, parce que tout ce qui peut être fait ou exécuté, peut-être autrement (c'est-à-dire, est contingent) ; elle n'est pas un art, parce que ce dont les résultats n'ont rien de matériel est autre chose que ce qu'on appelle production, ou création. Il reste donc qu'il faut la considérer comme une habitude de théorie ou de contemplation, accompagnée de raison, dans les choses qui sont bonnes ou nuisibles à l'homme : car la fin de l'exécution est autre chose que celle de la théorie ; mais celle de la théorie n'est pas toujours autre chose que celle de l'exécution, puisque la pratique du bien ou le bonheur est elle-même une fin.

Voilà pourquoi nous regardons Périclès et ceux qui lui ressemblent, comme des hommes prudents, parce qu'ils sont en état de voir ce qui est bon et avantageux pour eux-mêmes et pour les autres ; et nous les croyons capables de diriger avec succès les affaires d'une famille et celles d'un état. De là vient que nous donnons à la tempérance le nom de σωφροσύνη, qui, par sa valeur étymologique, semble indiquer qu'elle conserve ou sauve la prudence. Elle conserve et maintient du moins cette manière particulière de voir ou de juger de ce qui est bon et utile : car les sentiments de peine et de plaisir n'altèrent pas et ne faussent pas tous nos jugements; par exemple, celui qui nous fait reconnaître qu'un triangle a ou n'a pas la somme de ses trois angles égale à celle de deux angles droits ; mais ils altèrent et faussent nos jugements sur ce qu'il convient de faire. (*Morale à Nicomaque*, pp. 256-258.)

Les principes de notre conduite sont dans le motif qui la détermine : mais une fois que le jugement sera altéré par des sentiments de plaisir ou de peine, le principe ne se manifestera pas immédiatement ; on ne verra pas que ces sentiments ne doivent pas toujours être le motif de nos actions et de toutes nos préférences ; car souvent le vice corrompt et dénature le principe qui nous fait agir.

Il suit nécessairement de là que la prudence est une véritable habitude de contemplation, dirigée par la raison, dans les biens propres à la nature humaine. Au reste, dans les arts, on peut être habile ou inhabile ; mais cette distinction n'a pas lieu pour la prudence ; une faute volontaire, dans les arts, est préférable à une faute involontaire ; elle ne l'est pas en fait de prudence, ni en fait de vertus. Il est donc évident que la prudence est une faculté, et non pas un art. Or, comme il y a deux parties de l'âme qui possèdent la raison, cette faculté peut appartenir à l'une d'elles, c'est-à-dire à celle qui a l'opinion ou le jugement en partage; car l'opinion comme la prudence, est relative à ce qui pourrait être autrement. Toutefois, elle n'est pas uniquement une habitude accompagnée de raison; et ce qui le prouve, c'est qu'une telle habitude peut se perdre par l'oubli, mais non par la prudence. Puisque la science est la conception ou l'appréciation des choses générales et qui ont une existence nécessaire, et puisqu'il y a des principes de tout ce qui est susceptible de démonstration, et de toute science (car la science est inséparable du raisonnement), les principes de ce qu'il est possible de savoir ne peuvent appartenir ni à la science elle-même, ni à l'art, ni à la prudence. En effet, ce qu'on peut savoir peut être démontré; mais l'art et la prudence ne se rapportent qu'à ce qui peut être autrement qu'il n'est. La sagesse ne se rapporte pas non plus à ce qui est de ce dernier genre, car il doit y avoir des choses que le sage soit en état de démontrer. Or, si les facultés à l'aide desquelles nous saisissons la vérité, et nous pouvons constamment nous garantir de l'erreur, tant par rapport aux choses qui ne sauraient être autrement, qu'à l'égard de celles qui peuvent être autrement, sont la science, la prudence, la sagesse et l'intelligence; et si, entre ces facultés, il y en a trois, la science, la prudence, et la sagesse, dont aucune ne peut être celle que nous cherchons, il reste donc que c'est l'intelligence à qui appartient la conception des principes. (*Id.*, pp. 258-259.)

II

DIFFÉRENCE ENTRE LA PRUDENCE ET L'HABILETÉ ET LA SAGESSE

L'habileté se rapproche de la prudence lorsqu'elle est prise dans son acception générale et qu'elle signifie le plus haut point de précision ou de perfection. Dans ce cas, elle n'est une vertu que si elle s'applique à une noble fin, à un but moral. On peut être habile dans un art particulier, de même que dans les sciences ou les lettres. Alors c'est un talent supérieur, plutôt qu'une vertu. Aristote ne prend pas le mot d'habileté dans l'acception que nous lui donnons quelquefois dans nos langues modernes, en l'appliquant à l'art d'arriver à des fins plus ou moins élevées par des moyens qui ne sont pas toujours droits. Dans ce sens, un homme habile ou adroit est celui qui sait bien ménager ses intérêts ou ceux d'autrui, et qui est peu scrupuleux sur la manière d'y parvenir. C'est encore de la prudence, mais ce n'est pas la sagesse même qui consiste à connaître, non seulement les conséquences qui dérivent des principes, mais aussi la vérité des principes. La différence entre la prudence et la sagesse est nettement établie par Aristote qui dit que la prudence est relative aux choses humaines et sur lesquelles il est possible de délibérer, tandis que la sagesse ne s'applique qu'aux choses éternelles et divines qui sont toujours les mêmes et, par conséquent, n'admettent point de délibération. Et pour nous faire mieux saisir cette distinction, il nous rappelle ce que le vulgaire reprochait aux sages de l'antiquité, tels qu'Anaxagoras et Thalès qui, disait-on, savaient un grand nombre de choses mystérieuses, merveilleuses, difficiles et divines, mais inutiles, tandis qu'ils ignoraient tout ce qui leur était utile, parce qu'ils ne cherchaient pas les biens purement humains. Et Montaigne nous rapporte à cet effet que Thalès accusé de ne dédaigner les richesses que parce qu'il ne pouvait y parvenir, prouva que les sages savaient être prudents selon le monde. « Ayant, dit-il, pour ce coup ravalé son sçavoir au service du proufit et du gaing, il dressa une traficque qui dans un an rapporta telles richesses qu'à peine en toute leur vie les plus experimentez de ce mestier là en pouvoyent faire de pareilles. » Cependant il me semble que la sagesse et la prudence peuvent s'appliquer aux mêmes choses, que la première envisage dans leurs principes, et la seconde dans leurs détails et leurs conséquences. Ne seraient-elles pas entre elles dans les mêmes rapports que la législation et l'administration proprement dite, ou la politique, l'une établissant les lois de la vie humaine, et l'autre appliquant ces lois à tous les détails de la conduite ? « La sagesse, nous dit encore Aristote, dans une belle page de « la Grande Morale », s'adresse aux choses qu'atteint la démonstration et qui sont toujours immuablement ce qu'elles sont. Mais la prudence, loin de concerner les choses de cet ordre, concerne celles qui sont sujettes au changement ». Ce qui fait varier les choses que règle la prudence, ce sont les mille détails qui se présentent dans leur application, les différences entre les individus, la diversité des cas, les changements amenés dans les divers intérêts par les événements extérieurs. Par là même que la sagesse est plus générale, elle peut être plus désintéressée : elle n'est jamais guidée que par des considérations élevées ; non seulement, elle ne s'applique pas à des objets inférieurs, mais encore elle se préoccupe moins de l'utile que de l'honnête et du juste. La prudence, tout en ne s'occupant que d'intérêts humains, peut être élevée, car il y a des intérêts supérieurs à sauvegarder, et ce sont tous ceux qui ont rapport à la vie morale. Les faire prévaloir sur les intérêts inférieurs, c'est être à la fois sage et prudent, sage en ce que l'on considère plus les principes que les conséquences immédiates, et prudent, parce que la véritable utilité est inséparable de l'honnêteté et de la justice.

Pour ce qui est de *l'habileté*, nous l'attribuons surtout à ceux qui pratiquent les arts avec le plus de perfection : c'est ainsi que nous appelons Phidias un habile sculpteur, et Polyclète un statuaire habile ; et, dans ce cas, nous ne désignons, par le mot habileté, que la perfection ou le mérite de l'art. Cependant, il y a des hommes que nous regardons comme *habiles* dans un sens général et absolu, et non pas dans quelque genre en particulier ; en un mot, que nous appelons simplement et généralement habiles, comme s'exprime Homère dans le *Margitès* : « Les dieux n'en avaient fait ni un cultivateur, ni un laboureur, ni un homme *habile* en quoi que ce soit ». D'où il suit évidemment que l'habileté ou la *sagesse* pourrait être regardée comme le plus haut point de précision ou de perfection dans les sciences.

Il faut donc que le sage, l'homme habile par excellence, non seulement connaisse les conséquences qui dérivent des principes, mais aussi qu'il sache la vérité des principes. En sorte que la sagesse serait l'intelligence et la science, et que sa partie capitale ou fondamentale serait la connaissance de ce qu'il y a de plus noble et de plus sublime. En effet, il y aurait peu de raison à considérer la politique, ou la prudence, comme la plus importante des sciences, si l'homme n'était pas ce qu'il y a de plus excellent dans l'univers. Si donc ce qui est sain et avantageux pour les hommes diffère de ce qui l'est pour les poissons, tandis que ce qui est blanc ou droit est toujours blanc ou droit, tout le monde conviendra que ce qui est sage est toujours sage, au lieu que ce qui est prudent en de certains cas, ne l'est pas dans d'autres. Car on ne saurait nier que le propre de la prudence ne soit de bien juger de chaque objet par rapport à nous, et l'on accorde volontiers de la confiance aux hommes qui ont cet avantage. Voilà pourquoi l'on attribue la prudence à ceux d'entre les animaux qui manifestent quelque faculté de prévoyance dans tout ce qui intéresse leur vie. (*Morale à Nicomaque*, pp. 260-261.)

Il y a une faculté qu'on désigne par le nom d'*adresse*, laquelle consiste à pratiquer et à exécuter avec succès tout ce qui peut conduire à un but qu'on s'est proposé. Si donc ce but est honorable, cette faculté est digne d'éloges et d'estime ; mais, s'il est mauvais ou répréhensible, elle prend le nom de fourberie ou de ruse ; et, par cette raison, nous appelons les hommes prudents des gens adroits, et non pas fourbes ou rusés. La prudence n'est donc pas cette faculté-là même, mais ne peut exister sans elle. (*Id*., p. 278.)

La sagesse, la science et l'intelligence sont ce qu'il y a naturellement de plus précieux et de plus digne d'admiration.
Aussi a-t-on appelé sages un Anaxagoras, un Thalès, et ceux qui leur ressemblent ; mais on ne les nommait pas prudents lorsqu'on les voyait ignorants de tout ce qui leur était utile, et l'on dit qu'ils savaient un grand nombre de choses mystérieuses, merveilleuses, difficiles et divines, mais inutiles, parce qu'ils ne cherchaient pas les biens purement humains. Mais la prudence est relative aux choses humaines, et sur lesquelles il est impossible de délibérer ; car ce que nous regardons comme la tâche de l'homme prudent, c'est de délibérer comme il convient. Or, personne ne délibère sur les choses qui ne sauraient être autrement qu'elles ne sont, ni sur celles qui ne peuvent avoir un résultat, un but qu'on puisse atteindre et qui soit avantageux. En général, celui qui a le talent des bonnes résolutions est celui qui arrive, par le raisonnement, au résultat le plus avantageux à l'homme dans tout ce qui est exécutable. D'ailleurs, la prudence ne s'applique pas seulement aux choses

générales, elle exige aussi une parfaite connaissance des détails, car c'est une vertu pratique, et la pratique s'applique surtout aux détails. Aussi y a-t-il des gens qui, sans aucune connaissance, sont plus propres à l'action que d'autres qui sont plus instruits qu'eux; et, parmi les autres hommes, ceux qui ont de l'expérience sont dans le même cas. En effet, on a beau savoir que les viandes légères sont saines et de facile digestion, si l'on ne sait pas quelles sont ces viandes légères, on ne guérira pas un malade; mais celui qui saura que c'est la chair des oiseaux qui est meilleure et saine, y réussira mieux. Or, la prudence est une qualité éminemment pratique, en sorte qu'il faut posséder les deux parties, connaissance des choses générales, et connaissance des détails et plus particulièrement la dernière.

La prudence et la politique sont, à vrai dire, une même habitude ou disposition d'esprit; mais elles n'ont pas la même nature ou la même essence. Cependant, à l'égard de la société civile, la prudence qui en dirige les ressorts, comme science principale (architectonique) c'est la législation; et celle qui préside aux détails de l'administration, conserve le nom commun de politique. Elle est proprement pratique et délibérative ; car un décret s'applique à ce qui doit s'exécuter immédiatement comme chose définitivement résolue.(*Id.*,p. 262-264.)

C'est surtout dans l'action que se manifeste la prudence, puisque cette vertu est une des plus importantes, et qu'elle comprend toutes les autres. (*Id.*, p. 291.)

La prudence et la sagesse sont-elles ou ne sont-elles pas une seule et même chose? La sagesse s'adresse aux choses qu'atteint la démonstration et qui sont toujours immuablement ce qu'elles sont. Mais la prudence, loin de concerner les choses de cet ordre, concerne celles qui sont sujettes au changement. Je m'explique : par exemple, la ligne droite, la ligne courbe, la ligne concave et toutes les choses de ce genre, sont toujours les mêmes. Mais les choses d'intérêt ne sont pas telles qu'elles ne puissent perpétuellement se changer les unes dans les autres ; elles changent donc, et l'intérêt d'aujourd'hui n'est plus l'intérêt de demain ; ce qui est utile à celui-ci ne l'est pas à celui-là, ce qui est utile de telle façon ne l'est pas de telle autre. Mais c'est la prudence qui s'applique aux choses d'utilité, aux intérêts ; ce n'est pas la sagesse. Donc la prudence et la sagesse sont fort différentes. Mais la sagesse est-elle ou n'est-elle pas une vertu? On peut voir bien clairement qu'elle est une vertu rien qu'en se rendant compte de la nature de la prudence. La prudence est, comme nous l'avons dit, une vertu de l'une des deux parties de l'âme qui possèdent la raison ; mais il est évident qu'elle est au-dessous de la sagesse ; car elle s'applique à des objets inférieurs. La sagesse ne s'applique qu'à l'éternel et au divin, comme nous venons de le voir, tandis que la prudence ne s'occupe qu'à des intérêts tout humains Si donc le terme le moins élevé est encore une vertu, à plus forte raison le terme le plus haut en sera-t-il une, et ceci prouve certainement que la sagesse est une vertu. (*Grande morale*, pp. 105-106.)

III

LA PRUDENCE, UN SENTIMENT

Nous avons vu que la prudence est une qualité éminemment pratique, en sorte qu'il faut posséder à la fois la connaissance des choses générales et celle des détails, et plus particulièrement cette dernière ; car la prudence s'applique surtout à une résolution définitive qu'il s'agit d'exécuter. Quand on la considère ainsi, il semble qu'elle se confonde avec la sagesse. Mais dans le dernier parti à prendre qui est l'objet de la prudence, peuvent intervenir des motifs plus particuliers et, par conséquent, plus humains. C'est pourquoi Aristote a dit que ce dernier parti à prendre est l'effet d'un sentiment. Mais de peur qu'on n'exagère la part du sentiment pour faire prédominer le particulier sur le général, l'intérêt personnel et immédiat sur un intérêt plus élevé, il ajoute que « ce sentiment n'est pas tel que ceux qu'on éprouve à l'occasion des choses particulières ». Et par l'exemple qu'il nous donne, nous reconnaissons que c'est plutôt un sentiment intellectuel qu'un sentiment moral, c'est une sorte d'intuition du vrai, de ce qui doit être, de ce qu'il convient de faire dans le moment actuel. C'est parce que la prudence a tout envisagé, tout pesé, qu'elle est capable d'avoir une vue d'ensemble sur les rapports des choses ; et le sentiment de la vérité qui en résulte, ressemble à « celui qui nous fait reconnaitre que le triangle est l'élément des figures mathématiques ».

Aussi conprenons-nous cette conclusion d'Aristote : « La prudence elle-même est donc plutôt un sentiment ; mais c'en est une espèce particulière et différente du sentiment proprement dit ».

L'objet de la prudence, le dernier parti à prendre ou la sage résolution à exécuter, « consiste dans une rectitude de jugement appliquée à ce qui est utile, l'obtenant, par les moyens convenables, dans le moment et de la manière qu'il faut ». Il est donc nécesssaire que la résolution soit précédée de la réflexion qui apprécie les circonstances, de la délibération qui pèse les différents partis qui se présentent, et de la détermination qui se prononce pour celui qui est le plus conforme au sentiment de la situation donnée. Ce qui est utile, selon Aristote, est, ainsi que nous l'avons déjà vu, ce qui peut contribuer au bonheur de l'homme. Pour que la résolution soit sage, il faut qu'elle tende vers un but convenable, c'est-à-dire conforme à la raison et à la vertu ; et que les moyens pour l'atteindre soient aussi ceux qu'il convient d'employer, comme étant les meilleurs et les plus efficaces. Cette rectitude de jugement qui est indispensable à la prudence, n'est possible qu'avec une âme droite dont le regard limpide discerne, à travers toutes les ambiguités et les confusions, le principe de ce qu'il faut faire, principe qui est lui-même la fin ou le but qu'on doit se proposer, c'est-à-dire le souverain bien. Ainsi est-il vrai de dire qu'on ne saurait être prudent si l'on n'est pas vertueux.

La prudence n'est pas la science : car elle s'applique surtout à une résolution définitive ; et c'est cette résolution qu'il s'agit d'exécuter.
D'un autre côté, elle est opposée à l'intelligence en ce que celle-ci s'applique aux termes dont il est impossible de donner une définition : au lieu que la prudence a pour objet un dernier parti à prendre, qui n'est pas l'objet de la science, mais l'effet d'un sentiment, non pas tel que ceux qu'on éprouve à l'occasion des choses particulières, mais tel que celui qui nous fait reconnaître que le triangle est l'élément des figures mathématiques ; car c'est là que s'arrête le sentiment en ce genre.
La prudence elle-même est donc plutôt un sentiment ; mais c'en est une espèce particulière, et différente du sentiment proprement dit.
Il y a quelque différence entre chercher et délibérer, car délibérer c'est chercher quelque chose. Il s'agit donc de marquer avec précision quels sont les caractères d'une sage résolution, de savoir si elle est une science, une opinion, une heureuse rencontre, ou quelque autre chose.
Et d'abord, elle n'est pas une science ; car on ne fait point de recherches sur les choses que l'on sait ; or une sage résolution est l'effet d'une délibération ; et celui qui délibère cherche et raisonne, ou calcule en quelque sorte. Elle n'est pas non plus un hasard heureux, une heureuse rencontre : car il n'entre point de raisonnement dans ces sortes de choses ; elles s'offrent tout à coup à l'esprit, au lieu que l'on délibère pendant un temps plus ou moins long, pour

prendre un parti, et l'on dit communément qu'il faut exécuter avec promptitude ce qu'on a résolu, mais délibérer à loisir avant l'exécution. La sagacité est encore autre chose qu'une sage résolution : elle est, à quelques égards, une heureuse rencontre. Enfin, une sage résolution n'est pas non plus une opinion.

Or, celui qui ne prend pas une sage résolution s'expose à commettre des fautes, tandis que celui qui prend un bon parti, délibère comme il convient ; il s'ensuit qu'une sage résolution est l'effet d'une rectitude de délibération, mais non celui de la science, ni de l'opinion. Car l'idée de rectitude ou de justesse ne s'applique point à la science proprement dite et en elle-même, pas plus que l'idée d'erreur ; et, quant à l'opinion, c'est la vérité qui est sa rectitude. Il ne peut y avoir de sage résolution sans raisonnement : reste donc qu'elle soit l'effet de la réflexion, car celle-ci n'est pas encore une énonciation, au lieu que l'opinion, qui ne suppose pas de recherche, est déjà affirmation ou assertion. Mais celui qui délibère, bien ou mal, cherche quelque chose et raisonne ou calcule les probabilités différentes des partis qui s'offrent à son esprit.....

Il semble que l'effet d'une délibération sagement conduite doive être quelque chose d'avantageux : car le propre de cette rectitude de jugement, qui caractérise une sage résolution, est de procurer un bien ou un avantage.

Cependant, on peut obtenir ce résultat par un faux raisonnement ; on peut atteindre le but qu'il fallait avoir en vue, mais ne pas y arriver par la route véritable ; enfin le moyen terme du syllogisme peut être faux, quoique le syllogisme soit concluant. Par conséquent, on n'est pas encore en droit d'appeler sage résolution celle qui atteint, à la vérité, le but convenable, mais non par des moyens convenables. De plus, l'un peut employer un temps fort considérable à délibérer, tandis qu'un autre saura, sur le champ, prendre son parti. Ce n'est donc pas encore là ce qui constitue la sage résolution; mais elle consiste dans une rectitude de jugement appliquée à ce qui est utile, l'obtenant, par les moyens convenables, dans le moment et de la manière qu'il faut.

Enfin, on peut avoir pris une sage résolution, dans le sens général et absolu, ou bonne pour une fin particulière et déterminée; l'une, par conséquent, propre à réussir généralement, et l'autre, dans quelque cas particulier; or, si délibérer sagement est le fait des hommes prudents, il s'ensuit que la sage résolution consistera dans une rectitude de jugement qui s'applique à ce qui est avantageux, pour une fin dont la prudence nous donne une conception ou une notion véritable. (*Morale à Nicomaque*, pp. 266-270.)

L'habitude que l'on appelle prudence, consiste dans ce coup d'œil rapide de l'âme, qui ne saurait être séparé de la vertu. Car les raisonnements qui règlent notre conduite comprennent le principe de ce qu'il faut faire, puisque ce principe est lui-même la fin ou le but qu'on doit se proposer, c'est-à-dire le souverain bien quel qu'il soit. Supposons, en effet, que ce fût le hasard, ou que cette fin principale dépendît de la fortune, elle ne se manifesterait toujours qu'à l'homme de bien; car le vice pervertit l'âme, et ne peut que lui donner de fausses notions sur les principes propres à diriger ses actions. Il est donc évident qu'on ne saurait être prudent, si l'on n'est pas vertueux. (*Id.* p. 279.)

IV

LE DISCERNEMENT, LE JUGEMENT

Ainsi que nous le voyons par l'analyse si méthodique et si claire d'Aristote, le discernement, le jugement et le bon sens ne sont que les divers aspects ou les procédés particuliers de la vertu qu'on appelle prudence. Cependant il me semble que c'est trop restreindre le discernement que de l'exclure du domaine des choses qui sont éternelles et immuables, et de celles qui sont produites par la nature de quelque manière que ce soit. Sans doute, ces choses n'admettent pas la délibération lorsqu'on s'en occupe d'une façon abstraite et purement spéculative; mais elles ne sont pas seulement destinées à entretenir l'activité de l'intelligence pure, elles doivent passer dans notre vie morale, et c'est dans les applications faites par la raison et la conscience aux cas particuliers de notre conduite qu'intervient le discernement ou le jugement pour la convenance, la mesure et le tact. Aristote lui-même le comprend ainsi lorsqu'il dit : « Quand on fait usage de ses opinions acquises, pour juger des objets auxquels s'applique la prudence, et pour en bien juger, on montre du discernement ». Les maximes générales sont, en effet, les principes des motifs qui déterminent l'action. Il s'agit donc de discerner tout d'abord quelles sont celles de ces maximes qu'il convient d'appliquer, et ensuite la manière d'établir l'harmonie entre la théorie et la pratique.

La définition même que nous donne Aristote du jugement nous montre qu'il s'exerce dans tous les domaines. C'est, dit-il, « la faculté qui fait les hommes *judicieux* et de *bon sens*, et consiste dans un juste discernement de ce qui est équitable ». Or, pour pratiquer l'équité qui est l'union de la justice et de la charité, il faut remonter jusqu'aux principes mêmes, jusqu'à ces choses immuables et éternelles qu'Aristote a raison de placer bien au-dessus de nous, mais non pas loin de nous, dans des sphères inaccessibles où l'homme peut pénétrer par la contemplation, non pas s'inspirer pour l'action. L'équité et l'indulgence sont tout d'abord dans le jugement, dans la juste appréciation des choses d'après les principes mêmes qui admettent un nombre infini d'applications. Avoir un jugement sain équivaut donc ici à avoir un jugement droit et équitable : et pour qu'il soit tel, il faut l'intervention de la raison, de la conscience et du sentiment.

Le discernement et le manque de discernement, qui nous ont donné occasion d'appeler certaines personnes intelligentes, et d'autres stupides, n'est pas tout à fait la même chose que la science ou l'opinion ; car alors tous les hommes seraient intelligents. Ce n'est pas non plus une science à part, comme la médecine (car alors elle s'occuperait de ce qui est bon pour la santé), ou la géométrie, car celle-ci traite de la grandeur. D'ailleurs, le discernement n'est relatif ni aux choses qui sont éternelles et immuables, ni à celles qui sont produites par la nature de quelque manière que ce soit; mais il se rapporte à celles qui sont l'objet du doute ou de l'incertitude, et sur lesquelles on est dans le cas de délibérer. Ainsi donc il s'applique aux mêmes choses que la prudence ; mais il n'est pas la même chose que la prudence.

En effet, celle-ci ordonne et prescrit; sa fin est d'indiquer ce qu'il faut faire ou ne pas faire; la fonction du discernement est uniquement de juger; car discernement ou intelligence exacte, sont la même chose; et on appelle intelligents ceux qui ont un bon discernement.

Au reste, le discernement ne consiste ni à avoir de la prudence, ni à en acquérir; mais de même qu'on se sert quelquefois du mot *apprendre* dans le sens de *comprendre*, lorsqu'il est question d'une science dont on entend énoncer quelque proposition, ainsi quand on fait usage de ses opinions acquises, pour juger des objets auxquels s'applique la prudence (lorsqu'un autre en parle), et pour en bien juger, on montre du discernement. (*Morale à Nicomaque*, pp. 270-271.)

Ce qu'on appelle *jugement* est la faculté qui fait les hommes *judicieux* et de *bon sens*, et consiste dans un juste discernement de ce qui est équitable. La preuve c'est que nous regardons l'homme équitable comme essentiellement *indulgent*, et nous reconnaissons la juste appréciation des choses à ce caractère d'indulgence. Or, l'indulgence est un jugement exact et juste de ce qui est bien; et ce jugement est juste, quand il est conforme à ce qui est vrai. Au reste, on ne saurait méconnaître dans toutes ces habitudes ou dispositions, une même tendance car le jugement est aussi appelé sagacité, prudence, intelligence, puisque l'on attribue l'intelligence aux mêmes personnes en qui l'on reconnaît un jugement sain, et qu'on les appelle des hommes prudents et entendus. C'est qu'en effet toutes ces qualités s'appliquent ou se rapportent aux choses particulières et aux derniers termes ou éléments, pour ainsi dire, de la délibération. Aussi le discernement, dans les choses dont juge la prudence, distingue-t-il l'homme intelligent et judicieux ou indulgent, car l'équité est le trait caractéristique et commun de tout ce qu'il y a de bon et de bien dans les rapports d'homme à homme. D'un autre côté, tout ce qui peut s'exécuter est du nombre des choses particulières, ou compris dans les derniers termes, et ne doit pas être ignoré de l'homme prudent. Or, la sagacité et le jugement s'appliquent aux choses qui sont à exécuter, et qui sont, comme on vient de le dire, les derniers termes ; mais l'esprit embrasse les deux sortes d'extrêmes, puisque les premiers, les principes ou maximes générales, et les derniers ou les résolutions définitives, sont également du ressort du raisonnement ou de la raison. Celle-ci s'occupe des termes immuables et primitifs ou généraux dans le procédé de démonstration qui lui est propre, mais, quand il est question d'agir, c'est l'esprit qui intervient, parce que l'autre extrême, en ce qu'il y a de contingent, de relatif à l'autre proposition, est de son ressort. Car les propositions elles-mêmes, sont les principes des motifs qui déterminent l'action, puisque le général se tire de la comparaison de tous les cas particuliers. Il faut donc qu'on ait le sentiment de ces cas-là ; et l'esprit, ou l'entendement, est ce sentiment lui-même, on le comprend en soi.

Voilà pourquoi le sentiment et l'entendement

sont un produit ou une création immédiate de la nature, mais c'est de la nature qu'on tient le jugement, la sagacité et l'esprit. La preuve de cela, c'est que nous croyons que ces facultés ou propriétés se développent avec l'âge ; cet âge, disons-nous, est celui de l'entendement et du bon sens, parce que c'est la nature qui les donne. (*Id.*, p. 272.)

Le bon sens s'applique aux choses d'action que nous pouvons à notre choix ou rechercher ou fuir. Le bon sens est inséparable de la prudence. C'est la prudence qui fait faire les choses dont nous venons de parler. Mais le bon sens est cette qualité, cette disposition ou telle autre faculté qui nous découvre le parti le meilleur et le plus avantageux, dans les actes que nous devons accomplir. Aussi, les choses qui se font spontanément, quelque bien faites qu'elles soient, ne semblent pas pouvoir être rapportées au bon sens. Toutes les fois qu'il n'y a pas eu intervention de la raison pour discerner le parti le meilleur à prendre, on ne peut pas appeler homme de bon sens celui qui réussit de cette façon. (*Grande Morale*, p. 115.)

V

UTILITÉ DE LA SAGESSE

C'est précisément parce qu'Aristote maintient la sagesse dans le domaine de la spéculation, qu'il est amené à poser la question de son utilité à l'égard du bonheur de l'homme, c'est-à-dire de sa vie. Mais nous voyons dans la sagesse la lumière même de la vertu qui est la force, et nous ne pouvons pas concevoir l'une sans l'autre : ce n'est, pour ainsi dire, qu'une seule et même puissance qui se rapporte à tout ce que l'homme peut créer ou produire, à son être moral pour le relèvement et le perfectionnement duquel il est ouvrier avec Dieu. Si les vertus sont des habitudes, la sagesse aussi est une habitude : ainsi qu'on s'exerce à la vertu par des actes vertueux, on forme aussi le regard de l'âme pour lui apprendre à discerner la vérité et à en supporter l'éclat, à mesure qu'elle apparaît plus resplendissante et plus pure. Plus on pratique le bien, mieux on le voit, selon cette divine parole : « Bienheureux sont ceux qui ont le cœur pur, car ils verront Dieu ».

Sans doute la science qui se réduit à une simple connaissance intellectuelle, n'a aucune influence sur la vie ; mais ce n'est point la sagesse qui est une illumination perpétuelle de l'âme qui aime le bien. Les spéculations de la sagesse sont aussi inutiles à ceux qui les font qu'à ceux qui se laissent conduire par eux. Pour Aristote la prudence et la sagesse sont « des qualités ou facultés préférables ou désirables en elles-mêmes, bien que ni l'une ni l'autre ne puisse rien produire, puisque ce sont des vertus qui appartiennent chacune à une partie distincte de l'âme ». Mais n'est-ce pas matérialiser l'âme que de la partager ? L'âme est une dans toutes ses manifestations, soit qu'elle contemple ou qu'elle agisse. La sagesse est la santé même, la vertu de l'âme, sa vie, son bonheur.

On pourrait demander à quoi la sagesse et la prudence sont utiles ; car les spéculations de la sagesse, par exemple, ne peuvent contribuer en rien d'une manière directe au bonheur de l'homme, puisqu'elles ne se rapportent à rien de ce qui peut être créé ou produit. Quant à la prudence, elle a bien cet avantage : mais quel besoin a-t-on d'elle s'il est vrai qu'elle s'applique à ce qui est juste, beau et avantageux pour l'homme, et que c'est là ce qu'il appartient à l'homme vertueux de mettre en pratique. Car, si les vertus ne sont que des habitudes nous n'en serons pas plus en état d'agir pour savoir tout cela ; c'est comme tout ce qui, en fait de choses utiles à la santé et à la bonne disposition du corps, est reconnu pour dépendre, non pas de l'action, mais d'une disposition ou manière d'être particulière : on n'en sera pas plus en état de la produire, quand on posséderait la science de la médecine et celle de la gymnastique.

Or, si ce n'est pas la connaissance ou la science qui peuvent faire qu'un homme soit regardé comme prudent, et si l'on ne doit le considérer comme tel que quand il l'est devenu, la prudence ne sera nullement utile à ceux qui sont vertueux. Elle ne servira pas même à ceux qui ne le sont pas : car, l'avoir eux-mêmes, ou se laisser conduire par ceux qui la possèdent, ce sera absolument la même chose ; cela nous suffira, comme il nous suffit pour recouvrer la santé, de consulter le médecin, sans apprendre nous-mêmes la médecine. D'ailleurs, il semblerait étrange que cette qualité ou faculté, inférieure à la sagesse, eût cependant l'autorité sur elle ; car c'est à la faculté active de commander et de prescrire, dans tous les cas, ce qu'il faut faire.

D'abord, je dis que ce sont des qualités ou facultés préférables ou désirables en elles-mêmes, bien que ni l'une ni l'autre ne puisse rien produire, puisque ce sont des vertus qui appartiennent chacune à une partie distincte de l'âme. Ensuite, elles ont pourtant un certain effet, non pas comme la médecine, pour produire la santé; mais la sagesse contribue au bonheur, comme la santé elle-même; car, étant une partie de la vertu en général, elle rend heureux par cela seul qu'on la possède, et par l'influence qu'elle exerce. De plus, la prudence concourt, avec la vertu morale, à l'accomplissement d'une œuvre, d'une action; car la vertu est ce qui rend le but estimable et convenable, et la prudence donne le même caractère aux moyens d'arriver à ce but.

Quant à l'objection que la prudence ne rend pas plus capable de pratiquer ce qui est juste et honorable, il faut, pour y répondre, reprendre les choses d'un peu plus haut, et rappeler le principe suivant.

Nous avons dit, en effet, que certaines personnes qui font des actes de justice, ne sont pas pourtant encore pour cela, des hommes justes; par exemple, ceux qui font ce qui est prescrit par les lois, mais qui le font malgré eux, ou par ignorance, ou par quelque autre motif, et non en vue de la justice en elle-même : ils font pourtant ce qu'il faut, et tout ce que doit faire un homme de bien. Ainsi, l'on peut, il me semble, faire toutes choses avec une disposition particulière, et à des conditions telles qu'on soit réellement vertueux; c'est-à-dire, par l'effet d'une détermination réfléchie, et en considérant la chose qu'on fait uniquement en elle-même.

C'est donc la vertu qui donne au choix ou à la

préférence un caractère de bonté morale ; toutefois, ce n'est pas à elle que se rapportent tous les moyens qui sont de nature à nous faire atteindre le but qu'elle prescrit. (*Morale à Nicomaque*, pp. 275-278.)

Agir suivant la droite raison, c'est agir de façon que la partie irrationnelle de l'âme n'empêche pas la partie raisonnable d'accomplir l'acte qui lui est propre ; alors l'action qu'on fait est conforme à la droite raison. Nous avons dans notre âme une partie qui est moins bonne, et une autre partie qui est meilleure. Or, le pire est toujours fait en vue du meilleur, comme, dans l'association de l'âme et du corps, le corps est fait pour l'âme ; et nous disons que le corps est en bon état quand il n'est pas un obstacle à l'âme, et qu'au contraire il contribue et concourt à lui faire accomplir l'acte qui lui est propre ; car le pire, je le répète, est fait en vue du meilleur ; il est destiné à agir de concert avec lui. Lors donc que les passions n'empêchent pas l'intelligence d'accomplir sa fonction spéciale, les choses se passent suivant la droite raison. — « Oui, sans doute, cela est vrai, pourrait-on dire. Mais comment doivent être les passions pour ne pas faire obstacle à l'âme ? et dans quel moment sont-elles ainsi disposées ? Voilà ce que je ne sais pas. » J'avoue que la chose n'est pas facile à dire Mais le rôle du médecin ne va pas non plus au delà. Quand il ordonne de la tisane à un malade qui a la fièvre, et qu'un disciple lui dit « Mais comment est-ce que je sentirai qu'un malade a la fièvre ? — Lorsque vous verrez qu'il est pâle, répond-il. — Mais comment verrai-je qu'il est pâle ? » — Que le médecin comprenne alors qu'il ne peut pas aller plus loin, et qu'il réponde : « Si vous n'avez pas à part vous le sentiment et la perception de ces choses, je n'y puis rien faire ». Le même dialogue peut exactement s'appliquer dans une foule de circonstances semblables ; et c'est absolument ainsi qu'on peut acquérir la connaissance des passions ; il faut soi-même contribuer pour sa part à les observer en les sentant. On peut encore se poser une autre question, et demander aussi :« Mais quand je saurai cela, en effet, serai-je heureux ? » C'est là du moins, en général ce qu'on croit ; mais c'est une erreur. Il n'y a pas une seule science qui donne non plus à celui qui la possède l'usage et la pratique actuelle et effective de son objet particulier ; elle ne lui donne que la faculté de s'en servir. Ici non plus, savoir ces choses n'en donne pas l'usage, puisque le bonheur, avons-nous dit, est un acte. Cela n'en donne que la simple faculté ; et le bonheur ne consiste pas à connaître de quels éléments le bonheur se compose, il consiste seulement à se servir de ces éléments. (*Grande morale*, pp. 169-171.)

CHAPITRE V

I

LA JUSTICE

Toutes les vertus sociales se résument en une seule, la justice dans son acception la plus haute et la plus large. Aussi Aristote l'appelle-t-il une vertu accomplie, parfaite, la vertu tout entière. Et il rend un poëtique hommage au pur éclat de cette vertu en disant que « ni l'astre du soir, ni l'étoile du matin n'inspirent autant d'admiration ». La justice est, en effet, la vertu se rapportant au bien ou à l'avantage des autres ; et c'est précisément en ce que l'homme n'est plus à lui-même son objet, que consiste l'excellence de la justice. Dans les vertus individuelles dont nous venons de parler, il s'occupe de lui-même, de son intérêt le plus élevé, il est vrai, du perfectionnement, de la sanctification de son âme. Dans la pratique de la justice, il ne poursuit plus directement et d'une façon exclusive le bien souverain pour lui-même, il s'occupe des autres, il travaille à leur bonheur. L'homme juste est donc en réalité l'homme le plus vertueux, parce que sa vertu atteint au plus complet désintéressement.

Qu'est-ce que le juste ? Dans l'opinion populaire, c'est celui qui observe les lois et qui respecte l'égalité des droits. Aristote nous dit que « tout ce qui est conforme aux lois, l'est aussi, jusqu'à un certain point, à la justice ». Nous voyons par cette parole que, dans la pensée du philosophe, ce qui est juste ne se confond pas absolument avec ce qui est prescrit par les lois humaines. Celles-ci défendent de faire du tort à autrui, plutôt qu'elles ne commandent de travailler au bien d'autrui, autant qu'au bien propre. Et celui qui se contenterait d'observer strictement la loi civile, n'aurait qu'une justice négative qui, dans bien des cas, équivaudrait à l'injustice. La loi humaine interdit ce qui est contraire au courage, à la tempérance et à la justice, mais elle n'ordonne pas de faire tout ce qui est conforme à ces vertus. Elle défend au citoyen d'abandonner son poste, de prendre la fuite, de jeter ses armes ; mais elle ne lui enjoint pas de s'exposer à des périls imminents, là où la discipline ne l'exige point, et de sacrifier tout ce qu'il a de plus cher pour le salut de la patrie. De même la loi civile interdit les excès qui troublent la paix et l'ordre publics et ceux qui portent préjudice à la liberté et à la propriété d'autrui ; mais elle ne commande pas à l'homme de respecter toujours et partout la dignité humaine en lui-même et dans autrui. Elle condamne et punit aussi l'outrage, l'injure, la calomnie et les actes de violence, mais elle ne prescrit pas la bonté, la douceur, la bienfaisance et la charité. Or toutes les vertus sont comprises dans la justice, telle qu'elle nous est enseignée par la raison et la conscience, par cette loi universelle « que tous les peuples devinent, sans qu'il y ait pour cela entre eux ni communication préalable ni convention, par ce droit éternel dont l'origine échappe aux regards de l'homme ».

Cette loi supra-humaine ne dépend ni des opinions, ni des décrets des hommes. Ce n'est pas, à coup sûr, cette justice qui, selon Pascal, est faite par la mode, et qui est tenue pour juste, parce qu'elle est établie. Le droit éternel dont l'origine se confond avec celle du principe divin qui est dans toute âme d'homme, ce droit universel inscrit dans toute conscience, est immuable comme la divinité même. La notion en est plus ou moins parfaite selon le degré de culture de l'âme : de là, la diversité des lois humaines qui, dans leurs transformations et leurs progrès, tendent à donner une idée de plus en plus juste et pure du principe immuable que toutes rappellent malgré leur imperfection. Mais la justice absolue, parfaite n'est qu'en Dieu. L'homme peut et doit y aspirer en s'efforçant de comprendre le bien d'autrui et de le réaliser. Il faut plus que les lumières de la raison pour arriver à cette connaissance : il faut que l'homme s'oublie lui-même, qu'il sorte de lui-même et qu'il cherche dans les inspirations de l'amour les moyens de faire à autrui ce qu'il voudrait qu'on lui fît.

On appelle *injuste* l'homme qui viole les lois, celui qui est ambitieux, et qui méconnaît l'égalité entre les citoyens : par conséquent on appellera *juste* celui qui observe les lois et qui respecte l'égalité des droits ; par conséquent, enfin, le juste en soi sera ce qui est conforme aux lois et à l'égalité, l'injuste ce qui est contraire aux lois et à l'égalité.

Mais s'il est vrai que celui qui viole les lois soit injuste, et que l'homme juste les respecte, il s'ensuit évidemment que tout ce qui est conforme aux lois, l'est aussi, jusqu'à un certain point, à la justice. Car, ce qui est prescrit ou permis par la législation, est légitime ; et l'on peut affirmer que cela est en même temps juste. Or, les lois s'expliquent sur tous les objets, et ont pour but ou l'intérêt général de la société, ou celui des hommes les plus dignes, ou celui des personnes qui ont autorité, soit à cause de leur vertu, soit sous tout autre rapport du même genre. En sorte qu'on appelle justes, en les comprenant sous un même point de vue, toutes les choses qui contribuent à produire ou à entretenir la prospérité de la société civile, aussi bien dans l'ensemble que dans les détails. En effet, la loi prescrit les actes de courage, comme de ne point abandonner son poste, de ne point prendre la fuite, de ne point jeter ses armes ; ceux qui constituent la tempérance, comme de ne point commettre l'adultère, de n'outrager personne ; ceux de douceur et de bienveillance, comme de ne frapper et de n'injurier personne ; et ainsi de tous les autres vices et de toutes les autres vertus, défendant de certaines actions, et en ordonnant plusieurs autres ; avec raison, dis-je, quand elle a été faite comme elle doit l'être, et moins bien quand elle a été faite à la hâte, et comme improvisée.

La justice est donc une vertu accomplie, non pas dans un sens absolu, et considérée dans l'homme pris isolément, mais dans les rapports qu'il peut avoir avec ses semblables. Aussi est-elle communément regardée comme la plus importante de toutes les vertus ; ni l'astre du soir, ni l'étoile du matin, n'inspirent autant d'admiration ; et la maxime d'un poète qui dit que *dans la justice sont comprises toutes les vertus*, est devenue proverbe parmi nous.

C'est surtout parce qu'elle est l'exercice d'une vertu parfaite que la justice est elle-même parfaite ; et elle est telle, parce que celui qui la possède peut en faire usage pour les autres, et non pas seulement pour son propre avantage. Car plusieurs peuvent faire servir la vertu à leur propre utilité, mais non l'employer à l'utilité des autres. Aussi Bias a-t-il eu raison de dire que *l'autorité révèle ce qu'est un homme*, car celui qui a l'autorité ou la puissance est déjà en rapport avec les autres, et dans un état de société ou de communauté. Par la même raison, on peut regarder la justice comme le *bien d'autrui* ; et elle est, entre les vertus, la seule qui soit dans ce cas, puisqu'elle a pour but l'utilité ou l'avantage d'un autre, soit celui qui a la puissance, soit le peuple tout entier.

Le plus méchant des hommes est sans doute celui qui fait servir ses vices à son propre dommage, ou qui nuit à ses amis ; mais le plus vertueux est celui dont la vertu ne sert pas à lui-même, mais aux autres, car c'est là une tâche pénible. Aussi la justice n'est-elle pas une partie de la vertu, mais l'assemblage de toutes les vertus, la vertu tout entière ; et l'injustice, de son côté, n'est point une partie du vice, mais le vice tout entier. On voit clairement par ce qui vient d'être dit, en quoi la vertu diffère de la justice proprement dite; car elle est bien la même chose, mais elle n'a pas la même essence. La vertu, en général et absolument parlant, est une disposition, une habitude d'une espèce particulière et déterminée : en tant que cette habitude se rapporte au bien ou à l'avantage des autres, elle est la *justice*. (*Morale à Nicomaque*, pp. 196-200.)

La justice naturelle a partout la même force, et ne dépend ni des opinions, ni des décrets des hommes. La justice légale regarde les actions indifférentes en elles-mêmes, mais qui cessent de l'être dès que la loi vient à les prescrire ou à les défendre..... En général, toutes les choses de détail sont prescrites par la loi, et tout ce qui est compris dans les *décrets* de l'autorité publique.

Cependant quelques personnes pensent que tout est de ce dernier genre, parce que ce qui est de la nature est immuable, et a partout la même force, au lieu que l'on voit ce qui est juste sujet à des vicissitudes; mais cela n'est vrai que jusqu'à un certain point. Peut-être cette immuabilité de la justice n'existe-t-elle que parmi les dieux, tandis que chez nous il y a des choses qui sont naturellement sujettes au changement, quoique toutes ne le soient pas : il y a donc un droit naturel, et il y en a un qui ne dérive pas de la nature.

Mais il est facile de voir, entre les choses qui sont sujettes au changement, quelle est celle qui peut varier naturellement, et quelle est celle qui ne le peut pas naturellement, mais seulement par l'effet des lois et des conventions, en supposant même que les unes et les autres soient pareillement susceptibles de changer. Mais il en est des choses qui sont justes par convention, et par un simple motif d'utilité ou de convenance, comme des mesures; car celles qui servent à mesurer le vin et les grains, ne sont pas égales dans tous les pays; on les fait plus grandes dans ceux où l'on est dans le cas d'acheter ces denrées, et plus petites, dans les pays où l'on est dans le cas de les vendre. Ainsi, les choses qui ne sont pas naturellement justes, mais qui ne le sont qu'humainement, ne sont pas partout les mêmes, car les formes de gouvernement ne le sont pas non plus; mais il n'y en a qu'une seule qui soit partout conforme à la nature, et la meilleure. Au reste, tout ce qui mérite le nom de juste et de légal est par rapport à nos actions comme le genre par rapport aux individus ; car le nombre des actions est infini : mais chaque action juste ou légale, est une, puisqu'elle appartient, comme telle, à une classe générale.

Mais il y a de la différence entre l'injuste en soi, ou proprement dit, et l'acte injuste, et entre le juste et l'acte de justice; car l'injuste est tel par sa nature, ou par le fait d'une institution, et ce qui a ce caractère, quand on l'a fait, est un acte injuste : mais avant qu'on l'ait fait, il n'est pas encore un acte, mais il est injuste ; et il en est de même d'un acte de justice. (*Id.*, pp. 224-226.)

Pour bien définir ce que c'est en général qu'une action injuste ou une action juste, voici le principe d'où nous partirons. Il y a deux manières de déterminer le juste et l'injuste, soit à l'égard des lois, soit à l'égard des personnes. J'entends par là que la loi peut être particulière ou commune. Une loi particulière est celle qu'un Etat a portée dans son propre sein ; et cette loi même peut n'être pas écrite, de même qu'elle peut l'être. Une loi commune est celle qui vient de la nature ; car il y a un juste et un injuste naturellement universels, que tous les peuples devinent, sans qu'il y ait pour cela entre eux ni communication préalable ni convention. C'est là ce que dit hautement l'Antigone de Sophocle, quand elle soutient qu'il est juste d'ensevelir Polynice, en dépit de la défense qui a été faite, attendu que c'est là un droit de nature, qui n'est pas :

D'aujourd'hui ni d'hier, mais un droit éternel,
Dont l'origine échappe aux regards d'un mortel.

C'est là aussi le motif d'Empédocle quand il recommande de ne jamais tuer un être vivant, parce que ce n'est pas là une action qui soit indifféremment juste aux yeux des uns et injuste aux yeux des autres :

C'est la commune loi de la nature entière,
Régnant aux vastes cieux, et sur l'immense terre.

(*Rhétorique*, pp. 144-146.)

II

JUSTICE DISTRIBUTIVE ET JUSTICE DE COMPENSATION

Nous avons vu, par l'acception générale et complète qu'Aristote donne au mot justice, qu'elle est la vertu même au service de l'utilité d'autrui et que, par cette extension, infinie comme la vertu, elle est bien difficile, sinon impossible à réaliser. Aussi Aristote vient-il au secours de notre faiblesse d'intelligence et de volonté en nous la montrant sous une forme plus humaine, non rapetissée, mais envisagée dans ses diverses manifestations extérieures, dans la pratique de détail dont chacun peut se rendre compte.

Il distingue deux espèces de justice, la justice distributive et la justice de compensation. La première est ainsi appelée parce qu'elle s'applique « au partage ou à la distribution des honneurs, des richesses, en un mot, de tout ce qui se distribue entre les membres d'une même société politique (car toutes ces choses peuvent être l'objet d'un partage égal ou inégal) ». La justice de compensation est destinée à conserver l'ordre et la régularité dans les transactions entre les citoyens. Le principe de l'une et l'autre justice, c'est l'égalité. Ce qui caractérise la justice distributive, c'est que l'égalité doit se trouver dans les choses et dans les personnes : pour que celles-ci puissent posséder des choses égales, il faut qu'il y ait égalité entre elles. L'esprit géométrique d'Aristote a recours à une démonstration mathématique pour nous faire comprendre ces deux formes de la justice. La différence entre elles serait la même qu'entre la proportion géométrique et la proportion arithmétique. Dans la justice distributive, ce qui est dû à chacun serait à proportion du rang et de la dignité. Mais Aristote paraît reconnaître lui-même ce qu'il y a d'illusoire dans cette justice, en rappelant que tous les hommes n'attachent pas la même idée à cette dignité, les uns la faisant consister dans la liberté, les autres dans les richesses ou la noblesse, les autres encore dans la vertu. La liberté n'est appréciable que dans la condition physique ; les richesses le sont d'une façon plus précise ; la noblesse est chose délicate à établir. Quant à la vertu, l'homme ne peut ni ne doit se constituer le juge de ses semblables. Et donner à la vertu une récompense extérieure, n'est-ce pas la rabaisser en lui ôtant son caractère essentiel, le désintéressement ? Rendre à chacun ce qui lui est dû : Telle me semble être l'idée de la justice distributive. Si cette justice est difficile pour ce qui concerne les choses matérielles, elle me paraît strictement impossible à l'égard des choses qui ne se voient ni ne se touchent. Dieu seul peut juger du mérite de chacun et traiter les hommes selon leurs œuvres. L'homme a le droit et même le devoir de distribuer l'approbation ou le blâme, l'estime ou le mépris pour telles actions qui paraissent aux yeux, mais il n'est point juge de la valeur absolue de chacun. Il me semble donc que c'est de sa part la vraie justice que d'exercer l'indulgence et le support envers tous, d'honorer encore la dignité humaine dans ceux qui lui paraissent le plus dignes de mépris, et de ne refuser les bienfaits de sa charité à aucune créature humaine, quelque déchue qu'elle soit.

La justice de compensation, selon Aristote, me

semble plus élevée que sa justice distributive, car elle n'a pas égard à l'apparence de la personne : « la loi n'envisage, en pareil cas, que la différence des délits, et considère comme égaux à ses yeux celui qui commet l'injustice et celui qui la supporte, celui qui a causé le dommage et celui qui l'a souffert ; de sorte que le juge s'efforce de rétablir l'égalité altérée par cette injustice ». L'amende ou la peine imposée à celui qui a fait tort à son prochain, est la juste compensation de l'inégalité dont celui-ci a été victime. Quelle conclusion avons-nous à tirer de la théorie sur la justice de compensation, nous qui n'avons pas à exercer la redoutable fonction de rendre la justice ? C'est de respecter la personne humaine dans tout homme qui est en rapport avec nous, et de voir, à travers toutes les distinctions arbitraires que le monde a établies, des âmes ayant la même origine et la même destinée, les mêmes droits à l'amour et à la justice de leurs semblables.

Nous cherchons ce que c'est que la justice, en tant qu'elle est une partie de la vertu (car il y a, suivant nous, une telle vertu particulière), et nous voulons savoir aussi ce que c'est que l'injustice envisagée sous le même point de vue. Ce qui prouve qu'elle existe en effet, c'est qu'un homme dont les actions sont vicieuses sous d'autres rapports, agit, à la vérité, contre la justice, mais sans qu'il en résulte pour lui aucun profit, aucun avantage. Par exemple, s'il jette son bouclier en prenant la fuite, par lâcheté ; s'il parle mal de quelqu'un, par animosité ; si, par avarice, il refuse de l'argent à quelqu'un qui en a besoin. Au lieu que, lorsqu'il cherche son profit ou son avantage, ce n'est souvent par aucune des passions vicieuses dont on vient de parler; ce n'est surtout pas par toutes à la fois : mais il y a dans sa conduite un vice particulier; et c'est parce qu'elle est contraire à la justice que nous la blâmons. Il y a donc une sorte d'injustice particulière, qui est, pour ainsi dire, une partie de l'injustice, en général, ou prise dans un sens absolu ; il y a l'injuste considéré spécialement, et qui diffère de l'injuste proprement dit, qui est la violation de la loi.....

Il est hors de doute qu'il y a plusieurs sortes de justice; et qu'outre la vertu en général, il y a une vertu particulière qui en diffère. (*Morale à Nicomaque*, pp. 200-203.)

Quant à la justice de détail, s'il le faut ainsi dire, et à ce qu'on appelle juste sous ce rapport, il y en a une espèce qui s'applique au partage ou à la distribution des honneurs, des richesses, en un mot, de tout ce qui se distribue entre les membres d'une même société politique (car toutes ces choses peuvent être l'objet d'un partage égal ou inégal); et il y en a une autre espèce, destinée à conserver l'ordre et la régularité dans les transactions entre citoyens. Et même entre celles-ci, il y en a de volontaires et d'involontaires. Par exemple, les ventes, les achats, les prêts, soit d'argent, soit d'effets, les cautionnements, les dépôts, les salaires, toutes ces transactions sont appelées volontaires, parce que le principe en est dans la volonté de ceux qui y concourent. Mais il en est où l'on se trouve compromis sans le savoir, soit que ceux qui agissent ainsi à notre égard le fassent secrètement et à la dérobée, comme dans le cas du vol, etc. ; soit qu'ils agissent contre nous avec violence et à force ouverte, comme il arrive dans le cas des sévices, de l'emprisonnement, du meurtre, ou quand on ravit avec violence ce qui appartient à un autre, quand on le frappe au point de l'estropier, qu'on lui adresse des paroles offensantes ou des provocations outrageantes. (*Id.*, pp. 203-204.)

Puisque le caractère de l'injustice est l'inégalité, il est évident qu'il doit y avoir un milieu par rapport à ce qui est inégal, et ce milieu sera précisément ce qui est égal. Car, dans toute action où il peut y avoir du plus ou du moins, il doit y avoir aussi une égalité possible; et, par conséquent, si on appelle injuste ce qui s'écarte de cette égalité, le juste sera ce qui y est conforme, ainsi que tout le monde en peut juger sans beaucoup de raisonnements; et puisque c'est dans le milieu que se trouve l'égalité, ce sera là aussi que se trouvera la justice. Or l'égalité ne peut exister qu'entre deux termes au moins: le juste doit donc nécessairement être un milieu, une égalité par rapport à des choses et à des personnes. Comme milieu, il se rapporte à de certaines choses, qui sont le plus et le moins; comme égal, il suppose deux termes; enfin, comme juste, il se rapporte à des personnes. Par conséquent, la notion du juste comprend au moins quatre termes: car cette notion, appliquée aux personnes, en suppose deux; et, appliquée aux choses, elle en suppose aussi deux. Et la même égalité devra se trouver dans les choses et dans les personnes; car le même rapport qui existe entre les choses, doit exister aussi entre les personnes, puisque s'il n'y a pas égalité entre celles-ci, elles ne devront pas posséder des choses égales.

Mais c'est précisément là qu'est la source des querelles et des plaintes, lorsque ceux qui sont égaux n'ont pas ou ne peuvent pas obtenir des avantages égaux, ou lorsque, à mérite inégal, ils en obtiennent d'égaux. Cela devient évident par la comparaison du rang et de la dignité entre les personnes. Car on convient généralement que dans la distribution des honneurs, c'est surtout au rang et à la dignité qu'il faut avoir égard. Mais tous les hommes n'attachent pas la même idée à cette dignité ; les partisans du gouvernement démocratique la font consister dans la liberté ; ceux qui préfèrent l'oligarchie, la voient, soit dans les richesses, soit dans la noblesse ; et les partisans de l'aristocratie, dans la vertu.

La justice consiste donc dans une sorte de proportion ; car la proportionnalité n'est pas exclusivement propre aux nombres abstraits, mais elle est une propriété du nombre en général ; et ce qui constitue la proportion, c'est l'égalité de rapport au moins entre quatre termes. La notion du juste suppose pareillement quatre termes au moins, et le rapport entre eux est le même. Car il y a pareille différence entre les personnes à qui l'on adjuge leur part de certaines choses et entre les choses que l'on distribue...

Le juste est ce qui tient le milieu entre deux termes qui s'éloignent ou s'écartent de la porportion : car la notion de proportionnalité comprend l'idée de moyen terme ; et celle de justice suppose l'idée de proportionnalité.

Les mathématiciens donnent à cette espèce de proportion le nom de *géométrique* ; car ce qui la caractérise, c'est qu'il y ait même relation entre un rapport tout entier, et l'autre rapport, aussi tout entier, qu'entre les deux termes de chaque rapport.

Le caractère de cette sorte de justice est donc la proportionnalité, et le caractère de l'injustice, c'est le défaut de proportion ; car dès lors il y aura d'un côté plus, et de l'autre moins qu'il ne faut. C'est ce qui se voit par les faits mêmes ; car celui qui commet une injustice obtient plus d'avantages, et celui qui la souffre en a moins qu'il n'en doit avoir. C'est tout le contraire quand il s'agit du mal ; car un moindre mal, comparé à un plus grand, peut être compté pour un bien, puisqu'il est certainement préférable à un mal plus grand, et que ce qu'on préfère, c'est toujours le bien, et cela d'autant plus qu'il est plus grand. (*Id.*, pp. 204-208.)

L'autre espèce que l'on peut appeler *justice de compensation* a lieu dans les transactions sociales, tant volontaires qu'involontaires ; mais elle se présente sous une forme différente de la précédente. En effet, la justice qui préside à la distribution des biens communs à tous, se règle toujours sur la proportion que nous avons dite. S'il est question de partager de l'argent qui appartient au public, on devra y observer le même rapport qu'ont entre elles les sommes qui ont été mises en commun ; et l'injustice, opposée à cette sorte de justice, sera de s'écarter de cette proportion.

Quant aux transactions entre citoyens, la justice s'y trouve bien aussi dans l'égalité, et l'injustice dans l'inégalité ; seulement elle ne suit pas la proportion géométrique, mais c'est sur la proportion arithmétique qu'elle se règle. Car il importe peu que ce soit un homme considérable qui ait dépouillé d'une partie de ses biens quelque citoyen des dernières classes du peuple, ou que ce soit celui-ci qui ait fait tort à l'autre ; que ce soit l'un ou l'autre qui ait commis le crime d'adultère : la loi n'envisage, en pareil cas, que la différence des délits, et considère comme égaux à ses yeux celui qui commet l'injustice et celui qui la supporte, celui qui a causé le dommage et celui qui l'a souffert ; de sorte que le juge s'efforce de rétablir l'égalité altérée par cette injustice. En effet, lorsqu'un homme a été frappé, ou a perdu la vie et qu'un autre lui a porté des coups, ou l'a tué, l'action de l'un et le dommage de l'autre se partagent, pour ainsi dire, en deux parts inégales ; et le juge, par l'amende ou la peine qu'il impose, cherche, en diminuant l'avantage de l'une des parties, à rétablir l'égalité entre elles. (*Id.*, pp. 208-209.)

La justice est l'habitude ou la disposition d'après laquelle l'homme équitable fait, par choix, ce qui est juste, et l'observe non seulement dans toutes ses transactions avec les autres, mais aussi dans celles où il n'y a que d'autres personnes qui soient intéressées ; en sorte qu'il ne s'attribuera pas une quantité plus considérable de ce qui est utile ou avantageux, n'en laissant qu'une moindre part à celui avec qui il partage ; ou, au contraire, s'il est question de choses nuisibles ou dommageables ; mais il observera l'égalité proportionnelle avec une scrupuleuse exactitude, et il en agira de même quand il faudra partager entre des personnes étrangères. L'injustice est la disposition entièrement opposée ; elle ne cherche que l'excès en plus dans ce qui est utile, ou en moins dans ce qui peut être nuisible, sans observer ni règle ni proportion. Voilà pourquoi l'excès en plus ou en moins est le caractère de l'injustice ; l'excès en plus quand il s'agit de choses avantageuses à l'homme injuste, et l'excès en moins dans les choses nuisibles ou dangereuses. Quand il n'est pas intéressé lui-même dans cette distribution, mais qu'il est chargé de la faire aux autres, il agit, en général, avec la même partialité ; mais, quant à la proportion, il la règle au hasard et sans scrupule. En fait d'injustice, l'extrême en moins est le lot de celui qui la souffre, et l'extrême en plus, le partage de celui qui la commet. (*Id.*, p. 220.)

III

LA JUSTICE DANS LA RÉCIPROCITÉ

Aristote nous rappelle que « les Pythagoriciens faisaient consister la justice absolue dans une parfaite réciprocité d'action, et qu'ils la définissaient : L'action par laquelle on fait souffrir à un autre ce qu'on a souffert soi-même ». Mais cette sorte de vengeance qui peut n'avoir pas même pour excuse le ressentiment et la colère, puisqu'elle est le résultat d'un froid calcul, ce procédé barbare des peuples primitifs et grossiers, « œil pour œil, et dent pour dent », n'a rien de commun avec la vraie justice qui tient compte de toutes les circonstances d'une action et du degré de responsabilité de celui qui l'a commise. La maxime de Rhadamante : « Qu'il souffre ce qu'il a fait souffrir », me semble mériter la réprobation de Pascal « *summum jus, summa injuria* »; car l'apparente égalité est une criante inégalité. On peut et l'on doit toujours supposer que celui qui fait le mal est aveuglé par l'ignorance ou la passion; mais celui qui le rend, le fait froidement et avec préméditation : il est donc bien plus coupable. Il y a une infinité de cas où la doctrine de la réciprocité n'est pas applicable : un enfant qui maltraite ses parents, parce qu'il en a été maltraité, est un monstre. Un homme fort qui injurie un être plus faible, parce qu'il en a été injurié, est un lâche. Sans doute, la peine du talion est moins inique lorsqu'elle est imposée par un juge impartial, que lorsque l'offensé se rend lui-même justice. Mais là, encore, il n'y a pas d'égalité possible entre le délit et la peine, si ce n'est entre le vol et la restitution imposée au voleur, lorsqu'il s'agit d'une valeur pécuniaire ; partout ailleurs, cette évaluation mesquine aboutit à l'inégalité et, par conséquent, à l'injustice. Et pour les délits involontaires, ce n'est plus que de la barbarie ou de la cruauté.

Dans l'application du principe de la réciprocité aux transactions de la vie sociale, Aristote dit que c'est la proportion et non l'égalité qu'il faut observer. Nous pensons qu'il entend par là qu'il faut tenir compte des personnes et des conditions qui les rendent plus ou moins responsables. Nous ne pouvons admettre comme lui que sans la réciprocité dans le mal, l'état de société serait une pure servitude. Sans doute il faut que le mal soit réprimé ; il est clair que les hommes ne doivent pas se rendre eux-mêmes justice ; mais les magistrats, chargés de ce soin, doivent châtier plutôt que punir, dans l'intérêt de l'ordre social que les méchants ne peuvent troubler impunément. Il n'est pas nécessaire que la peine soit proportionnée

14.

exactement au délit, il suffit qu'une juste peine soit infligée, que celui qui fait le mal volontairement, ou par ignorance, ou par démence, soit rendu incapable de nuire, privé de la liberté dont il a fait un si mauvais usage. Au nom de la générosité qui n'est que la véritable justice, nous écartons aussi le principe de la proportion dans la réciprocité du bien, car ce principe soumettrait à un calcul mesquin l'échange des services mutuels, des procédés bienveillants et des actes de charité qui, par leur désintéressement, entretiennent la vie et la prospérité de la société.

Quelques personnes font consister la justice absolue dans la parfaite réciprocité d'action : c'était la doctrine des Pythagoriciens, qui définissaient la justice : L'action par laquelle on fait souffrir à un autre ce qu'on a souffert soi-même. Mais cette réciprocité ne convient ni à la justice distributive, ni à la justice de compensation, quoi qu'on prétende que telle est la maxime de Rhadamante: « Qu'il souffre ce qu'il a fait souffrir; voilà une sentence rigoureusement juste. » Mais il y a bien des cas où cette maxime ne saurait s'appliquer : par exemple, si un magistrat frappe un simple citoyen, il ne faut pas qu'on le frappe à son tour; et si le citoyen frappe un magistrat, il ne suffit pas qu'il soit frappé de la même manière, il faut encore qu'il soit puni. Ensuite, il y a bien de la différence entre ce qui est volontaire et ce qui ne l'est pas.

Toutefois cette sorte de justice peut s'appliquer aux transactions de la vie sociale; mais c'est la proportion, et non l'égalité qu'il y faut observer.

Car la société ne subsiste que par cette réciprocité qui se règle sur la proportion. En effet, ou les hommes cherchent à rendre le mal pour le mal, autrement l'état de société serait une pure servitude : ou ils cherchent à rendre le bien pour le bien, et, sans cela, il n'y aurait aucune communication, aucun échange de services ; car c'est le commerce qui maintient la société. Aussi a-t-on placé le temple des Grâces dans le lieu le plus accessible, afin de fortifier et d'entretenir dans les citoyens le penchant à l'obligeance réciproque ; car c'est là le propre de la grâce ou de la reconnaissance, et l'on doit s'efforcer de rendre, à son tour, des services à ceux qui nous ont obligés, ou même de les prévenir, en les obligeant, une autre fois. (*Morale à Nicomaque*, pp. 213, 214.)

IV

LE DROIT CIVIL ET LE DROIT NATUREL. — LE MAGISTRAT GARDIEN DE LA LOI CIVILE

Nous avons vu qu'au-dessus de toutes les lois civiles, il y a les lois immuables qui émanent de la raison et de la conscience et qui doivent servir de fondement à toute législation extérieure. Ces lois sont la règle même du juste et constituent le droit naturel, fondé sur la nature même de la personne humaine. Tout homme raisonnable et libre a l'obligation morale de les observer, mais elles ne sont sanctionnées par aucune contrainte extérieure. La loi civile n'a pas le droit de commander tout ce que la vertu commande : l'essence même de la vertu, c'est la liberté morale ; y porter atteinte, ce serait anéantir la vertu même. Le but de la loi morale est de rendre l'homme honnête et juste ; celui de la législation extérieure, de lui assurer l'exercice de sa liberté dans ses rapports avec la liberté de tous. Alors même que la société ne se composerait que d'hommes vertueux, il faudrait encore une loi civile pour régler leurs rapports extérieurs en vue de l'intérêt général.

Le gardien de cette loi que l'opinion vulgaire confond avec la justice même, c'est le magistrat qui, dans l'exercice de ses hautes fonctions, a besoin aussi de vertus supérieures, d'intégrité, de désintéressement et d'impartialité pour juger selon la justice, et de lumières supérieures pour discerner le droit de chacun dans ses rapports avec celui de tous.

Nous ne souffrons pas que l'homme commande, mais nous voulons que ce soit la loi ; parce que l'homme ne consulte alors que son propre intérêt, et devient tyran. Mais le magistrat est le gardien de la justice, et s'il l'est de la justice, il l'est aussi de l'égalité. Cependant s'il est juste, il ne prétend, sous aucun rapport, à des privilèges particuliers; car il ne s'attribue à lui-même une part plus grande du bien en soi, ou proprement dit, qu'autant qu'elle se trouve dans la proportion autorisée ou prescrite par la justice et par la loi. Aussi est-ce pour l'intérêt des autres qu'il travaille ; et c'est par cette raison qu'on dit que la justice est le bien d'autrui. (*Morale à Nicomaque*, p. 222.)

Si quelqu'un a prononcé, sans le savoir, une sentence injuste, il n'est pas l'auteur de l'injustice, il ne viole pas la justice légale, et son jugement même n'est pas injuste ; mais il l'est à quelques égards, car le juste conforme aux lois n'est pas la même chose que le juste pris dans un sens absolu, ou la justice naturelle et primitive. Mais, s'il a jugé injustement en pleine connaissance de cause, il s'attribue alors un privilège de faveur ou de vengeance. (*Id.*, p. 235.)

V

CE QUI EST INVOLONTAIRE N'EST NI JUSTE NI INJUSTE

Tout homme libre et responsable est le gardien de la loi morale dans le gouvernement de lui-même et dans ses rapports avec ses semblables. C'est à lui de l'interpréter, selon les lumières de son esprit et de son cœur, et de l'appliquer aux divers actes de sa vie pour les régler selon la justice. Ces actes ne sont vraiment justes ou injustes que s'ils sont volontaires. Quand on agit involontairement, on peut faire ce qui est contraire à la justice absolue, offenser la loi morale et faire du tort au prochain ; mais ce mal ne doit pas être imputé à celui qui l'a fait, alors même que sa conscience délicate l'en

accuse et lui impose l'obligation de le réparer.
Nous avons déjà vu ce qu'Aristote entend par les
actes volontaires et les actes involontaires. Il nous
le rappelle ici en peu de mots, par rapport à la justice : « J'appelle volontaire, dit-il, ce qu'un homme
fait quand cela dépend de lui, sachant bien et n'ignorant pas à qui, par quel moyen, ni pourquoi il le
fait ». Ce qui dépend de nous, c'est ce que nous
avons le pouvoir de faire ou de ne pas faire. Nous
pouvons le faire avec ou sans préméditation, ce
n'en est pas moins volontaire. L'ignorance, lorsqu'elle n'est pas l'effet de la négligence, est une
cause d'irresponsabilité ; mais dans les actes que
nous faisons sans le savoir, il faut distinguer ceux
qui sont l'effet de l'ignorance absolue, et ceux que
nous accomplissons dans l'aveuglement de la passion. La colère et la fureur ne sont pas des excuses
pour des actes de violence et d'injustice, puisque
l'homme peut et doit maîtriser ses passions.

Les actes de justice que nous faisons par accident, sans connaissance ni détermination, sont, à
la vérité, conformes à la justice, bons au point de
vue général, utiles même à autrui ; mais ils ne
nous sont pas imputables et ne méritent aucune
approbation. Celui-là donc seul est juste qui sait
faire le bien, qui le choisit, le veut et l'accomplit
par amour du bien et par le sentiment de ce qu'il
doit à ses semblables. Il faut ajouter aussi « ce qu'il
doit à lui-même », car Aristote nous montre que
l'on peut être injuste envers soi en faisant prévaloir

l'intérêt de certaines parties de son être, de manière à détruire les rapports nécessaires à la vie morale. On peut donc dire que toute faute envers soi-même et envers le prochain est une injustice.

On pratique la justice, ou on commet l'injustice, quand on les fait volontairement ; mais quand on agit involontairement, on ne fait une action juste, ou un acte d'injustice, que par accident ; car on a simplement fait des actions qui se trouvent être justes ou injustes. C'est donc ce qu'il y a de volontaire et d'involontaire qui constitue la pratique du juste, ou l'acte injuste ; car, lorsqu'il est volontaire, on le blâme, et c'est alors qu'il est en même temps un acte véritablement injuste. En sorte qu'il pourra exister quelque chose d'injuste, qui pourtant ne sera pas encore un acte injuste, si la condition d'être volontaire ne s'y joint pas.

Or j'appelle *volontaire* ce qu'un homme fait, quand cela dépend de lui, sachant bien et n'ignorant pas à qui, par quel moyen, ni pourquoi il le fait...

Or, entre les actions volontaires, il y en a que nous faisons par choix ou par préférence, et d'autres sans détermination prise à l'avance ; nous faisons par choix celles qui sont le résultat d'un dessein prémédité, et sans choix ou sans préférence, celles sur lesquelles nous n'avons point délibéré.

Quant aux actions involontaires, les unes sont dignes de pardon, et les autres ne le sont pas. Car non seulement toutes les fautes que l'on commet sans le savoir, mais aussi celles dont l'ignorance est la cause, sont excusables ; au lieu que toutes celles que l'on commet, non pas, à la vérité par ignorance, mais sans le savoir, parce qu'on se laisse égarer par quelque passion qui n'est ni naturelle, ni dans l'humanité, sont impardonnables. (*Morale à Nicomaque*, pp. 226-230.)

Le juste est, par métaphore et par analogie, le rapport, non pas d'un homme avec lui-même, mais de certaines parties de son être avec d'autres, mais seulement celle qui régit les relations du maître, ou du dispensateur des biens de la famille avec ses esclaves ou ses domestiques ; car c'est sur cette espèce de rapports qu'est fondée la distinction entre la partie raisonnable et la partie irraisonnable de l'âme. En envisageant la chose sous ce point de vue, il semble que l'injustice envers soi-même est possible, parce qu'on peut souffrir, à cet égard, quelque chose qui contrarie nos propres désirs. Il y a donc, dans ce cas, un rapport de justice de l'homme envers lui-même, comme il y en a un de celui qui exerce l'autorité à celui qui y est soumis. (*Id.*, pp. 243-244.)

VI

LA JUSTICE, VERTU DE REPOS

La justice, selon Aristote, est éminemment une vertu de paix, de repos, sans doute parce qu'elle produit un heureux équilibre moral qui procure à l'homme la paix avec lui-même et avec ses semblables, et aux États la tranquillité et la dignité. Aristote distingue entre les vertus de la vie active, telles que le courage et la fermeté qu'on peut appeler des vertus de combat, et celles qui servent à la tranquillité et à l'agrément de la vie, telles que la philosophie, la modération et la justice. Mais il me semble que toutes ces vertus ont leur raison d'être en tout temps, et qu'il faut beaucoup de courage et de fermeté pour être juste, car il est plus difficile de remporter une victoire sur soi-même, sur son égoïsme, que sur des ennemis extérieurs. Aristote reconnaît d'ailleurs « qu'il faut de la modération et de la justice, dans les deux sortes de circonstances », tout en ajoutant « mais plus encore, quand on jouit de la paix et d'un repos durable ». Il en est de même de la philosophie, c'est-à-dire de la sagesse, de l'empire de la raison. Nous n'avons pas ici à considérer les effets de la lutte et ceux du repos sur les peuples : l'histoire nous prouve que beaucoup de nations ont supporté victorieusement les fatigues de la guerre et qu'aucune n'a résisté à l'enivrement du succès. Et si nous remarquons ce qui se passe chez les individus, si nous nous interrogeons nous-mêmes, nous reconnaissons, en effet, que la vertu est plus difficile dans la prospérité qui développe l'orgueil et l'égoïsme, que dans l'adversité et la lutte qui exerce sans cesse notre activité et nous rend vigilants sur nous-mêmes. Heureux du succès, nous sommes tentés de nous l'attribuer à nous-mêmes plutôt qu'aux hasards de la fortune et aux dispensations de la Providence; nous y voyons le fruit de notre sagesse et de notre courage, et nous nous en glorifions nous-mêmes, en nous élevant peut-être au-dessus de ceux qui n'ont pas le même bonheur. C'est là déjà une injustice dans nos jugements, sinon dans nos actes; et les actes ne tardent pas à suivre. Fiers de notre prétendue supériorité, nous nous efforçons de la faire prévaloir, et si nous ne rencontrons pas une ferme résistance, nous nous arrogeons des droits sur autrui, et notre volonté, nos caprices même deviennent des lois. C'est ainsi que, par notre immodération, nous nous exposons à commettre injustice sur injustice. Les vices se tiennent, et il n'y a réellement qu'un vice, le vice, comme il n'y a qu'une vertu, la vertu, toujours ferme et courageuse pour se conduire selon la raison et la justice, même « dans cet état de prospérité non interrompue où, pour parler comme les poètes, il semble qu'on habite les *îles fortunées* ».

Puisqu'il semble que les hommes doivent se proposer un même but (soit considérés individuellement, soit pris en masse); et que l'homme le plus vertueux, comme le gouvernement le plus parfait, doivent tendre à une même fin, il est hors de doute qu'on doit acquérir les vertus qui contribuent à la tranquillité. Car la fin ou le but de la guerre, c'est la paix; le but du travail, c'est le repos.

Mais les vertus qui servent à la tranquillité et à l'agrément de la vie, sont celles dont on fait usage dans les moments de loisir, aussi bien que dans la vie active. Car il y a bien des choses qu'il faut nécessairement se procurer, pour pouvoir se livrer au repos. Par cette raison, pour qu'un Etat soit sagement constitué, il faut que les citoyens y soient braves et endurcis à la fatigue; car : *Point de repos pour les esclaves*, dit le proverbe. Or, ceux qui sont incapables de s'exposer courageusement aux dangers, peuvent devenir les esclaves des premiers qui entreprendront de les attaquer.

Au reste, c'est la vie active qui demande du courage et de la fermeté; mais, dans les intervalles de repos ou de tranquillité, il faut de la philosophie. Il faut de la modération et de la justice, dans ces deux sortes de circonstances, mais plus encore, quand on jouit de la paix et d'un repos durable. Car la guerre nous force à être justes et modérés; mais l'enivrement des succès, et le repos qui accompagne une situation paisible, sont plus propres à produire l'insolence.

Ceux donc qui semblent jouir de la plus grande félicité, et à qui tout réussit, ont besoin de beaucoup de justice et de beaucoup de modération; par exemple, dans cet état de prospérité non interrompue, où, pour parler comme les poètes, il semble qu'on habite *les îles fortunées*. Car c'est alors surtout qu'il faut d'autant plus de philosophie, de justice et de tempérance, que l'on nage, pour ainsi dire, dans l'abondance de toutes sortes de biens. On voit clairement par là que ces mêmes vertus doivent être le partage de tout état qui aspire à jouir du bonheur, et qui est sagement constitué. S'il y a de la honte à être incapable d'user des biens que l'on possède, il y en a plus encore à n'en pouvoir pas profiter, quand on jouit d'une tranquillité parfaite; à se montrer généreux et brave au milieu de la guerre et des dangers, tandis qu'on serait servile et lâche, au sein de la paix et du repos. (*Politique*, pp. 486-487.)

CHAPITRE VI

L'ÉQUITÉ

I

Nous consacrons à l'équité un chapitre à part, moins parce qu'elle diffère de la justice proprement dite que pour faire mieux remarquer des pages particulièrement belles où la clarté lumineuse répond à l'élévation de la pensée. L'idée de l'équité se trouve déjà dans certains textes d'Aristote sur le droit naturel et les lois universelles de la justice absolue. Mais dans les textes qui vont suivre, nous saisissons mieux les rapports entre la justice et l'équité. Il ressort de là que l'équitable est toujours juste, et que le juste peut n'être pas équitable. Aristote définit l'homme équitable « celui qui, dans ses déterminations et dans ses actions, sait s'écarter de la justice rigoureuse quand elle peut avoir des inconvénients et qui, s'appuyant toujours sur la loi, sait en adoucir la rigueur ». La justice rigoureuse, c'est la loi écrite qui est plus ou moins générale, parce que le législateur n'a pu prévoir tous les cas particuliers, ni édicter des dispositions qui y répondent. Pour nous faire comprendre comment l'homme équitable s'écarte de la justice de la lettre, tout en s'appuyant sur la loi, Aristote se sert d'une comparaison : « Comme ces règles de plomb, dit-il, dont les Lesbiens font usage dans leurs constructions et qui, s'adaptant à la forme de la pierre, ne conservent pas l'invariable direction de la ligne droite; ainsi les décisions particulières doivent s'accommoder aux cas qui se présentent ». Il me semble que l'équité, c'est l'humanité, l'indulgence, la bonté et la charité dans l'interprétation de la loi, ou dans son application à des cas donnés. C'est l'esprit même qui vivifie la loi selon les besoins des êtres concrets, vivants et agissants qui sont jugés par elle et qui ne doivent pas être traités comme des abstractions. Un juge équitable considère, non le fait isolé qu'il est appelé à juger, mais les circonstances dans lesquelles ce fait a été accompli. Il en recherche l'intention; il le rapproche d'autres faits antérieurs, surtout de ceux qui sont à l'avantage du délinquant, dont il interroge toute la vie pour savoir s'il a failli, par accident ou par l'entraînement d'habitudes vicieuses. La véritable justice dans nos rapports avec nos semblables, c'est l'équité, cette vertu de l'indulgence, cette juste commisération pour les faiblesses de l'humanité auxquelles nous participons tous plus ou moins, cette disposition facile à nous désister d'une partie de nos droits et à subir quelque préjudice pour l'amour de la paix et par bienveillance pour le prochain. La justice stricte n'appartient pas à des êtres ignorants et faillibles, qui doivent être miséricordieux, parce qu'eux-mêmes ont besoin de miséricorde.

Il convient de faire voir quel rapport il y a entre la justice et l'équité, entre ce qui est juste et ce qui est équitable. Car on trouve, en les considérant avec attention, que ce n'est pas tout à fait une seule et même chose, quoiqu'il n'y ait pas de différence spécifique de l'une à l'autre. Il y a des circonstances où nous louons ce qui est équitable, et l'homme qui a ce caractère ; en sorte qu'en certains cas, nous employons l'expression *plus équitable*, au lieu de bon ou juste, pour manifester notre approbation ; donnant à entendre par là que la chose est mieux ainsi. Et, d'un autre côté, à ne consulter que la raison, si ce qui est équitable est quelque chose qui s'écarte de la justice, il semble assez étrange qu'on lui donne son approbation. Car, enfin, ou le juste n'est pas conforme à la vertu, ou ce qui est équitable n'est pas juste (s'il est autre chose) ; ou bien si l'un et l'autre sont conformes à la vertu, ils ne sont qu'une même chose. Voilà précisément ce qui fait naître le doute et l'embarras au sujet de ce qu'on appelle équitable. Cependant ces expressions sont toutes exactes sous un certain point de vue, et n'ont rien de contradictoire. Car ce qui est équitable, étant préférable à une chose juste d'une certaine espèce, est assurément juste ; et, puisqu'il n'est pas une espèce autre ou entièrement différente du juste, il est préférable au juste. Le juste et l'équitable sont donc, en ce sens, une même chose, l'un et l'autre sont conformes à la vertu, l'équitable mérite la préférence.

Mais ce qui fait la difficulté, c'est que l'équitable, bien qu'il soit juste, n'est pas exactement conforme à la loi, mais il est plutôt une modification avantageuse du juste qui est rigoureusement légal. Cela vient de ce que toute loi est générale, et qu'il y a des cas sur lesquels il n'est pas possible de prononcer généralement avec une parfaite justesse. Et, par conséquent, dans les choses sur lesquelles la loi est obligée de s'expliquer d'une manière générale, quoique ses décisions ne soient pas susceptibles d'une extrême précision, elle embrasse ce qui arrive le plus communément, sans se dissimuler l'erreur qui peut résulter de ses décisions, et elle n'en est pas moins ce qu'elle doit être ; car l'erreur ne vient ni de la loi, ni du législateur, mais de la nature même de la chose, puisque la matière des actions humaines est précisément telle.

Lors donc que la loi s'explique d'une manière générale, et qu'il se rencontre des circonstances auxquelles ces expressions générales ne peuvent pas s'appliquer, alors on a raison de suppléer ce que le législateur a omis, ou de rectifier l'erreur qui résulte de ses expressions trop générales, en interprétant ce qu'il dirait lui-même, s'il était présent, et ce qu'il aurait prescrit par sa loi, s'il avait eu connaissance du fait. Voilà pourquoi il y a une justice préférable à la justice rigoureuse dans tel cas particulier ; non pas à la justice absolue, mais à celle qui prononce en des termes absolus, qui dans ce cas sont une cause d'erreur ; et telle est précisément la nature de l'équité : elle remédie à l'inconvénient qui naît de la généralité de la loi. Car ce qui fait que tout n'est pas compris dans la loi, c'est qu'il y a des cas particuliers sur lesquels il est impossible qu'elle s'explique : en sorte qu'il faut avoir recours à une décision particulière, car la règle de ce qui est indéterminé doit être elle-même indéterminée. Comme ces règles de plomb, dont les Lesbiens font usage dans leurs constructions, et qui, s'adaptant à la forme de la pierre, ne conservent pas l'invariable direction de la ligne droite ; ainsi les décisions particulières doivent s'accommoder aux cas qui se présentent.

On voit donc ce que c'est que l'équitable et le juste, et à quelle sorte de juste il est préférable ; et l'on voit encore par là ce que c'est qu'un homme équitable : c'est celui qui, dans ses déterminations et dans ses actions, sait s'écarter de la justice rigoureuse quand elle peut avoir des inconvénients, et qui, s'appuyant toujours sur la loi, sait en adoucir la rigueur. Cette habitude ou disposition d'esprit, est précisément l'équité, c'est une sorte de justice, ou une habitude qui ne diffère réellement pas de la justice. (*Morale à Nicomaque*, pp. 237-241.)

L'équité est une justice en dehors de ce que la loi civile peut ordonner. Ces lacunes de la loi s'y trouvent tantôt contre la volonté des législateurs et tantôt par leur volonté. C'est contre leur volonté quand c'est un simple oubli, et par leur pleine volonté quand ils se sentent hors d'état de rien prescrire, parce qu'ils ne peuvent nécessairement disposer que d'une manière générale et non pour le cas particulier, dont il s'agit, ne pouvant prévoir que les cas les plus ordinaires. Ils doivent s'abstenir, parce que le détail des circonstances serait infini, et par conséquent impossible : par exemple, s'il s'agit de la défense de frapper personne avec le fer, on ne peut déterminer ni la longueur ni la nature de l'arme ; car la vie ne suffirait pas à cette énumération. Si donc la matière ne peut être définie, et qu'il faille cependant porter une loi, on est bien forcé de prendre les termes les plus généraux et les plus simples. Il en résulte alors que, si quelqu'un a par hasard un anneau de fer à un doigt, et qu'il lève la main sur un autre en le frappant, aux termes stricts de la loi écrite, il est exposé à la poursuite et il est coupable ; mais dans le fait il ne l'est pas, et c'est là qu'intervient l'équité.

Si l'équité est bien ce qu'on vient de dire, on voit évidemment quels sont les objets auxquels l'équité s'applique et ne s'applique pas, et quels sont les accusés qu'elle ne peut sauver. L'équité ne décide que pour les cas où l'indulgence est nécessaire. On ne peut pas punir également les maladresses et les délits ; on ne peut non plus mettre sur la même ligne les maladresses et les malheurs. Les malheurs ce sont tous les accidents qu'il était impossible de prévoir et où il n'entre aucune intention mauvaise ; les maladresses sont les accidents qui pouvaient être prévus, mais qui ne supposent pas une intention malfaisante. Au contraire, les délits sont les actes qui n'ont rien d'imprévu et qui viennent de la méchanceté ; car tout ce que la passion fait faire suppose aussi une intention perverse.

L'équité consiste à pardonner aux faiblesses de l'humanité ; à regarder non à la loi, mais au législateur ; à considérer non la lettre, mais l'esprit des dispositions qu'il a prises; non l'acte lui-même, mais l'intention ; non la partie, mais le tout ; à bien peser, non pas ce qu'est actuellement le délinquant, mais ce qu'il a toujours été ou ce qu'il a été le plus longtemps. L'équité consiste encore à se souvenir du bien qu'on a éprouvé plutôt que du mal qu'on a souffert ; du bien qu'on a reçu plutôt que de celui qu'on a fait. Elle consiste à supporter patiemment un dommage qu'on subit ; à vouloir gagner son procès devant la raison plutôt que matériellement ; enfin, à s'en rapporter plus volontiers à des arbitres qu'à un tribunal ; car l'arbitre peut voir ce que l'équité autorise, et le juge ne peut voir que la loi ; et l'on n'a imaginé les arbitres que pour assurer le triomphe de l'équité. (*Rhétorique*, pp. 150-153.)

Nous regardons l'homme équitable comme essentiellement *indulgent*, et nous reconnaissons la juste appréciation des choses à ce caractère d'indulgence. Or, l'indulgence est un jugement exact et juste de ce qui est bien ; et ce jugement est juste, quand il est conforme à ce qui est vrai. (*Morale à Nicomaque*, p. 272.)

L'équité est le trait caractéristique et commun de tout ce qu'il y a de bon et de bien dans les rapports d'homme à homme. (*Id.*, p. 273.)

II

LA SOURCE DE L'ÉQUITÉ, LE DROIT ÉTERNEL

La source de l'équité, c'est la loi commune, immuable, le droit naturel ou plutôt le droit éternel qui se révèle à toute conscience humaine. Plus que tous les autres peuples de l'antiquité, les Grecs, idéalistes par excellence, en avaient le sentiment ; et, dans la pratique, dans l'administration de la justice, c'est plutôt la voix de l'équité qui était écoutée, c'est la loi commune qui était appliquée, car, même dans le petit nombre de lois écrites, c'est de l'esprit, non de la lettre, que l'on s'inspirait. Dans les plus grandes œuvres de leurs poëtes, nous trouvons le sentiment d'une loi souverainement élevée au-dessus de toutes celles qui s'écrivent et à laquelle avant tout, les hommes doivent respect et obéissance. Sophocle surtout, en en mettant l'expression dans la bouche d'une jeune fille, ignorante comme les femmes grecques en général, nous fait sentir ce que cette loi a de réel, d'auguste et d'imprescriptible. Elle est comme la voix du Dieu de vérité et de justice qui se répercute dans la conscience.

Les Romains, si formalistes, rendaient aussi hommage au droit naturel, dans leurs tribunaux domestiques qui s'inspiraient des sentiments humains, non des textes absolus qui réglaient la justice publique. Les législations modernes doivent s'en rapprocher de plus en plus pour être en rapport avec la morale individuelle et la morale sociale. Le formalisme de bien des textes surannés a besoin d'être vivifié par le spiritualisme d'Aristote qui nous donne une si haute idée de l'admirable génie des Grecs. « Il est de toute évidence, nous dit-il que, si la loi écrite est contraire à l'acte qu'on discute, il faut s'en référer à la loi commune et à l'équité, comme étant plus juste que la loi formelle. » Et ailleurs : « Le juge est comme l'orfèvre qui touche l'argent : il doit discerner la véritable justice de la justice falsifiée ».

Il est de toute évidence que, si la loi écrite est contraire à l'acte qu'on discute, il faut s'en référer à la loi commune et à l'équité, comme étant plus justes que la loi formelle. On soutiendra que c'est juger en toute conscience que de ne pas appliquer les lois écrites dans toute leur rigueur ; que l'équité est immuable comme la loi commune, et qu'elle n'est pas sujette à jamais changer, parce qu'elle est conforme à la nature. Au contraire, les lois écrites changent à tout moment. De là, les belles maximes de Sophocle dans son *Antigone*. L'héroïne se justifie d'avoir enseveli Polynice, en disant qu'elle a violé la loi de Créon, mais qu'elle n'a pas violé la loi non écrite, le droit de nature, qui n'est pas :

> D'aujourd'hui ni d'hier, mais un droit éternel...
> Devais-je le braver pour l'ordre d'un mortel ?

On dira encore que le droit réel est celui qui est vrai et utile, et non celui qui n'en a que l'apparence ; que la loi véritable n'est pas la loi qui est écrite, parce que celle-là n'a pas l'effet d'une loi réelle ; que le juge est comme l'orfèvre qui touche l'argent, et qu'il doit discerner la véritable justice de la justice falsifiée, et qu'enfin il est d'un plus honnête homme d'obéir religieusement et de s'en tenir aux lois non écrites plutôt qu'aux lois positives. (*Rhétorique*, pp. 158-160.)

III

L'ÉQUITÉ SE CONFOND AVEC L'HONNÊTETÉ

L'équité n'est possible qu'à une âme droite qui assure aussi la rectitude du jugement. Elle se confond donc avec l'honnêteté même. L'honnête homme, selon Aristote, est celui qui se conforme au droit naturel. Il cède de son droit là où le législateur est dans l'impuissance de le déterminer avec précision. Mais il ne rabat rien sur les droits qui sont conférés par la nature, c'est-à-dire sur ceux qui constituent la personne morale et qu'on ne peut abandonner sans perdre sa dignité. Il renonce à des droits légaux, précisément parce qu'ils ne touchent pas à sa personne et que sa bienveillance le dispose à complaire à ses semblables, aux dépens de son intérêt particulier.

« L'honnêteté unie à la bonté, la beauté morale, tel est le caractère de l'homme complètement vertueux, désigné dans la langue grecque par une expression composée de deux mots. » Aristote ajoute : « On dit d'un homme qu'il est honnête et bon, pour expliquer qu'il est d'une vertu accomplie. Du reste, cette expression générale d'honnête et bon peut s'appliquer à la vertu dans toutes ses nuances. » Ainsi sommes-nous toujours amenés à la même conclusion, savoir, qu'il n'y a pas des vertus, mais la vertu, la beauté de l'âme limpide et pure qui réfléchit le vrai et le bien sous un nombre infini d'aspects.

L'équité qu'assure la rectitude du jugement, s'applique aux même cas que l'honnêteté; c'est-à-dire aux droits passés sous silence par le législateur, qui n'a pu les déterminer tous avec précision. L'homme équitable juge des lacunes laissées par la législation; et, tout en reconnaissant ces lacunes, il n'en constate pas moins que le droit qu'il réclame est bien fondé. C'est donc le discernement qui fait surtout l'homme équitable. Ainsi, l'équité, qui distingue exactement les choses, ne saurait exister sans l'honnêteté; car c'est à l'homme équitable et de sens droit de juger les cas ; mais c'est ensuite à l'honnête homme d'agir suivant le jugement ainsi porté. (*Grande Morale*, p. 114.)

L'honnêteté est la qualité de l'homme qui exige moins que ne lui assureraient ses droits fondés sur la loi. Il y a une foule de choses où le législateur est dans l'impuissance de déterminer avec précision les cas particuliers, et pour lesquelles il ne dispose que d'une manière générale. Or, céder de son droit dans les choses de ce genre, et ne demander que ce que le législateur aurait voulu, mais n'a pu dans tous les cas particuliers préciser, malgré son désir, c'est faire acte d'honnêteté. Mais l'honnête homme ne réduit pas indistinctement tous ses droits; il ne rabat rien sur ses droits qui sont conférés par la nature et qui sont véritablement des droits ; il ne réduit que ses droits légaux, que le législateur dans son impuissance a dû laisser indécis. (*Id.*, pp. 113-114.)

Nous ne désapprouvons pas l'expression, composée de deux mots dans la langue grecque, par laquelle on désigne le caractère de l'homme complètement vertueux : l'honnêteté unie à la bonté, la beauté morale ; car on dit d'un homme qu'il est honnête et bon, pour exprimer qu'il est d'une vertu accomplie. Du reste, cette expression générale d'honnête et bon peut s'appliquer à la vertu dans toutes ses nuances, à la justice, au courage, à la sagesse en un mot, à toutes les vertus sans exception. Mais, en divisant le mot dans les deux éléments dont il est formé, nous disons qu'il y a des choses qui sont spécialement honnêtes, et d'autres qui sont spécialement bonnes et belles. Parmi les choses bonnes, il y en a qui le sont d'une manière absolue, et d'autres qui ne le sont pas absolument. Les choses honnêtes et belles sont, par exemple, les vertus et tous les actes que la vertu inspire. Les choses bonnes, les biens sont le pouvoir, la richesse, la gloire, les honneurs et les autres avantages analogues. Ainsi donc, l'homme honnête et bon est celui pour qui les biens absolus sont les biens qu'il poursuit, et pour qui les choses absolument belles sont les belles choses qu'il tâche de faire. Voilà l'homme honnête et bon ; voilà la beauté morale. (*Id.*, pp. 166-167.)

CHAPITRE VII

LA LIBÉRALITÉ

I

La libéralité, telle qu'Aristote nous la dépeint, me semble être une des formes de la bonté et de la charité, savoir, la bienfaisance qui consiste à se servir de ses biens pour faire des bonnes œuvres, soulager les nécessiteux, assister ceux qui ont besoin de secours, et faire participer aux dons de la fortune le plus grand nombre possible de déshérités. Le libéral n'est pas celui qui dispense ses biens sans discernement ni mesure : il ne cède pas sans réflexion à un entraînement du cœur qui aurait encore en soi quelque chose de louable. Il discerne les cas où il convient de donner et proportionne ses bienfaits aux circonstances, aux besoins de ceux qu'il oblige ; il essaie même, jusqu'à un certain point, de faire le bien avec justice et équité, selon le mérite de ceux qui invoquent son assistance. « Il donnera, dit Aristote, à ceux à qu'il est convenable de donner, et autant qu'il le faudra, et dans les circonstances convenables : en un mot, il se conformera à toutes les conditions qu'exige, en ce cas, la droite raison. » Celui qui agit ainsi, avec une si entière possession de soi, me semble être pénétré du sentiment d'une mission à remplir, d'un ministère à exercer au nom du maître qui lui a confié ses biens pour en être le judicieux et fidèle dispensateur. Mais à l'action de la raison et de la conscience se joint aussi la spontanéité du cœur. Le libéral donne avec joie, avec la promptitude de la bonne volonté, parce qu'il est ému des misères qu'il cherche à soulager et qu'il trouve son bonheur à faire celui des autres. Il n'est pas guidé, dans ses bienfaits, par le désir de la louange et de la considération : il ne publie pas ses bonnes actions, il les fait avec simplicité, avec discrétion et délicatesse, de peur de blesser ceux qui en sont l'objet. Il fait le bien parce qu'il aime le bien, et qu'il est rempli de sympathie pour tous ceux qui souffrent. Il ne donne pas seulement de son superflu, mais il aime à s'imposer des privations pour donner plus abondamment. Il s'oublie lui-même ; il met un frein à ses caprices, à ses désirs, il restreint ses besoins mêmes pour faire plus d'heureux.

Le libéral, selon Aristote, ne s'interdit pas de recevoir, mais il ne reçoit pas tout ce qui lui est équitablement dû. « Il ne négligera pas le soin de sa fortune, puisqu'il désire y trouver les moyens d'aider les autres... La disposition à acquérir convenablement est une conséquence naturelle du penchant à donner d'une manière convenable. » Ce qui me semble distinguer la libéralité de la bienfaisance, c'est que celle-ci ne s'exerce qu'à l'égard des malheureux ; tandis que la libéralité a un sens plus étendu, puisqu'elle comprend tous les dons faits dans un noble but, par amour du beau, comme par amour du bien.

« La magnificence, ainsi que nous le dit Aristote, se rapporte aussi à l'emploi des richesses, mais elle n'embrasse que les occasions de dépenses considérables. » Si elle surpasse en importance la libéralité, elle n'est cependant pas plus digne de louange. Il ne dépend pas de nous d'être magnifiques, ni même de faire de grandes libéralités. Mais la valeur du don est dans l'intention, dans la sincérité du sentiment qui l'inspire, dans le don du cœur ; et les plus déshérités en biens de ce monde sont, à leur gré, riches et puissants par le cœur.

Celui qui possède la vertu relative aux richesses, sera aussi capable d'en faire le meilleur emploi. C'est donc celui là qui est *libéral*. Au reste, l'emploi, en ce genre, consiste plus particulièrement à dépenser et à donner : mais l'acquisition et la conservation doivent plutôt s'appeler *possession*, et par cette raison, le fait du libéral est de donner à qui il convient, plutôt que de recevoir de qui il doit ou bien de ne pas prendre où il ne faut pas ; car la vertu consiste à faire du bien, plutôt qu'à en recevoir ; à s'honorer par des actions estimables, plutôt qu'à éviter d'en commettre de honteuses. Il est, d'ailleurs, facile de voir que l'accomplissement des actions généreuses est la conséquence naturelle du penchant à donner, au lieu que recevoir ne produit qu'une satisfaction personnelle dans laquelle on a, tout au plus, le mérite de ne pas faire une chose honteuse ; aussi la reconnaissance s'attache-t-elle à celui qui donne, et non à celui qui ne reçoit pas, et les éloges s'adressent plus à l'un qu'à l'autre. Il est aussi plus facile de ne pas recevoir que de donner, parce qu'en général les hommes sont moins disposés à se dépouiller de ce qui leur appartient, qu'à ne pas prendre ce qui appartient aux autres. On appelle donc libéraux ceux qui donnent. Quant à ceux qui ne reçoivent pas, ce n'est pas à leur libéralité qu'on applaudit, mais plutôt à leur équité ; mais on ne loue en aucune façon ceux qui acceptent les dons qu'on leur fait. La libéralité est peut-être de toutes les vertus celle qui fait le plus chérir ceux qui la possèdent. Car ils sont utiles aux autres hommes, et c'est précisément dans les dons, ou dans le penchant à donner, que consiste cette utilité.

Les actions que l'on fait par vertu, et en vue de ce qui est honorable et beau sont proprement les belles actions. Le libéral donnera donc par ces nobles motifs, et en se conformant à la raison ; c'est-à-dire qu'il donnera à ceux à qui il est convenable de donner et autant qu'il le faudra, et dans les circonstances convenables ; en un mot, il se conformera à toutes les conditions qu'exige, en ce cas, la droite raison : et il le fera avec joie, ou du moins sans peine ; car c'est le caractère des actions vertueuses, on ne doit point les faire à regret. Celui qui donne comme il ne faut pas, ou sans se proposer un but honnête, mais par quelque autre motif, n'est pas libéral ; il faudra lui donner quelque autre nom. Celui qui ne donne qu'à regret ne l'est pas non plus, puisqu'il préférerait l'argent à une bonne action, ce qui n'est pas d'un homme libéral.

Il se gardera bien aussi d'en prendre d'où il ne doit pas ; car cela n'est pas d'un homme qui ne fait pas une trop haute estime de l'argent. Enfin, il ne se montrera pas indiscret dans ses demandes ; car rien n'est plus étranger aux habitudes de la bienfaisance que cette facilité à contracter des obligations ; mais il prendra où il faut ; par exemple, sur ses propres revenus, non parce que cela est honorable, mais parce que cela est nécessaire pour pouvoir faire des dons. Il ne négligera pas le soin de sa fortune, puisqu'il désire y trouver les moyens d'aider les autres ; et il ne la prodiguera pas sans discernement à tout venant, afin de se réserver la possibilité de donner aux personnes dans les occasions et de la manière convenables. (*Morale à Nicomaque*, pp. 141-144.)

L'homme véritablement libéral doit donner avec largesse, et de manière à se réserver à lui-même moins qu'il ne donne aux autres ; car c'est précisément cet oubli de soi qui le caractérise. Au reste, c'est par la fortune qu'un homme possède qu'on peut apprécier sa libéralité ; car ce n'est pas la quantité des choses que l'on donne qui constitue cette vertu, mais c'est l'habitude ou la disposition d'âme de celui qui donne : or, le libéral donne en proportion des biens qu'il possède ; et il est très possible que celui qui donne moins, soit réellement plus libéral, s'il prend ses dons sur une fortune moins considérable. Ceux qui jouissent d'un bien qui leur a été transmis, sont plus libéraux que ceux qui ont fait eux-mêmes leur fortune, parce qu'ils n'ont point éprouvé l'indigence et qu'en général on tient plus au produit de son travail, à ce qu'on peut regarder comme son propre ouvrage, comme on le voit par l'exemple des pères ou des mères, et des poètes.

Mais il n'est pas facile au libéral de s'enrichir, n'étant ni avide d'acquérir, ni appliqué à conserver, mais aimant au contraire à prodiguer l'argent, sans y attacher un grand prix en lui-même, et ne l'estimant que par le plaisir qu'il trouve à le donner. Voilà pourquoi on reproche si souvent à la fortune de n'accorder ses faveurs qu'à ceux qui en sont le moins dignes; et ce n'est pas sans raison, car il en est de l'argent comme de toutes les autres choses, on n'en peut avoir sans s'appliquer aux moyens d'en acquérir.

Cependant le libéral ne fera des dons ni aux personnes à qui on n'en doit pas faire, ni dans les occasions où il ne le faut pas, et il ne manquera à aucune des autres convenances; car ce ne serait plus agir libéralement, et, après avoir ainsi dépensé sa fortune, il ne lui resterait plus de quoi satisfaire aux dépenses convenables. Car, comme je l'ai dit, on n'est libéral qu'autant que l'on proportionne sa dépense à la fortune qu'on a, et qu'on en fait un emploi raisonnable; celui qui donne dans l'excès est un prodigue. C'est pour cela qu'on ne donne pas ce nom aux tyrans, parce qu'il leur est difficile d'épuiser par leurs dons, ou par leurs dépenses, l'immensité des trésors qu'ils possèdent.

Puisque la libéralité est un certain milieu par rapport à l'acquisition et à l'emploi des richesses, le libéral donnera et dépensera pour les choses convenables, et autant qu'il le faut, dans les occasions peu importantes, aussi bien que dans les grandes, et toujours avec plaisir; et il saura trouver des ressources où il doit, et autant qu'il faut, car, puisque la vertu consiste à observer un juste milieu dans ces deux choses (donner et recevoir), il fera l'un et l'autre comme il faut ; et, en effet, la disposition à acquérir convenablement est une conséquence naturelle du penchant à donner d'une manière convenable : celle qui ne serait pas telle serait tout le contraire. Ainsi donc ces deux manières d'être qui se suivent l'une et l'autre se rencontrent toujours dans la même personne ; et il est facile de voir qu'il n'en est pas ainsi des manières d'être contraires. Mais s'il arrive à l'homme libéral de faire quelque dépense peu convenable ou déplacée, il en sera affligé sans doute, mais sans excès, et comme il doit l'être ; car le propre de la vertu, c'est de n'être accessible au plaisir ou à la peine que pour des sujets convenables, et dans la mesure qu'il faut. Le libéral est d'ailleurs facile en affaires d'intérêts, car il peut souffrir même des injustices, faisant peu de cas des richesses, et étant plus susceptible d'éprouver de la peine, quand il lui arrive de ne pas dépenser dans quelque occasion où cela eût été convenable, que de s'affliger pour avoir fait quelque dépense déplacée. (*Id.*, pp. 144-146.)

La magnificence est, en général, regardée comme une des vertus qui se rapportent à l'emploi des richesses : cependant elle n'embrasse pas, comme la libéralité, toutes les actions relatives à cet emploi, mais seulement les occasions de dépenses considérables. A cet égard donc, elle surpasse en importance la libéralité, comme l'indique le nom qu'on lui a donné. On ne donne pas le nom de magnifique à celui qui ne fait qu'une dépense proportionnée à des sujets ou peu considérables, ou d'un médiocre intérêt, mais on appelle magnifique celui qui se montre généreux dans les grandes occasions : car le magnifique est sans doute libéral, mais le libéral n'est pas toujours magnifique...

Il y a dans le magnifique comme un degré de science ou de connaissance, puisqu'il est capable de juger de ce qui convient, et de faire de grandes dépenses avec noblesse et dignité. Car l'habitude est déterminée par les actes qui la constituent : or les dépenses du magnifique sont considérables et convenables ; tels devront donc être aussi les ouvrages qui en seront le produit ou le résultat. Car ce n'est que de cette manière que sa dépense étant considérable, pourra être en proportion avec l'œuvre ; en sorte qu'il soit digne des grandes sommes qu'on y consacre, et que réciproquement la dépense soit digne du résultat qu'on en obtient, ou même le surpasse, et, dans cet excès même, le magnifique n'aura en vue que ce qui est honorable et beau, car tel est le caractère commun de toutes les vertus. (*Id.*, pp. 152-154.)

II

LA PRODIGALITÉ ET L'AVARICE

Selon Aristote, l'excès de la libéralité, c'est la prodigalité. Mais il me semble qu'entre ces deux manières d'être, il y a autre chose qu'une différence de plus à moins, puisqu'elles partent de principes entièrement différents. La libéralité s'applique aux dépenses qui ont pour objet le non-moi, tandis que la prodigalité se montre indistinctement dans toutes les dépenses pour soi et pour autrui. Le principe de la libéralité est la bonté, la générosité qui procède d'une certaine grandeur du cœur et se manifeste dans tout ce qui en émane ; on pourrait dire que la libéralité est une sorte de largeur, d'expansion du cœur qui se communique à la main, et se traduit par des largesses et des dons. La prodigalité n'a pour ainsi dire point de principe : ce n'est pas un emploi des richesses, c'est une vraie dissipation, une profusion sans règle, ni ordre, ni mesure. Le prodigue n'a aucun discernement à l'égard du but ou de l'objet de ses dépenses : il cède à un besoin insensé, à un entraînement que le hasard peut faire servir quelquefois à une fin utile ou bonne sans que l'intention y soit pour quelque chose. La prodigalité me semble être l'habitude de l'intempérance dans l'usage des biens. Et cette habitude est tellement invétérée que celui qui s'y livre, après avoir dilapidé ce qui est à lui, en use de même avec le bien d'autrui lorsqu'il peut en disposer. Le même manque de frein moral qui le rend intempérant, le rend peu scrupuleux à l'égard de la propriété d'autrui. Ainsi que nous le dit Aristote : « Le désir de continuer ses dépenses et la difficulté d'y pourvoir, le rend avide..... Comme il ne se soucie guère de l'honneur, il prend de toutes parts et sans réflexion, parce qu'il ne songe qu'à satisfaire son penchant à donner, et qu'il lui importe peu de savoir comment et d'où il s'en procurera les moyens. » Nous ne pensons pas, avec Aristote, qu'il soit facile au prodigue de devenir libéral, car ce n'est qu'en apparence que ses dispositions ressemblent à celles du libéral. Le prodigue est un être sans raison ni véritable volonté, que la loi civile assimile presque à l'être irresponsable. La libéralité, c'est la raison même au service de la bonté inspirée par une âme élevée.

Le vice opposé à la libéralité, c'est l'avarice qui est à la fois le défaut de facilité à donner et le penchant excessif à recevoir ou à prendre. Il est varié à l'infini à cause de ce double caractère. La source en est l'étroitesse de cœur qui ferme la main, jointe à l'aberration ou même à l'imbécillité d'esprit qui fait des richesses une fin, tandis qu'elles ne sont que des moyens. Il faut plaindre l'avare qui est à lui-même sa première victime, et qui ne connaît point une des plus pures et plus profondes joies de la vie, celle de donner et de faire des heureux.

La prodigalité et l'avarice pèchent l'une par excès, et l'autre par défaut, sous deux rapports, *donner et recevoir*; car je comprends les dépenses sous l'idée de donner. Par conséquent, la prodigalité est excès sous le rapport de donner et de ne pas recevoir; l'avarice, au contraire, est défaut sous le rapport de donner, et excès du penchant à recevoir; à la vérité, seulement dans des occasions et en fait de choses de peu d'importance. Ainsi donc ce qui caractérise la prodigalité, c'est de manquer, à quelques égards, de ce qui peut l'entretenir et l'accroître; car il est difficile de donner à tout le monde, quand on ne reçoit d'aucun côté, attendu que ces dons continuels épuisent bientôt la fortune des simples particuliers, qui sont surtout ceux auxquels s'applique le nom de prodigues. Au reste, l'homme de ce caractère a une véritable supériorité sur l'avare ; car l'âge et la détresse peuvent le corriger, et le faire revenir aux habitudes de modération, puisqu'il a plusieurs des dispositions du libéral, celle de donner et celle de ne pas être avide de recevoir, ou de prendre : seulement il ne les exerce ni comme il convient, ni d'une manière conforme à la raison. Si donc il parvient à prendre ces habitudes raisonnables, ou à se modifier de quelque manière que ce soit, il pourra devenir libéral ; car alors il donnera avec discernement, et il saura ne pas prendre où il ne faut pas. Aussi ne regarde-t-on pas ordinairement le prodigue comme un homme méprisable ; car dans le penchant excessif à donner et à ne pas recevoir, il n'y a ni bassesse, ni perversité ; il n'y a que de la duperie. Celui dont qui est prodigue de cette manière, passe généralement pour meilleur que l'avare, par les raisons que je viens de dire, et aussi parce qu'il rend service à beaucoup de gens, tandis que l'avare n'en rend à personne, et n'est pas même utile à lui-même.

Cependant la plupart des prodigues finissent, comme je l'ai dit, par se procurer de l'argent par des moyens répréhensibles, et, en cela, deviennent des hommes illibéraux. Le désir de continuer leurs dépenses, et la difficulté d'y pourvoir, les rend avides, parce qu'ils ont bientôt dissipé leur fortune. Ils sont donc forcés de se procurer d'autres ressources ; et, comme ils ne se soucient guère de l'honneur, ils prennent de toutes parts et sans réflexion, parce qu'ils ne songent qu'à satisfaire leur penchant à donner, et qu'il leur importe peu de savoir comment et d'où ils s'en procureront les moyens. Voilà pourquoi leurs dons ne sont point l'effet d'une véritable libéralité; car il n'y a rien d'honorable ni dans leurs motifs, ni dans la manière dont ils donnent. Souvent, au contraire, ils enrichissent des gens qu'il aurait fallu laisser dans la pauvreté, tandis qu'ils ne donnent rien à ceux qui ont des mœurs et un caractère estimables, et qu'ils prodiguent leur fortune à des flatteurs, ou à ceux qui leur procurent quelque autre genre de plaisir. Aussi la plupart d'entre eux tombent-ils dans le vice et la débauche, parce qu'étant disposés à dépenser facilement leur argent, ils l'emploient aussi aux voluptés, et, faute de savoir vivre honorablement, ils finissent par donner dans tous les désordres. Tel est donc le degré d'avilissement où tombe le prodigue, quand il est devenu incapable de se laisser conduire; cependant, avec des soins et de sages conseils, il peut encore revenir à la modération et rentrer dans le devoir. (*Morale à Nicomaque*, pp. 147-150.)

L'avarice est incurable, parce que ce vice semble appartenir plutôt à la vieillesse, et à tous les genres de faiblesse et d'imbécillité, et qu'il est plus dans notre nature que la prodigalité; car les hommes sont plus généralement disposés à aimer l'argent qu'à en donner. Cette passion est même susceptible de prendre beaucoup d'intensité, et des formes très diverses; et il semble qu'il y a, en effet, plusieurs sortes d'avarice. Car, comme elle renferme deux conditions, le défaut de facilité à donner, et le penchant excessif à recevoir ou à prendre, ce double caractère ne se trouve pas toujours dans un même individu; mais il se partage quelquefois, de manière que l'on peut remarquer chez les uns l'excès de l'avidité, tandis qu e chez d'autres c'est plutôt le défaut du penchant à donner ; aussi y a-t-il des noms particuliers pour désigner les hommes de ce caractère, comme avare, chiche, ladre, tous termes qui expriment le même défaut, et qui se disent de gens qu'on ne saurait accuser de vouloir prendre le bien d'autrui ; les uns, par un certain esprit de justice, ou par un sentiment d'honneur, puisqu'il y en a même qui semblent ne conserver si soigneusement leur argent que pour n'être pas forcés de faire quelque chose de honteux, ou du moins ils le disent. C'est encore dans cette classe qu'il faut ranger l'homme d'une économie sordide, et, en général, ceux qu'on désigne par des noms qui tous expriment l'éloignement invincible à donner. Les autres ne s'abstiennent du bien d'autrui que par crainte, parce que, quand on prend le bien des autres, il est difficile qu'ils ne cherchent pas, à leur tour, à vous prendre le vôtre ; ils adoptent donc pour maxime qu'il ne faut ni prendre, ni donner. (*Id.*, pp. 150-151.)

TROISIÈME PARTIE

Les Affections

Les vertus sociales, la justice, l'équité et la libéralité, ainsi que nous venons de le voir, nous sont commandées par la raison qui nous en enseigne les premiers principes ; mais elles ne deviennent parfaites que par l'inspiration du cœur qui les vivifie et les rend fécondes en œuvres grandes et belles, pour le bonheur des individus et des sociétés. « Supposez les hommes unis par l'amitié (l'amour, dans son acception la plus générale) nous dit Aristote, ils n'auraient pas besoin de la justice; mais, en les supposant justes, ils auront encore besoin de l'amitié; et certes, ce qu'il y a de plus juste au monde, c'est la justice qui peut se concilier avec la bienveillance. » Ces belles paroles semblent se résumer pour nous dans une parole de l'apôtre saint Paul, plus belle encore : « La charité est le lien de la perfection ». L'amour donne l'intuition de l'âme et de toutes les choses excellentes qui la fortifient, l'élèvent et la rendent heureuse et parfaite. Sans l'amour, la justice accomplie est impossible ; avec l'amour, elle se pénètre de bonté, d'indulgence, de miséricorde, et se confond dans ces divins rayonnements de la charité. « Aimer, nous dit Aristote, c'est vouloir à quelqu'un tout ce qu'on lui croit bon et avantageux, le vouloir pour lui seul et non pour soi-même, et lui procurer tous ces biens dans la mesure où on le peut. » L'amour donne la clairvoyance, le plus souvent infaillible, du bien d'autrui ; il consume ce qu'il y a d'impur dans « le moi haïssable » ; il nous communique, avec la lumière, la force de réaliser ce que nous voyons, et nous fait accomplir des prodiges. Si l'amour ne transporte pas les montagnes, il les gravit insensiblement, jusqu'aux sommets les plus élevés, d'où l'on embrasse les plus grands horizons, et l'on se sent plus près du divin que l'âme révèle à l'âme.

Quiconque a voyagé, a pu reconnaître combien l'homme est ami de l'homme, combien la société de son semblable lui convient et le charme.

L'amitié semble être le lien qui unit les cités, et les législateurs semblent y avoir attaché plus d'importance qu'à la justice même : car la concorde a déjà quelque chose qui ressemble à l'amitié ; et c'est elle qu'ils aspirent à établir, tandis qu'ils s'efforcent de bannir la discorde, comme étant le plus redoutable fléau des Etats. D'ailleurs, supposez les hommes unis par l'amitié, ils n'auraient pas besoin de la justice ; mais, en les supposant justes, ils auront encore besoin de l'amitié ; et certes, ce qu'il y a de plus juste au monde, c'est la justice qui peut se concilier avec la bienveillance. (*Morale à Nicomaque*, pp. 348-349.)

Aimer peut se définir, vouloir à quelqu'un tout ce qu'on lui croit bon et avantageux, le vouloir pour lui seul et non pour soi-même, et lui procurer tous ces biens dans la mesure où on le peut. On est ami quand on aime ou qu'on est aimé de retour ; on se regarde comme amis quand on est l'un pour l'autre dans ces dispositions réciproques.

Ces principes posés, il en résulte nécessairement que celui-là est notre ami qui se réjouit avec nous du bonheur qui nous arrive, et qui s'afflige avec nous des maux qui nous atteignent, sans aucun autre motif que notre propre intérêt. Tout le monde est heureux de voir arriver ce qu'il désire ; et l'on s'afflige de tout ce qui arrive en sens contraire, de telle sorte que la joie ou la douleur est bien le signe de ce qu'on voulait. On est ami quand on a les mêmes biens et les mêmes maux, quand on est ami des mêmes personnes, quand on a les mêmes adversaires ; car dans tous ces cas, c'est une même chose qu'on veut. Concluons donc qu'on est ami dès qu'on souhaite à un autre ce qu'on souhaite pour soi-même. (*Rhétorique*, I, p. 200.)

CHAPITRE PREMIER

LES AFFECTIONS NATURELLES

I

L'AMOUR DE SOI

C'est par les affections naturelles que l'on s'élève, sinon à des affections plus hautes, car toutes le sont dans une grande âme, du moins à des affections plus larges où la raison, la conscience et la sympathie morale, l'âme, en un mot, a plus de part que l'instinct naturel.

La première de ces affections, dans l'ordre de la genèse, c'est l'amour de soi. Il naît avec l'homme. Il existe d'abord à l'état d'instinct inconscient et contribue au développement physique et intellectuel de l'être humain. Il croît avec les années, et s'il n'est dirigé par la raison et contenu par la prédominance d'instincts supérieurs, il dégénère en égoïsme, idolâtrie de soi, et il abaisse l'homme par la sensualité, la satisfaction de toutes les passions inférieures. C'est pourquoi l'amour de soi est le plus souvent pris en mauvaise part; et, comme nous le dit Aristote, « c'est avec justice qu'on verse le blâme et le mépris sur ceux qui s'aiment de cette manière ».

Mais il y a un amour bien entendu de soi-même qui a pour objet notre véritable bien, le perfectionnement de notre âme, et qui s'attache à cette partie supérieure de nous-mêmes pour lui procurer tout ce qui peut la rendre meilleure, plus grande et plus belle. Et cet amour élevé de nous-mêmes qui est un devoir imposé par la loi morale à toute personne humaine, nous détache précisément de tout ce dont l'égoïsme est le plus avide, les richesses, les honneurs, les plaisirs des sens, et nous fait rechercher le bien souverain, le bonheur, par une activité conforme à la raison et à la vertu. « Personne, dit Aristote, ne s'avisera d'appeler égoïste l'homme qui s'applique à pratiquer, plus qu'aucun autre, la justice ou la tempérance, ou toute autre vertu et qui, en général, se montrera sans cesse empressé à faire des actions nobles et généreuses, personne ne le blâmera. »

L'homme ne s'aime réellement lui-même que s'il cherche « à s'assurer les biens réels et les plus précieux, à contenter en tout la plus noble et la principale partie de lui-même et à se montrer de tout point docile aux impulsions qu'il en reçoit ». Cet amour est, pour Aristote, celui de la raison qui est, selon lui, ce qui constitue proprement l'individu. Pour le chrétien, c'est l'amour de l'âme, faite à l'image de Dieu. Certains confondent ce sentiment avec le respect de soi ; mais il y a dans l'amour de soi quelque chose de plus intime et de plus profond que nous pouvons comprendre dans toute sa grandeur morale par ce commandement suprême : « Tu aimeras ton prochain comme toi-même ». Ce commandement n'aurait aucune signification, et l'amour du prochain serait un vain mot, si l'amour de soi auquel il se rapporte, n'était point sanctionné par la loi morale. Le lien entre ces deux amours prescrits par une même loi, c'est l'amour de l'âme, aux intérêts éternels de laquelle tous les autres intérêts doivent être subordonnés. C'est cet amour élevé de soi, poussé à l'héroïsme, qui conduit l'homme de progrès en progrès, de gloire en gloire, jusqu'à la transfiguration parfaite de son âme.

. On demande s'il faut s'aimer soi-même plus que tout, ou porter son affection sur un autre ? Car ceux qui s'aiment eux-mêmes de préférence à tout, sont généralement blâmés, et on les flétrit, en quelque manière, en leur donnant le nom d'égoïstes. Il est bien vrai que le méchant ne voit, pour ainsi dire, que lui-même dans tout ce qu'il fait, et qu'il se considère d'autant plus exclusivement qu'il est plus vicieux, aussi lui reproche-t-on d'être incapable de faire une action noble et généreuse.

Au lieu que l'homme de bien n'agit qu'en vue de ce qui est honnête ou de ce qui est utile à ses amis; et plus il est vertueux, plus il observe cette règle de conduite, et néglige ses propres intérêts.

Cependant ce langage n'est d'accord ni avec les faits, ni avec la raison : car on dit que celui qu'il faut le plus aimer est celui qui est le plus notre ami : et certes notre ami le plus sincère est celui qui ne nous veut du bien que pour nous-mêmes, quand tout le monde devrait l'ignorer. Or, c'est là précisément le caractère des sentiments que chacun a pour soi-même ; à quoi il faut joindre toutes les autres conditions qui entrent dans la définition de l'amitié. D'ailleurs, les causes de cette affection sont prises en nous-mêmes, et se répandent, pour ainsi dire, de là sur les autres hommes. Tous les proverbes même confirment cette opinion; ainsi lorsqu'on dit : *Une seule âme* ; et, *entre amis tout est commun* ; et, *égalité, amitié* ; et, *le genou est plus près que la jambe* ; toutes ces façons de parler s'appliquent plus exactement à l'individu lui-même, puisqu'il est nécessairement son meilleur ami, et par conséquent c'est lui-même surtout qu'il doit aimer. On doute néanmoins encore avec quelque apparence de raison, à laquelle de ces deux opinions il faut donner son assentiment, chacune ayant quelque probabilité en sa faveur.

Peut-être donc faudrait-il analyser ou discuter les raisons sur lesquelles on s'appuie de part et d'autre, et déterminer jusqu'à quel point, et par où chacun des deux systèmes est véritable. Or, en observant quelle signification l'un et l'autre attachent à l'expression *amour de soi*, peut-être parviendrait-on à éclaircir la question. Par exemple, ceux qui en font un terme de reproche ou d'outrage, appellent hommes personnels ou égoïstes les gens avides de richesses ou d'honneurs, ou qui se livrent avec excès aux plaisirs des sens ; car tel est le penchant de la plupart des hommes ; tels sont les objets constants de leurs désirs et de leurs efforts, et ceux qu'ils estiment le plus ; aussi ce sont ceux qu'on se dispute avec le plus de violence. Or, quand on est possédé de ces sortes de désirs, on s'occupe sans cesse à les satisfaire, et à satisfaire en général ses passions, et par conséquent la partie de l'âme qui est dépourvue de raison. C'est donc avec justice qu'on verse le blâme et le mépris sur ceux qui s'aiment de cette manière ; et personne n'ignore qu'en effet l'on appelle vulgairement égoïstes et personnels ceux qui cherchent à se procurer ces sortes de jouissances. Car personne ne s'avisera d'appeler égoïste l'homme qui s'applique à pratiquer, plus qu'aucun autre, la justice ou la tempérance, ou toute autre vertu, et qui, en général, se montrera sans cesse empressé à faire des actions nobles et généreuses ; personne ne le blâmera.

C'est pourtant celui-là qui semblerait plutôt être égoïste, cherchant à s'assurer les biens réels et les plus précieux, à contenter en tout la plus noble et la principale partie de lui-même, et se montrant de tout point docile aux impulsions qu'il en reçoit. Mais, de même qu'une cité semble exister essentiellement dans ce qui en fait la partie la plus importante (ce qui est vrai également de toute corporation ou assemblage de parties) ; ainsi en est-il de l'homme. Par conséquent, celui-là est surtout ami de soi-même, qui aime par-dessus tout cette partie essentielle, et qui cherche à la satisfaire ; et l'on dit de l'homme qu'il est tempérant, ou intempérant, qu'il a de l'empire sur lui-même, ou qu'il n'en a pas, suivant que l'esprit, l'intelligence ou la raison, domine ou ne domine pas en lui, attendu que c'est là ce qui constitue proprement l'individu. Aussi les actions qui ont été dictées par la raison, et faites volontairement, semblent-elles spécialement appartenir à cette partie. On voit donc clairement qu'elle est l'individu lui-même, que l'honnête homme la chérit par-dessus tout, et c'est celui qu'on pourrait regarder comme ayant essentiellement l'amour de soi, mais dans un sens tout différent de l'égoïsme qu'on blâme. Il en diffère, en effet, autant qu'une vie conforme à la raison diffère d'une vie assujettie à l'empire des passions, et que l'amour constant de tout ce qui est beau et honorable, diffère de l'attachement à tout ce qui offre l'apparence de l'utilité. (*Morale à Nicomaque*, pp. 425-428.)

———

Le devoir de l'honnête homme est de s'appliquer avec ardeur à son propre bien, c'est-à-dire, pour l'avantage de cette partie de lui-même qui est capable de raison, et qui semble être l'essence de chaque individu : aussi aspire-t-il à vivre, à se conserver lui-même, et surtout cette partie de son être par laquelle il juge et pense ; car vivre est déjà un bien pour celui qui est sage et appliqué.

Au reste, chacun désire pour soi-même ce qui est bon ; et, en supposant qu'un homme pût devenir autre qu'il n'est, personne ne souhaiterait à cette créature devenue ainsi (autre que lui même) les mêmes avantages qu'il possède. Dieu possède actuellement le bien dont il a la jouissance éternelle, quelle que soit d'ailleurs la nature de cet être si différent (de l'homme); et c'est l'intelligence surtout qui constitue essentiellement la nature de chaque individu. Or, un être doué d'intelligence veut vivre avec lui-même, et y trouve du plaisir ; les souvenirs de ce qu'il a fait ont des charmes pour lui ; l'avenir ne lui offre que de flatteuses espérances ; sa pensée est féconde en sujets de contemplation ; et c'est surtout avec ses propres plaisirs, avec ses propres peines qu'il se plaît à sympathiser ; car il trouve toujours plaisir ou peine dans les mêmes objets, et jamais ses sentiments ne varient. Aussi est-il, s'il le faut ainsi dire, incapable de repentir ; et, puisque tels

sont les caractères qui se rencontrent dans l'homme
de bien, et qu'il est envers un ami dans les mêmes
dispositions où il est pour lui-même (car un ami est
un autre nous-même), il s'ensuit que l'amitié est
quelqu'une des choses que nous venons de dire et
qu'elles se trouvent dans les amis. (*Id.*, pp. 413-415.)

Tout le monde approuve et loue ceux qui se distinguent par leur empressement à faire des actions vertueuses ; et si tous les hommes rivalisaient en amour pour le beau et s'efforçaient sans cesse à faire les actions les plus généreuses, on n'éprouverait, en général, ni privations ni besoins ; chacun jouirait du bien le plus précieux, puisque la vertu est ce bien. D'où il faut conclure que l'homme vertueux doit nécessairement s'aimer lui-même ; car, en faisant de nobles actions, il ne saurait manquer d'en retirer de grands avantages, et d'en procurer aux autres. Le méchant, au contraire, ne doit pas s'aimer lui-même, car, en s'abandonnant à de viles passions, il nuira infailliblement à ses propres intérêts, et à ceux des personnes qui auront quelques rapports avec lui. D'ailleurs, dans la conduite du méchant, il n'y a aucun accord entre ce qu'il fait et ce qu'il doit faire ; tandis que l'honnête homme fait précisément ce qu'il doit : car la raison choisit toujours ce qui lui est le plus avantageux ; et c'est à la raison que l'honnête homme obéit.

Il est donc vrai de dire de lui qu'il est prêt à tout faire pour ses amis et pour sa patrie, fallût-il mourir pour elle ; car il sacrifiera richesses, honneurs, et, en général, tous les biens qu'on se dispute d'ordinaire avec tant de fureur, pour s'assurer ce qu'il y a de véritablement beau et honorable : préférant la plus délicieuse des jouissances, ne durât-elle que quelques instants, à des siècles de langueur; une seule année d'une vie honorable et glorieuse, à la plus longue existence consacrée à des actions vulgaires; enfin, une seule action grande et généreuse, à une multitude d'actions communes et petites.

Et c'est peut-être ce qui arrive aux hommes qui font à la vertu le sacrifice de leur vie ; ils réservent pour eux la plus belle et la plus noble part. Ils prodigueront aussi sans peine leurs richesses, dans la vue d'en procurer de plus grandes à leurs amis ; et c'est, en effet, l'avantage que ceux-ci retireront de cette générosité, mais l'honneur en restera à celui qui l'a faite, et ainsi il s'est réservé à lui-même un bien plus précieux. Il en sera de même des honneurs et des dignités : l'homme vertueux en fera volontiers le sacrifice à son ami; car ce sera une chose honorable pour lui et digne de louanges. C'est donc à juste titre qu'il passe pour vertueux, préférant l'honnête à tout le reste. Enfin, il est possible que l'on cède à son ami l'occasion de faire de belles actions, et qu'il y ait plus de grandeur d'âme à être cause de celles qu'il fera, qu'à les avoir faites soi-même.

On voit donc que, dans tout ce qui est louable, l'homme vertueux se réserve une meilleure part de l'honneur et de la solide gloire, et c'est ainsi qu'il faut être ami de soi-même, ou égoïste, comme nous l'avons dit; mais l'être comme le sont la plupart des hommes, voilà ce qu'il ne faut pas. (*Id.*, pp. 428-431.)

II

L'AMOUR CONJUGAL

Les affections familiales sont la plus douce initiation à l'amour du non-moi ; l'amour instinctif et l'amour raisonnable s'y confondent si bien qu'il est souvent difficile de les distinguer. L'homme se complète lui-même dans l'être avec lequel il fonde une famille : la compagne de sa vie est une aide, semblable à lui, selon les uns, différente selon les autres.

Aristote semble déduire la nature de la femme de ses fonctions mêmes : selon lui, la femme est inférieure à l'homme, parce qu'elle est destinée à lui obéir et que, par là-même, elle a besoin d'autres vertus et d'autres aptitudes que celui qui est appelé à exercer le commandement. Et dans les vertus que les époux doivent posséder en commun, telles que l'honneur et la probité, le courage et la tempérance, il admet des différences, non seulement de degré, mais aussi d'espèce. « La tempérance et le courage, dit-il, sont autres dans un homme que dans une femme. Car un homme qui ne serait courageux que comme une femme courageuse, semblerait timide; et une femme passerait pour impudent, babillarde, si elle n'avait que la réserve et la modestie d'un honnête homme. » Aristote applique aussi à l'homme et à la femme ce qu'il a dit de l'âme, savoir

« qu'il y a en l'âme une partie que la nature a faite pour commander, et une autre qu'elle a faite pour obéir ; et dans chacune d'elles nous reconnaissons une propriété ou qualité différente ». Ainsi l'homme serait la raison qui commande, la femme, la sensibilité qui doit être subordonnée à la raison. « Ni le courage, ni la justice, dit Aristote, ne doivent être les mêmes dans l'homme et dans la femme, comme le croyait Socrate. » Nous sommes, en effet, bien loin de la doctrine large, élevée et plus profondément vraie du maître qui, par la bouche d'Ischomachus, rend un si noble témoignage à l'égalité morale des deux sexes : « Pour ce qui est de la tempérance, dit le jeune époux grec, la divinité les en a rendus également susceptibles, et elle a permis que celui des deux qui porterait le plus loin cette vertu, soit l'homme, soit la femme, en reçût une plus belle récompense. » Et plus loin encore : « Mais le charme le plus doux, ce sera lorsque, devenue plus parfaite que moi, tu m'auras rendu ton serviteur ». Peut-être le trop raisonnable disciple de Socrate ne voit-il dans ce bel hommage que l'exaltation d'un jeune et ardent amour. Mais il serait à souhaiter, dans l'intérêt des époux, que tous fussent capables d'une affection si enthousiaste.

Bien qu'Aristote n'attende de la femme qu'une vertu inférieure à celle de l'homme, il comprend cependant combien cette vertu est nécessaire « à la direction des affaires du gouvernement et au bonheur de l'Etat ». Il a même une assez haute idée de « cette espèce d'amitié qui peut être fondée sur la vertu, si le mari et la femme sont dignes d'estime, puisque chacun d'eux a son mérite propre ».

Il y a trois parties dans l'administration de la famille, savoir, l'autorité du maître, celle du père, et celle de l'époux, laquelle en effet s'étend sur la femme et sur les enfants, mais considérés, les uns et les autres, comme libres. Aussi ne s'exerce-t-elle pas alors tout à fait de la même manière, mais elle est, à l'égard de la femme, comme un pouvoir politique ou civil, et à l'égard des enfants, comme un pouvoir royal. Car naturellement l'homme est plus fait pour commander que la femme (à moins que cet ordre naturel ne soit interverti dans certains cas et dans certains lieux); le plus âgé et le plus accompli doit avoir l'autorité sur celui qui est encore enfant, et dont les facultés sont à peine développées. (*Politique*, pp. 48-49.)

Le rapport de supériorité existe constamment de l'espèce mâle à l'espèce femelle; mais l'autorité qui s'exerce sur les enfants est royale, car le caractère d'une tendre affection jointe à la supériorité de l'âge, qui est celui de la paternité, est aussi celui de la royauté. (*Id.*, p. 49.)

La femme et l'enfant sont-ils aussi susceptibles de vertu ? faut-il, ou non, que la femme soit sobre, courageuse et juste, que l'enfant soit docile et tempérant ? Enfin, il s'agit d'examiner, en général, si celui que la nature a fait pour commander, et celui qu'elle a fait pour obéir, doivent avoir les mêmes vertus, ou s'ils en doivent avoir de différentes ? et s'il faut que l'honneur et la probité soient également le partage de l'un et de l'autre, pourquoi l'un serait-il, en tout et partout, destiné à commander, et l'autre à obéir ? Car enfin, il n'est pas possible que cette différence tienne au plus ou au moins, puisque commander et obéir diffèrent dans l'espèce, et non dans le degré.

Mais s'il faut que celui-là ait des vertus, et non pas celui-ci, ce serait quelque chose de bien surprenant. En effet, si celui qui commande ne doit être ni modéré ni juste, comment exercera-t-il son autorité d'une manière convenable ? et si c'est celui qui obéit, comment pourra-t-il obéir comme il faut ? car étant indocile et lâche, il ne saura remplir aucun de ses devoirs. Il suit évidemment de tout ceci que l'un et l'autre doivent avoir de la vertu, mais qu'il y aura de la différence entre leurs vertus, comme il y en a dans ceux que la nature a faits pour obéir.

Et ceci nous ramène à ce qui a déjà été dit de l'âme ; car il y a en elle une partie que la nature a faite pour commander, et une autre qu'elle a faite pour obéir ; et dans chacune d'elles nous reconnaissons une propriété ou qualité différente : par exemple, la présence de la raison dans l'une, et l'absence, ou la privation de la raison dans l'autre.

On voit donc clairement qu'il en est de même de tous les autres êtres ; en sorte que la nature elle-même a destiné le plus grand nombre d'entre eux à commander et à obéir. Car l'homme libre exerce sur l'esclave une autorité qui n'est pas la même que celle du mari sur la femme, ni que celle du père sur ses enfants ; et néanmoins les parties de l'âme sont dans chacun de ces êtres, mais elles y sont différentes. Car l'esclave est entièrement privé de la faculté de délibérer ; la femme la possède, mais faible et inefficace ; et l'enfant l'a aussi, mais incomplète et imparfaite.

Par conséquent, il faut nécessairement qu'il en soit de même des vertus morales ; et l'on est autorisé à croire qu'elles doivent être le partage de tous, non pas sans doute de la même manière, mais seulement autant qu'il le faut pour que chacun remplisse sa tâche. Voilà pourquoi celui qui commande doit posséder la vertu dans sa perfection, car sa tâche est absolument celle de l'architecte. Or, ici, l'architecte, c'est la raison ; mais parmi les autres, chacun ne doit avoir de vertu qu'autant que le comporte sa situation ou sa destination.

Il est visible, d'après cela, que la vertu morale est une qualité de toutes les personnes dont nous venons de parler ; mais que ni la modération, ni le courage, ni la justice ne doivent être les mêmes dans l'homme et dans la femme comme le croyait Socrate. Dans celui-là, le courage est une qualité qui sert à commander ; dans celle-ci, il sert à exécuter ce qu'un autre prescrit. Il en est de même des autres vertus. (*Id.*, pp. 51, 53.)

Dire que les femmes doivent remplir les mêmes fonctions que les hommes, parce que cela se passe ainsi parmi les animaux, c'est une chose absurde, puisque les animaux n'ont rien de commun avec l'économie domestique. (*Politique*, p. 84.)

Le relâchement dans la conduite des femmes est une chose très nuisible à la direction des affaires du gouvernement et au bonheur de l'État. Car l'homme et la femme étant chacun une partie de la famille, il est clair qu'on doit aussi regarder la société tout entière comme divisée à peu près en deux portions: l'une qui se compose de la multitude des hommes; et l'autre, de celle des femmes. En sorte que dans tous les États où elles ne sont pas assujetties à de sages règlements, il y a lieu de croire que la moitié des citoyens vit sans règle et sans lois. (*Id.*, p. 113.)

La tempérance et le courage, dans un homme, sont autres que dans une femme. Car un homme qui ne serait courageux que comme une femme courageuse, semblerait timide; et une femme passerait pour impudente, babillarde, si elle n'avait que la réserve et la modestie d'un honnête homme. Aussi voyons-nous que, dans la famille, les devoirs de l'homme diffèrent de ceux de la femme; celui de l'un est d'acquérir, celui de l'autre est de conserver. (*Id.*, p. 165.)

Les rapports du mari avec la femme constituent une sorte de gouvernement aristocratique : car le mari y exerce une autorité proportionnée au mérite ou à la dignité, dans les choses où il convient que l'homme commande ; mais il abandonne à la femme tous les soins qui conviennent à son sexe. Au contraire, s'il veut décider de tout en maître, l'aristocratie alors dégénère en oligarchie ; car ce n'est plus en vertu de sa supériorité réelle et naturelle qu'il agit, mais il usurpe un pouvoir supérieur à son mérite. Quelquefois, cependant, les femmes exercent l'autorité, quand ce sont de riches héritières. Dans ce cas encore, l'autorité n'est plus donnée à la vertu, mais au crédit et à la richesse, comme cela arrive dans les gouvernements oligarchiques. (*Morale à Nicomaque*, pp. 380, 381.)

Quant à l'affection conjugale, il semble qu'elle soit un effet direct et immédiat de la nature humaine : car l'homme est porté par sa nature à vivre avec la femme, plus encore qu'à vivre en société politique ; d'autant plus que nécessairement l'existence de la famille est antérieure à celle de la cité, et que la propagation des espèces est une loi commune à tous les êtres animés. Mais cette union se borne uniquement à cela dans les autres espèces ; au lieu que, chez l'homme, elle a encore pour but de se procurer toutes les choses nécessaires à la vie : car bientôt la tâche se trouve partagée entre les deux membres de l'association, et celle de l'homme est autre que celle de la femme. Aussi se prêtent-ils de mutuels secours, mettant en commun les moyens propres à chacun d'eux. C'est pour cette raison que l'utile et l'agréable semblent plus spécialement unis dans cette espèce d'amitié. Elle peut même être fondée sur la vertu, si le mari et la femme sont dignes d'estime, puisque chacun d'eux a son mérite propre ; et ils peuvent trouver la plus douce satisfaction dans un pareil lien. (*Id.*, pp. 388, 389.)

III

L'AMOUR PATERNEL ET MATERNEL

« Les enfants sont comme des parties de nous-mêmes », a dit Aristote. Et il explique la disproportion immense entre la tendresse des parents et celle des enfants « par un rapprochement naturel plus intime de la part de l'être qui a donné la vie à celui qui l'a reçue, que de ce dernier à l'auteur de son existence ». Ainsi c'est précisément parce que les parents ont tout donné à l'enfant, qu'ils l'aiment d'un amour illimité, sans condition et toujours persistant. C'est aussi parce qu'ils l'aiment dès sa naissance, longtemps avant que l'enfant puisse reconnaître leurs soins et leur dévouement. Et l'excellence plus grande de l'amour maternel tient en grande partie à ce que la mère aime depuis plus longtemps, puisqu'elle chérit le fruit de ses entrailles avant qu'il voie la lumière du jour. Il me semble que c'est trop matérialiser l'amour que de croire que celui de la mère est plus complet, plus absolu, parce qu'elle a plus souffert pour son enfant. J'aime mieux admettre que les parents aiment d'autant plus qu'ils se dévouent davantage, et que le rôle de la mère étant particulièrement d'élever l'enfant, elle a plus d'occasions de se donner à lui, de lui prodiguer ses soins, sa tendresse et, par là même, elle s'incorpore davantage à lui. Quand les pères remplacent les mères auprès de leurs jeunes enfants, ils ne sont ni moins tendres, ni moins désintéressés. Et puisque l'amour consiste à aimer plutôt qu'à être aimé, plus on répand les trésors de son cœur, plus le cœur s'agrandit et ses trésors se multiplient. Si la mère est plus capable d'idolâtrie, c'est que, chez elle, le sentiment n'étant pas toujours dirigé et contenu par la raison, devient excessif par la prédominance de l'instinct. Ainsi la légende ne cite aucun père, mais une seule mère, idolâtre de ses enfants au point d'oublier le respect dû aux dieux.

Le droit du maître ou du père, n'est pas le même que celui du magistrat, il n'est que semblable. En effet, il n'y a pas proprement injustice à l'égard de ce qui nous appartient : notre esclave, notre enfant, jusqu'à ce qu'il soit parvenu à un certain âge, et tant qu'il ne vit pas indépendant, sont comme des parties de nous-mêmes ; or, personne n'a la volonté de se nuire à soi-même. (*Morale à Nicomaque*, p. 223.)

Il semble que l'amitié consiste à aimer plutôt qu'à être aimé ; et ce qui le prouve, c'est la satisfaction que les mères trouvent à chérir leurs enfants. En effet, il y en a qui les donnent à nourrir à d'autres femmes, et qui les aiment sans chercher à être aimées à leur tour, tant qu'il n'est pas possible qu'elles le soient encore ; mais il leur suffit apparemment de voir leurs enfants heureux et contents, et elles les aiment même dans cet état où l'ignorance les empêche de rendre à une mère les devoirs et les sentiments qui lui sont dus. (*Id.*, p. 372.)

Les parents aiment leurs enfants, comme étant une partie d'eux-mêmes, et ceux-ci aiment leurs parents, comme tenant d'eux une partie de ce qu'ils sont. Mais les parents connaissent mieux ce qui vient, en quelque sorte, d'eux, que les enfants ne savent ce qu'ils tiennent de leurs parents ; et il y a un rapprochement naturel plus intime de la part de l'être qui a donné la vie à celui qui l'a reçue, qu'il n'y en a de ce dernier à l'auteur de son existence. Car ce qui est de notre propre substance nous appartient, en quelque manière comme les dents, les cheveux, et, en général, tout ce qui tient à nous; au lieu que l'être d'où proviennent ces choses, n'est propre à aucune d'elles, ou leur appartient moins.

La différence du temps est encore à considérer ici; car ceux qui ont donné la vie à d'autres êtres, les chérissent dès l'instant même de leur naissance; mais ce n'est que lorsqu'ils sont un peu avancés dans la vie, lorsque leur intelligence et leur sensibilité ont acquis un certain développement, que les enfants chérissent les auteurs de leurs jours. Ceci même fait voir pourquoi la tendresse des mères est plus vive. Les parents aiment donc leurs enfants comme eux-mêmes; car leur existence, détachée, s'il le faut ainsi dire, de celle des parents, en fait comme d'autres êtres, en qui ils se retrouvent: mais les enfants n'aiment leurs parents que comme la source ou la cause de leur existence. (*Id.* pp., 385-386.)

L'affection d'un père pour ses enfants, et la tendresse filiale sont des biens, et on loue ceux qui en sont touchés. Il peut, cependant, y avoir de l'excès dans de pareils sentiments; si, comme Niobé, on les porte jusqu'à manquer de respect pour les dieux, ou si, à l'exemple de Satyrus, qui fut surnommé Philopator, on porte jusqu'à l'extravagance la tendresse pour un père. Il n'y a pourtant là ni vice, ni perversité, parce que chacune de ces choses est en elle-même et naturellement un bien désirable; mais c'est l'excès qui y est répréhensible, et qu'il y faut éviter. (*Id.*, pp. 305-306.)

IV

L'AMOUR FILIAL

Il ne dépend pas des enfants de rendre à leurs parents tout le bien qu'ils en ont reçu. « Ce n'est que lorsqu'ils sont un peu avancés dans la vie, lorsque leur intelligence et leur sensibilité ont acquis un certain développement, qu'ils chérissent les auteurs de leurs jours. » Et encore même ne peuvent-ils sentir tout ce qu'ils leur doivent que lorsque la nature les appelle à prodiguer à une nouvelle génération l'amour auquel ils sont redevables de leur existence, de leur vertu, de tous les avantages qui embellissent leur vie. « La tendresse des enfants pour leurs parents, et le respect des hommes pour les dieux, nous dit Aristote, sont l'effet de la bienfaisance et de la supériorité. » Ainsi l'amour filial est presque assimilé à un culte ; et combien il l'est en effet dans un cœur formé à la vertu par des parents dignes de ce nom ! Les manifestations de la tendresse sont alors si vives, si profondes, si complètes, qu'on se demande si elles ne sont pas une riche compensation de l'amour des parents. Heureux ceux qui ont su inspirer une si sincère gratitude, une si tendre piété ! Heureux aussi les enfants qui savent si bien répondre aux hautes inspirations d'un amour si élevé, si dévoué et si pur !

La tendresse des enfants pour leurs parents, et le respect des hommes pour les dieux, sont l'effet de la bienfaisance et de la supériorité ; car on doit de tels sentiments à ceux de qui on a reçu les plus grands bienfaits, puisqu'ils sont la cause d'abord de notre existence, et ensuite de l'éducation et de l'instruction que nous avons reçues. Mais il y a d'autant plus d'utilité ou d'agrément dans de tels biens, en comparaison de ceux qui sont moins directs, qu'on a des rapports plus fréquents et plus intimes avec les êtres qui sont l'objet de notre attachement. (*Morale à Nicomaque*, pp. 387.)

V

L'AMOUR FRATERNEL

« La cause de l'affection réciproque des frères, nous dit Aristote, est la naissance qu'ils doivent aux mêmes parents ; car cette communauté de naissance leur inspire les uns pour les autres un même sentiment. » Sans doute, une naissance commune forme un premier lien ; mais ce lien ne serait pas durable s'il n'était fortifié par la sympathie morale, créée par une éducation commune, perfectionnée par les mêmes exemples de vertu. Les parents peuvent beaucoup pour resserrer l'union fraternelle, d'abord par leur affection sincère, dévouée, qui se donne à tous, sans se partager ; ensuite par leurs soins vigilants pour cultiver l'âme de leurs enfants et la former au bien. L'influence puissante de parents vertueux rend indissoluble l'union de leurs enfants : alors même que le temps et les événements les dispersent loin du foyer paternel, ils se rencontrent toujours dans un même sentiment, malgré toutes les divergences d'opinions et les diverses influences nouvelles qu'ils subissent. Ce sentiment, c'est le culte pieux de la mémoire de leurs parents qui entretient en eux le respect du devoir et l'amour de la vertu.

La cause de l'affection réciproque des frères est la naissance qu'ils doivent aux mêmes parents ; car cette communauté de naissance leur inspire les uns pour les autres un même sentiment. Aussi dit-on qu'ils sont un même sang, qu'ils appartiennent à la même souche, et autres expressions de ce genre; ils sont donc, s'il le faut ainsi dire, une même substance dans des individus distincts. La nourriture commune et le peu de différence d'âge sont encore un puissant motif d'amitié ; car tout homme se sent plus naturellement porté vers ceux qui sont de son âge, et la ressemblance dans les mœurs est un lien qui unit ceux qui s'associent pour le plaisir ou l'amusement: aussi l'amitié fraternelle ressemble-t-elle beaucoup à cette sorte de liaisons. (*Morale à Nicomaque*, pp. 386-387.)

On trouve aussi, dans l'amitié fraternelle, ce qui se remarque dans les liaisons d'agrément et de plaisir, et d'autant plus dans les liaisons entre des individus estimables, et qui se ressemblent, en général, sous beaucoup de rapports, qu'elles sont plus intimement unies, et par une affection qui a, pour ainsi dire, commencé avec la vie ; parce que ceux qui sont nés des mêmes parents, et qui ont été nourris et élevés ensemble, ont des mœurs plus semblables, et qu'enfin, l'épreuve du temps est à la fois la plus sûre et la plus constante. (*Id.*, pp. 287-288.)

CHAPITRE II

L'AMITIÉ

I

Aristote nous dit que « le véritable objet de l'amour n'est autre chose que le bien ». Ce bien, est-ce le bien moral, ou l'idée que chacun de nous se fait du bien absolu, c'est-à-dire ce qui, pour chacun, constitue le bonheur? Ce qui nous prouve que ce n'est pas le bien moral, c'est que l'objet aimé en qui l'on cherche le bien, et l'objet que l'on devrait aimer, parce qu'il nous est bon en particulier, en d'autres termes, la chose que l'on veut et celle qu'on devrait vouloir, sont parfois bien différentes. Il en est ainsi de beaucoup d'affections, fondées sur une certaine sympathie qui résulte de goûts, d'opinions, d'idées, peut-être même de défauts et de qualités identiques. En nous laissant aller à ce penchant naturel, nous cherchons inconsciemment le bien, car il n'y a rien de plus doux que la sympathie; mais ceux que nous aimons ainsi, ne sont peut-être pas ceux que nous devrions aimer pour notre véritable bien; car ces liaisons nous disposent à trop de complaisance pour certaines tendances communes, ou pour certains traits de caractère analogues, qui s'accusent davantage par la contemplation et l'indulgence mutuelles. Il est clair qu'il ne peut être question ici que des affections électives puisque, dans les affections naturelles, le libre choix n'intervient pas : l'instinct naturel, plus ou moins inconscient, y crée le lien ; le sentiment raisonnable le resserre, s'il s'y joint la sympathie morale.

Ce qui fait, à mon sens, la supériorité de l'amitié véritable, c'est que l'objet aimé est aussi l'objet qu'on doit aimer. Faut-il entendre par là qu'on choisit son ami en se préoccupant avant tout de ce qu'on doit aimer ? D'abord, je ne crois pas que l'on choisisse son ami : on le rencontre, on le trouve. Et dans ces heureuses rencontres que les vrais amis croient préparées par le ciel, le « je ne sais quoi » dont parle Pascal à propos de l'amour, trouve encore sa place, bien réduite par la raison, mais tout aussi sûre. Mais l'objet aimé est aussi l'objet qu'on doit aimer, parce qu'une âme vertueuse n'aime réellement que ce qu'elle doit aimer. Elle est instinctivement guidée par l'amour du bien et ce sentiment lui fait deviner et reconnaître les âmes qui sont dignes de son affection. On pourrait se demander si l'amitié qui, selon Aristote, « est une vertu, ou du moins toujours unie à la vertu », ne serait pas cette sympathie morale, plus ou moins générale, que les gens de bien éprouvent entre eux. Mais quelque réelle que soit cette sympathie, elle est plus abstraite que concrète ; et les affections humaines cherchent d'autres objets que des abstractions, fussent-elles divinement grandes et belles. Si c'était simplement un idéal que l'on poursuit dans les personnes que l'on aime, on changerait d'amis à mesure que cet idéal apparaîtrait plus pur dans telle ou telle individualité, et l'inconstance des affections marquerait le progrès dans le perfectionnement moral. Nous trouvons cette idée dans un philosophe américain : « L'âme, dit Emerson, ne pousse-t-elle pas des amis comme l'arbre des feuilles, et actuellement, par la germination de nouveaux bourgeons, expulse les anciennes feuilles? La loi de la nature est une loi d'alternance, de succession à toujours. » C'est forcer les analogies, aux dépens de la constance, c'est-à-dire de la dignité de l'amitié ; et le cœur proteste contre ce prétendu idéalisme qui ressemble singulièrement au naturalisme. Sans doute, il y a des amis différents qui correspondent aux divers âges de la vie, et même aux diverses étapes de la vie morale, mais le cœur qui a aimé en eux autre chose encore que l'idéal du moment, ne les expulse pas comme des feuilles sèches, lorsqu'il trouve des amis plus parfaits. Cette loi de succession ne gouverne pas le monde des affections. Nous verrons, d'ailleurs, ci-après, si cette amitié qui se donne à un grand nombre d'amis, soit dans le temps ou dans l'espace, répond à l'idée que se fait Aristote de l'amitié.

Nous ne suivrons pas le philosophe dans sa dissertation sur les avantages de l'amitié, utile dans la prospérité pour partager la surabondance de biens, dans le malheur pour procurer un refuge, dans tous temps pour donner une aide, un soutien assuré. Ce point de vue utilitaire nous semble peu digne de l'amitié. On aime non parce qu'il est avantageux, nécessaire même d'avoir des amis; on aime parce qu'on a le besoin d'aimer, et que ce besoin du cœur de se donner est plus impérieux encore que tous ceux de l'intelligence. On aime, parce que c'est vivre que d'aimer.

Si Aristote nous montre l'utilité de l'amitié, c'est parce que son esprit a l'habitude d'envisager les questions sous tous leurs aspects. Il est facile, d'ailleurs, de se convaincre qu'il a compris l'amitié dans toute sa grandeur et sa beauté. « Elle est, nous dit-il, ce qu'il y a de plus noble et de plus beau. » Qu'est-ce qui fait sa noblesse, sinon son principe même, ce besoin ardent de rendre hommage au beau moral dans ce qui pour nous le manifeste le plus parfaitement. Qu'est-ce qui fait sa beauté, si ce n'est cette union complète de deux âmes, ayant les mêmes aspirations, se témoignant un mutuel respect par une sincérité, une confiance absolue, et se sanctifiant l'une pour l'autre afin de devenir plus dignes d'être aimées et de s'exhorter mutuellement au bien.

Une telle amitié est inébranlable, ainsi que la vertu qui l'a enfantée. Nous ne pouvons donc admettre que des amis vertueux puissent déchoir ; mais si une telle chute était possible pour l'un ou l'autre, cette amitié parfaite qui ne peut exister sans réciprocité, changerait de nature et se transformerait, dans l'âme fidèle, en indulgente et persévérante charité.

Si l'on voulait rechercher quel est le véritable objet de l'amour, nous pouvons dire sur le champ que ce n'est pas autre chose que le bien. Il est vrai que l'objet aimé et l'objet qu'on devrait aimer sont parfois fort différents, tout comme le sont aussi la chose qu'on veut, et celle qu'on devrait vouloir. La chose qu'on veut, c'est, d'une manière absolue, le bien ; celle que chacun doit vouloir, c'est ce qui est bon pour lui en particulier. De même également, la chose qu'on aime, c'est le bien absolument parlant ; celle qu'on doit aimer, c'est celle qu'on trouve un bien pour soi personnellement. Par conséquent, l'objet aimé est aussi l'objet qu'on doit aimer ; mais l'objet qu'on doit aimer n'est pas toujours l'objet qu'on aime. (*Grande Morale*, p. 174.)

L'amitié est une vertu, ou du moins toujours unie à la vertu. Elle est ce qu'il y a de plus nécessaire à la vie ; car il n'est personne qui consentît à vivre privé d'amis, dût-il posséder tous les autres biens. En effet, c'est quand on possède des richesses considérables, des dignités, et même la puissance souveraine, que l'on sent principalement le besoin d'amis ; car à quoi servirait cette surabondance de biens et de pouvoir, si l'on n'y joignait la bienfaisance, qui s'exerce ou se pratique principalement à l'égard de nos amis, et qui mérite alors les plus justes louanges ? Comment entretenir même et conserver tous ces biens, puisque si l'on est privé d'amis, plus on possède de biens, moins on peut en jouir avec sécurité ?

D'un autre côté, si l'on est dans l'indigence, ou dans l'infortune de quelque espèce que ce soit, on ne croit avoir de refuge que le sein de l'amitié. Jeune, elle vous garantit des fautes où l'inexpérience peut vous faire tomber; vieux, elle vous prodigue ses soins, et vous offre son secours pour l'accomplissement des actions ou des desseins que les infirmités de l'âge vous rendraient impossibles ; enfin, s'agit-il de méditer et d'exécuter les actions d'éclat qui n'appartiennent qu'à la force et à la vigueur de l'âge mûr, *deux hommes qui marchent unis*, comme dit Homère, en sont plus capables.

Mais l'amitié n'est pas seulement nécessaire, elle est aussi ce qu'il y a de plus noble et de plus beau : car nous louons ceux qui ont la passion de l'amitié et le grand nombre d'amis est considéré comme une des choses les plus honorables. Il y a même des gens qui pensent que ceux qui savent être amis, ne peuvent manquer d'être vertueux. (*Id.*, pp 347-349.)

On demande, au sujet de l'homme heureux, s'il a besoin, ou non, d'avoir des amis, Car, dit-on, quand on jouit d'une félicité parfaite, et qu'on n'a rien à désirer, on n'a nullement besoin d'amis, puisqu'on jouit de tous les biens ; et, par conséquent, ayant tout en abondance, on ne saurait rien souhaiter de plus : puisque l'ami, qui est un autre vous-même, procure ce que vous ne pourriez obtenir par vos ressources personnelles. De là cette pensée d'un poète : « Lorsque la divinité vous comble de biens, qu'a-t-on besoin d'amis? »

Cependant, en accordant à l'homme parfaitement heureux la jouissance de tous les biens, il semble étrange qu'on veuille lui refuser des amis ; c'est-à-dire, ce qu'on regarde communément comme le plus précieux des biens extérieurs. Mais si le mérite de l'ami consiste plutôt à rendre des services qu'à en recevoir, si la bienfaisance est le caractère propre de l'homme vertueux et de la vertu, et enfin s'il est plus beau de faire du bien à ses amis qu'à des étrangers, il faut donc que l'homme vertueux ait sur qui répandre ses bienfaits. Voilà pourquoi on demande encore : si c'est dans l'infortune ou dans la prospérité qu'on a plus besoin d'amis ? Car, dans le premier cas, on a besoin de trouver des personnes disposées à rendre service, et, dans le second, il en faut trouver à qui l'on puisse faire du bien.

D'ailleurs, il est peut-être absurde de vouloir faire de l'homme parfaitement heureux un être tout à fait isolé ; car il n'y a personne qui voulût posséder tous les biens uniquement pour lui seul. En effet, l'homme est destiné par la nature à vivre en société avec ses semblables : l'homme heureux a donc aussi le même penchant, puisqu'il possède tous les biens qui sont conformes à notre nature. Or, il lui est évidemment plus avantageux de vivre avec des amis, qui soient honnêtes et vertueux, que de passer ses jours avec des étrangers sans mérite et sans vertu ; l'homme vertueux a donc besoin d'amis...

Nous sommes plus capables d'observer ceux avec qui nous vivons, que de nous observer nous-mêmes, d'apprécier leurs actions, que de juger nos propres actions ; or, les actes de vertu, quand ils viennent de ceux qu'il aime, touchent vivement le cœur d'un homme vertueux, puisqu'alors les deux amis jouissont de la satisfaction la plus naturelle. Ce seront donc de tels amis qui seront nécessaires à celui qui est parfaitement heureux, s'il se plaît à contempler des actions vertueuses, et qui lui soient propres, car tel sera le caractère de celles que fera un ami vertueux.

D'un autre côté, on est persuadé que la vie de l'homme heureux doit être pleine de satisfaction ; or, l'isolement absolu est la source de bien des peines ; car il n'est pas facile d'être, par soi-même, dans une continuelle activité, au lieu que cela est plus facile quand on s'associe à quelques autres personnes, et qu'on agit pour les autres. L'activité, qui a des charmes par elle-même, sera donc plus continue, comme elle doit l'être pour le parfait bonheur. Car l'homme de bien, par cela seul qu'il est vertueux, se plaît aux actes conformes à la vertu, et s'indigne de ceux qui y sont contraires : comme le musicien trouve du plaisir à entendre une belle mélodie, et souffre une peine réelle, quand il en entend une mauvaise. D'ailleurs, vivre avec des gens vertueux est une occasion de s'exercer à la vertu, comme dit Théognis ; et, à considérer la chose sous le point de vue le plus naturel, il semble que l'honnête homme est naturellement celui que préfère un homme également vertueux. Car ce qui est bon par sa nature est, comme on l'a déjà dit, bon à l'homme vertueux, et est agréable par soi-même.

L'homme vertueux est à l'égard de son ami dans la même disposition où il est par rapport à lui-même, car un ami est un autre nous-même. Autant donc que chacun souhaite d'exister, autant, ou peu s'en faut, il souhaite que son ami existe. Mais on ne désire d'être qu'autant que l'on se sent vertueux, et un pareil sentiment est par lui-même rempli de charmes ; il faut donc aussi sentir que notre ami existe, ce qui ne peut avoir lieu qu'autant qu'on vit avec lui, qu'on est avec lui en commerce de paroles et de pensées ; car c'est là ce qui s'appelle, pour les hommes, vivre ensemble, et non pas comme pour les animaux, pour qui c'est seulement paître dans le même lieu. Si donc l'existence est désirable en soi, pour l'homme au comble de la félicité, attendu que naturellement la vie est un bien et une jouissance, l'existence d'un ami est à peu près au même degré désirable, et l'ami sera au nombre des choses qu'on doit souhaiter. Mais ce qu'on doit souhaiter pour soi-même, il faut qu'on le possède ; autrement, le bonheur sera incomplet en ce point. Donc, pour qu'un homme puisse jouir d'une félicité parfaite, il faudra qu'il ait des amis vertueux. (*Id.*, pp. 431-437.)

L'amitié parfaite est celle des hommes vertueux, et qui se ressemblent par la vertu ; car ceux-là ont les uns pour les autres une bienveillance fondée sur le mérite propre et personnel de chacun d'eux, et ils sont bons par eux-mêmes. Or, ceux qui veulent du bien à leurs amis pour eux-mêmes, sont les amis par excellence : car c'est par leur nature qu'ils sont tels, et non par l'effet des circonstances. Leur amitié dure donc tout le temps qu'ils restent vertueux ; et le propre de la vertu c'est d'être durable. Chacun d'eux a la bonté absolue et celle qui convient à son ami ; car les hommes vertueux et qui ont la bonté absolue sont utiles les uns aux autres. Ils sont aussi d'un commerce agréable ; car les gens de bien ont l'amabilité absolue, et le don de se plaire les uns aux autres. En effet, chacun d'eux trouve du plaisir dans les actions qui lui sont propres, qui conviennent à sa nature, et dans celles qui leur ressemblent : or, les actions des gens de bien sont les mêmes, ou au moins sont semblables.

Une telle amitié doit donc être durable, puisqu'elle réunit toutes les conditions qui doivent se trouver entre amis. Car toute amitié se fonde sur l'avantage ou sur le plaisir, soit dans un sens absolu, soit relativement à celui qui aime et a lieu en vertu d'une certaine ressemblance ; or, tout cela se trouve dans l'amitié dont nous parlons, et ceux qui l'éprouvent réunissent par eux-mêmes toutes ces conditions ; car tout le reste y est semblable, et la bonté absolue, et l'amabilité absolue. C'est donc ce qu'il y a de plus propre à se faire aimer; l'amitié et le tendre attachement se trouvent donc dans les personnes de ce caractère, au plus haut degré d'excellence et de perfection. (*Id.*, pp. 356-357.)

Les cœurs qui sont unis par la vertu sont bien plus amis que les autres ; car ils ont tous les biens à la fois, le bon, l'agréable et l'utile.

L'amitié la plus solidement établie, la plus durable, la plus belle, est celle qui unit les gens vertueux; et c'est tout simple qu'il en soit ainsi, puisqu'elle s'applique à la vertu et au bien. La vertu qui enfante cette amitié est inébranlable ; et, par suite, cette noble amitié qu'elle produit doit être inébranlable comme elle. (*Grande Morale*, pp. 177-178.)

Si l'on s'est attaché à son ami, le croyant vertueux, et qu'ensuite il devienne vicieux, ou le paraisse, doit-on continuer de l'aimer, ou plutôt, n'est-ce pas une chose impossible, puisqu'il n'y a de véritablement digne d'amour que ce qui est bon? Il ne faut donc pas aimer un méchant ; car on doit bien se garder d'un penchant aussi dépravé, et de devenir semblable à l'homme vil ou méprisable ; et, comme dit le proverbe : *On recherche toujours qui nous ressemble.* Mais faut-il rompre sans délai, ou bien n'y est-on pas obligé dans tous les cas, mais seulement dans celui d'une perversité incurable? S'il y a, en effet, moyen d'amender un ami, on doit tâcher de réformer ses mœurs, encore plus qu'on ne doit l'aider à réparer sa fortune, parce que c'est un procédé plus généreux et plus digne de l'amitié. Cependant, celui qui romprait ne ferait rien d'étrange; car, enfin, ce n'était pas comme tel qu'il avait choisi son ami, et se voyant dans l'impuissance de le retirer du vice, il s'éloigne de lui. (*Morale à Nicomaque*, p. 411.)

II

QU'EST-CE QU'UN AMI?

Si l'on se demande ce qu'est vraiment l'ami, dit Aristote, on se dira : « Mon ami est un autre moi-même ». Il faudrait ajouter, je crois, un autre moi-même transfiguré. Ce n'est pas un simple effet de l'exaltation d'une affection élevée et sincère qui nous fait voir dans notre ami toutes sortes de qualités, de vertus, de perfections que nous voudrions posséder pour être plus digne de lui : cette supériorité est pour nous réelle et, sans cesse, elle accroit l'admiration et l'attachement que nous lui avons voués; en l'aimant, nous rendons un culte au bien. Mais, par là même qu'il est meilleur et plus parfait que nous, il est une image embellie de nous-même. Et notre orgueil trouverait son compte dans la contemplation de cet autre nous-même qui est ce que nous devrions et voudrions être, plutôt que ce que nous sommes en réalité. Pour apprendre à nous connaître par notre ami, il faut donc faire abstraction de cette sorte d'amplification de notre moi ; et tenir compte aussi de la bonne influence que nous subissons en présence de notre ami. Ces réserves faites, nous voyons dans son âme, comme dans un miroir limpide, nos pensées, nos sentiments et les traits essentiels de notre caractère ; nous y voyons aussi nos taches, car l'ami sincère nous aime trop pour nous rien cacher de ce qui fait tort à notre âme. Et nous rencontrons en lui tant d'indulgence et de force, que nous n'avons pas de peine à le laisser lire dans notre âme comme dans un livre toujours ouvert. Rien ne peut ébranler cette confiance parfaite fondée sur le respect mutuel. En vain la calomnie y tente-t-elle ses plus formidables attaques : tous ses efforts se brisent contre cette foi absolue qui est presque une religion.

L'amitié établit aussi une entière égalité ; elle efface toutes les distinctions extérieures. Et chacun des deux amis étant sincèrement convaincu de la supériorité morale de l'autre, il ne peut subsister entre eux aucune réelle inégalité. Tout est commun entre eux, joies et peines, tout est partagé. Et comme il y a de part et d'autre un complet oubli de soi, on ne sait lequel des deux donne ou reçoit le plus. On a coutume de dire cependant que dans toute affection, quelque sincère et profonde qu'elle soit, il y a toujours une âme qui donne plus qu'elle ne reçoit; mais ceci parait tel aux yeux du vulgaire qui ne juge que par l'apparence. L'idée seule de faire un tel parallèle ne se présenterait jamais à l'esprit de deux vrais amis, qui sont peut-être plus heureux d'aimer que d'être aimés. Bien qu'Aristote dise que « le mérite propre de l'amitié consiste surtout à aimer, nous pensons que l'amitié se distingue de toute autre affection par une réciprocité parfaite. Et si cette égalité de tendresse était une chimère, le moins aimé serait encore bien heureux, car s'il est bien doux d'être aimé, il est plus grand d'aimer, et Dieu seul donne sans recevoir.

Nous demandons si l'homme qui, dans son indépendance, se suffit à lui-même, aura besoin d'amitié. Si l'on étudie son ami, et qu'on se demande ce qu'il est, ce qu'est vraiment l'ami, on se dira: « Mon ami est un autre moi-même » ; et pour exprimer qu'on l'aime avec ardeur, on répète avec le proverbe: « C'est un autre Hercule, c'est un autre moi ». Or, il n'est rien de plus difficile, ainsi que l'ont dit quelques sages, ni en même temps de plus doux, que de se connaître soi-même ; car quel charme que de se connaître ! Mais nous ne pouvons point nous voir nous-mêmes, en partant de nous ; et ce qui prouve bien notre complète impuissance, c'est que nous reprochons souvent aux autres ce que nous faisons personnellement. Notre erreur en ceci est causée soit par la bienveillance naturelle qu'on a toujours envers soi, soit par la passion qui nous aveugle. Et c'est là, pour la plupart de nous, ce qui obscurcit et fausse notre jugement. De même donc que quand nous voulons voir notre propre visage, nous le voyons en nous regardant dans un miroir, tout de même aussi, quand nous voulons nous connaître sincèrement, il faut regarder à notre ami, où nous pourrons nous voir parfaitement ; car mon ami, je le répète, est un autre moi-même. S'il est si doux de se connaître soi-même, et qu'on ne le puisse sans un autre, qui soit votre ami, l'homme indépendant aura tout au moins besoin de l'amitié pour se connaître lui-même. Ajoutez que, s'il est beau, comme il l'est en effet, de répandre autour de soi les biens de la fortune quand on les possède, on peut se demander : sans ami à qui l'homme indépendant pourra-t-il faire du bien ? Avec qui vivra-t-il ? Certes il ne vivra pas tout seul ; car vivre avec d'autres êtres semblables à soi est tout à la fois un plaisir et une nécessité. Si ce sont là des choses qui sont tout ensemble belles, agréables et nécessaires, et que l'amitié soit indispensable pour les avoir, il s'ensuit que l'homme indépendant lui-même, tout indépendant qu'il est, aura besoin d'amitié. (*Grande Morale*, pp. 108-110.)

Il n'y a que les hommes vertueux qui s'unissent les uns aux autres, à cause de leur valeur personnelle ; car les caractères vicieux ne voient dans l'amitié que l'utilité qui peut en résulter.

Aussi n'y a-t-il que l'amitié des gens de bien qui soit à l'abri de la calomnie : car il ne leur est pas facile d'en croire qui que ce soit sur le compte d'un ami longtemps éprouvé ; au contraire, ils sont unis par la plus entière confiance ; ils sont incapables d'avoir jamais un tort les uns à l'égard des autres ; en un mot, toutes les conditions dont la réunion compose une solide et véritable amitié se trouvent en eux. Au lieu que rien ne garantit les autres liaisons de ces sortes d'atteintes. (*Morale à Nicomaque*, pp. 359, 360.)

Ce qui semble essentiellement aimable et désirable, c'est le bien en soi, ou l'agréable ; et chacun aime et désire ce qui est tel pour lui, et l'homme de bien est tel aux yeux de l'homme de bien sous ce double rapport, c'est-à-dire, comme bon en soi, et comme agréable à son ami. (*Id.*, p. 362.)

Aimer son ami, c'est aimer ce qui nous est bon ; car l'homme vertueux, quand il est devenu ami, est un bien véritable pour celui qu'il aime. Chacun d'eux aime donc ce qui est un bien pour lui-même, et rend la pareille à son ami, en bienveillance et en agrément. Car l'amitié s'appelle aussi égalité ; mais c'est surtout dans celle des hommes vertueux que cela peut se rencontrer. (*Id.*, p. 363.)

Il n'y a de solide que ce qui a été mis à l'épreuve ; et les seules choses qui la supportent comme il faut, et vous donnent pleine assurance, sont celles qui ne viennent ni vite ni facilement. Il n'y a pas d'amitié solide sans confiance ; et la confiance ne se forme qu'avec le temps ; car il faut éprouver les gens pour les bien apprécier, et comme dit Théognis :

« Pour connaître les cœurs, il faut plus d'un jour ;
« Essayez les humains comme un bœuf au labour. »

(*Id.*, p. 378.)

Le véritable ami ne se borne pas seulement à témoigner sa sympathie pour la souffrance de son ami ; il tâche encore de partager effectivement cette souffrance ; et, par exemple, il endurerait la soif avec son ami quand il a soif, si la chose se pouvait ; ou du moins il s'efforce de toujours se rapprocher de cette communauté le plus qu'il peut. Même remarque sur la joie qu'on partage avec son ami : il faut que l'on se réjouisse pour son ami lui-même, et sans autre motif que la joie qu'il éprouve. De là encore toutes ces explications de l'amitié, quand on dit : « L'amitié est une égalité ; les amis véritables n'ont qu'une âme ». (*Id.*, p. 400.)

Comme l'amitié consiste plus spécialement dans un sentiment de tendresse et d'amour, et que l'on applaudit surtout à ceux qui aiment leurs amis, il s'ensuit que le mérite propre de l'amitié consiste surtout à aimer. En sorte que chez ceux qui éprouvent ce sentiment, en proportion du mérite, se trouve la constante et durable amitié. C'est ainsi qu'elle peut exister même entre des individus d'ailleurs inégaux ; car c'est par ce moyen que l'égalité peut s'établir entre eux. Or, l'égalité et la ressemblance sont des conditions de l'amitié, surtout dans ceux qui se ressemblent sous le rapport de la vertu ; car de tels hommes, ayant par eux-mêmes ce caractère de constance, le conservent aussi à l'égard les uns des autres. Ils n'ont aucun besoin de recourir à des actions viles ou méprisables ; et non seulement ils ne se prêtent à rien de tel, mais ils empêchent, en quelque sorte, que leurs amis ne s'y laissent entraîner. Car le propre des hommes vertueux est de ne commettre eux-mêmes aucune faute grave, et de ne pas souffrir que leurs amis en commettent de telles. (*Id.*, p. 372.)

Ceux dont la vertu forme le lien, sont empressés à se faire réciproquement du bien, puisque c'est le propre de la vertu et de l'amitié ; or, une pareille émulation ne produit ni plaintes ni contestations : car personne n'est fâché que son ami lui fasse du bien ; mais quand on est reconnaissant, on se venge par d'autres bienfaits. Celui même qui a la supériorité en ce genre, ne faisant que ce qu'il a voulu faire, ne saurait se plaindre de son ami, puisque chacun d'eux désire ce qui est bien. (*Id.*, p. 390.)

III

LE PLAISIR DANS L'AMITIÉ

Les pages dans lesquelles Aristote parle du plaisir dans l'amitié, sont d'une rare élévation et au-dessus de tout commentaire. Il se demande « si l'amitié est possible sans plaisir et si elle peut se former pour quelqu'un uniquement parce qu'il est bon, sans que d'ailleurs il vous plaise ; ou si elle peut être empêchée rien que par ce motif ». Nous souhaitons que chacun puisse répondre par sa propre expérience que l'amitié est un des plus parfaits bonheurs de la vie ; qu'elle est pour l'âme la source inépuisable de plaisirs profonds, d'autant plus purs que l'âme se perfectionne davantage dans le commerce d'une autre âme vertueuse. Mais il nous semble qu'Aristote a confondu, avec le plaisir de l'amitié, le bonheur que donne l'amour de la vertu : « La première et suprême amitié, dit-il, est un choix réciproque de choses absolument belles et agréables, qu'on recherche uniquement parce qu'elles sont belles et agréables en soi ». Mais ces choses absolument belles et agréables ne se trouvent dans aucune créature humaine ; car l'âme la plus parfaite n'est encore qu'un pâle reflet du beau absolu. Aucune âme ne serait donc digne de cette amitié suprême dont parle Aristote et qui me parait être plutôt le culte de l'idéal que l'amitié. Et pourtant il existe, et il a existé en tout temps, des amitiés très respectables dans leur objet, leur tendance et leur caractère. Aussi je crois qu'Aristote a voulu nous faire comprendre que le lien de toute amitié véritable, c'est l'amour de la vertu, et cela me semble irréfutable. Mais les hommes vertueux, ou plutôt, qui aiment la vertu, n'aiment pas d'amitié tous ceux qui leur ressemblent : ils ont pour eux une sincère estime, jointe à cette sympathie générale dont nous avons déjà parlé, et qui reste bien loin de cette affection unique, incomparable, qu'on appelle l'amitié. « Les semblables, dit Aristote, se plaisent vite l'un à l'autre, et l'homme est ce qu'il y a de plus doux à l'homme ». Mais est-il bien vrai de dire que les semblables se plaisent et que tout ce qui est bon soit agréable ? N'y a-t-il pas une multitude de personnes pour qui l'on professe une grande estime, parce qu'elles sont bonnes, et que cependant l'on ne recherche jamais, que l'on fuit peut-être même parce qu'on ne les trouve pas agréables? L'homme est loin d'être toujours ce qu'il y a de plus doux à l'homme. Pour que l'amitié puisse se former, il ne suffit donc pas que son objet soit bon, il faut qu'il plaise. Et cet indicible attrait qui s'exerce d'âme à âme et qui fait les amis, est le plus souvent inexplicable et mystérieux. Aussi deux âmes, ainsi unies, diront-elles toujours: « Si on me presse de dire pourquoy ie l'aymoys, ie sens que cela ne se peult exprimer qu'en respondant : « Parce que c'estoit luy; parce que c'estoit moy ». Il y a, au-delà de tout mon discours et de ce que i'en puis dire particulièrement, ie ne sçais quelle force inexplicable et fatale, médiatrice de cette union ». Aristote, lui-même, l'a senti puisqu'il dit : « L'ami aime l'ami pour lui-même, et non pas pour autre chose que lui ».

La question vaut la peine qu'on s'y arrête; et il nous faut savoir si l'amitié est possible sans plaisir; de quelle importance est cette intervention du plaisir dans l'amitié ; en quoi consiste l'amitié précisément ; et enfin si l'amitié pour quelqu'un peut uniquement se former parce qu'il est bon, sans que d'ailleurs il nous plaise ; ou si l'amitié peut être empêchée rien que par ce motif. D'autre part, aimer se prenant en deux sens, on peut se demander si c'est parce que l'acte même d'aimer est bon qu'il ne paraît jamais être dénué de plaisir. Une chose évidente, c'est que, de même que, dans la science, les théories qu'on vient de découvrir et les faits qu'on vient d'apprendre, causent le plus sensible plaisir ; de même aussi nous nous plaisons à revoir et à reconnaître les choses qui nous sont familières ; et la raison en est de part et d'autre absolument identique. Ainsi donc, ce qui est bien absolument est aussi par une loi de la nature absolument agréable, et il plaît à ceux pour qui il est bon. Voilà pourquoi les semblables se plaisent si vite l'un à l'autre, et comment l'homme est ce qu'il y a de plus doux à l'homme. Or, si les êtres se plaisent tant, même quand ils sont incomplets, à plus forte raison se plaisent-ils quand ils sont tout ce qu'ils doivent être ; et l'homme vertueux est un être complet, s'il en fût. Si donc l'acte d'aimer est toujours accompagné du plaisir que procure la connaissance de l'affection réciproque qu'on se porte, il est clair que, d'une manière générale, on peut dire de la première et suprême amitié qu'elle est un choix réciproque de choses absolument belles et agréables, qu'on recherche uniquement parce qu'elles sont belles et agréables en soi. L'amitié à cette hauteur est précisément la disposition morale d'où vient ce choix et cette préférence. Son acte même est toute son œuvre, et cet acte n'a rien d'extérieur ; il se passe tout entier dans le cœur de celui qui aime, tandis que toute puissance est nécessairement extérieure ; car, ou elle s'exerce dans un autre être, ou elle n'existe qu'à la condition que cet autre être existe. Voilà pourquoi aimer, c'est jouir, tandis que ce n'est pas jouir que d'être aimé. Etre aimé, c'est l'acte de l'objet qu'on aime; mais aimer est l'acte propre de l'amitié. Cet acte-là ne peut se trouver que dans l'être animé, tandis que l'autre peut se trouver aussi dans l'être inanimé, puisque les êtres inanimés et sans vie peuvent aussi être aimés. Mais puisqu'aimer en acte l'objet aimé, c'est se servir de cet objet en tant qu'on l'aime, et que l'ami est aimé par son ami en tant qu'ami, et non point, par exemple, en tant que musicien ou que médecin, le plaisir qui vient de lui, en tant qu'il est ce qu'il est, peut s'appeler justement le plaisir de l'amitié. L'ami aime l'ami pour lui-même et non pas pour autre chose que lui; et par conséquent, s'il n'en jouit pas en tant qu'il est vertueux et bon, la liaison qui les unit n'est pas la première et parfaite amitié. Il n'y a point d'ailleurs de circonstance accidentelle qui puisse embarrasser les amis, plus que leur vertueuse liaison ne leur donne de bonheur. (*Grande Morale*, pp. 375-378.)

IV

LE PLUS DOUX CHARM DE L'AMITIÉ, C'EST LA PRÉSENCE

L'amitié parfaite dont nous venons de parler, ne peut exister qu'entre deux personnes. « Ceux qui ont de nombreux amis, nous dit Aristote, et qui font à tout le monde un accueil amical et familier, passent pour n'être amis de personne. » Et il ajoute; « il n'y a pas beaucoup de personnes qu'on puisse aimer pour elles-mêmes ». Aussi de quel prix inestimable est pour nous un ami vertueux ! C'est, après la vertu même, le bien le plus précieux dont nous puissions jouir.

Est-ce dans la prospérité ou dans l'adversité que nous avons le plus besoin de notre ami ? Il me semble que deux vrais amis ne peuvent éprouver aucune joie si elle n'est partagée. Et il va sans dire que tous les biens matériels sont communs entre eux, et que c'est obliger un ami que de lui fournir l'occasion de nous rendre service. La seule présence de notre ami adoucit nos plus cruelles souffrances. « Sa seule vue, dit Aristote, a quelque chose de doux ; elle est, en quelque manière, une assistance contre l'affliction : car un ami, pour peu qu'il ait d'adresse et de délicatesse, trouve l'art de consoler par son seul aspect et par ses discours, ayant la connaissance du caractère de celui qui souffre, et de ce qui est propre à lui causer du plaisir ou de la peine. » Cependant Aristote se demande s'il n'est pas plus généreux de souffrir seul que de demander l'assistance de son ami. Il admire ceux qui ont cette force de caractère et qui redoutent plus la peine qu'ils peuvent causer à leur ami que celle qu'ils supportent eux-mêmes. Ce courage est peut-être inspiré par un noble sentiment. Mais il me semble que c'est dérober à son ami quelque chose de la douce communauté établie par l'amitié, que de ne pas lui permettre de prendre sa part du fardeau de nos douleurs. Et l'on est indigne d'être l'ami d'un homme de bien si l'on n'accourt auprès de lui quand il est dans le malheur ou même dans l'inquiétude ou l'embarras. Ce qui nous plaît par-dessus tout dans ces belles pages d'Aristote, plus émues que beaucoup d'autres, c'est qu'il ne craint pas, comme Emerson, que la présence continuelle de l'ami profane l'attachement élevé qui l'unit à ce frère de son âme. Il ne dit pas non plus avec Montaigne : « Si l'absence luy est ou plaisante ou utile, elle m'est bien plus douce que sa présence ». Son sentiment est que « la seule présence des amis est un charme, aussi bien dans la bonne que dans la mauvaise fortune ». « Vivre avec ses amis, dit-il, ailleurs, est ce qu'il y a de plus désirable..... Et ce qui constitue principalement l'existence pour chacun d'eux, ce qui leur fait aimer la vie, est précisément ce qu'ils se plaisent à faire avec leurs amis. » On ne peut désapprouver ceux qui craignent d'accaparer leur ami, ou qui se font scrupule de matérialiser un sentiment aussi idéal que l'amitié en recherchant avec trop d'ardeur la présence visible, au lieu de se contenter parfois de la communion spirituelle. Mais la vie se charge de mettre des bornes et souvent même des entraves à nos plaisirs les plus purs. Pourquoi donc nous priverions-nous de jouir dans la plénitude quand ces plaisirs nous sont accordés ? C'est encore Aristote qui exalte le bonheur de vivre ensemble : « C'est donc un très vif bonheur *qu'approuve la raison*, que de jouir, avec son ami, même d'amusements vulgaires et de se trouver en sa compagnie, puisque nous le sentons toujours ainsi lui-même en sentant les choses avec lui. Mais c'est un bonheur bien plus vif encore que de goûter ensemble des plaisirs plus relevés et plus divins. La cause de cette félicité, c'est qu'il est toujours plus doux de se contempler soi-même dans un homme de bien, meilleur encore que vous. » Il n'y a pas, en effet, d'occupation commune ou d'humble devoir qui ne soit idéalisé quand nous l'accomplissons avec notre ami. Et quand nous poursuivons ensemble une noble fin, tout ce qui nous y conduit est transfiguré par l'amitié. « Quelquefois, dit Aristote, nous voulons que celui que nous aimons soit loin de nous si c'est la condition de son bonheur. » Sans doute, le bien de notre ami doit nous être plus cher que le nôtre. Mais pouvons-nous admettre qu'il y ait pour l'élu de notre âme un bonheur plus grand que celui d'être auprès de nous, si nous sommes de même l'élu de son âme ? Il n'y a qu'un devoir supérieur qui puisse séparer deux amis que la vertu a unis ; et alors ils ne sont pas réellement séparés, puisqu'ils communient par la pensée, et qu'une vertu plus parfaite les rend encore plus dignes l'un de l'autre.

Il n'y a jamais d'amitié entière et parfaite entre plusieurs individus, et celles qui ont eu le plus de célébrité dans le monde, n'ont existé, comme on sait, qu'entre deux personnes ; au lieu que ceux qui ont de nombreux amis, et qui font à tout le monde un accueil amical et familier, passent pour n'être amis de personne; on les appelle affables, complaisants, quand cette manière d'être est en eux l'effet d'un caractère sociable. Cependant, on peut, par le seul effet de ce caractère, avoir de nombreux amis, sans être proprement officieux ou complaisant, mais parce qu'on est réellement homme de bien. Au reste, il n'y a pas beaucoup de personnes qu'on puisse aimer pour elles-mêmes, et à cause de leur vertu ; mais on doit s'estimer heureux de rencontrer quelques amis de cette espèce.

Mais a-t-on plus besoin d'amis dans la prospérité que dans l'adversité ? On en cherche au moins dans l'une et l'autre situation ; car les infortunés ont besoin d'assistance, et les gens heureux ont besoin de trouver des personnes avec qui ils puissent vivre, et à qui ils puissent faire du bien, ce qui est en eux un désir général. Il est donc plus nécessaire d'avoir des amis dans l'infortune : aussi est-ce alors qu'on a besoin de ceux qui sont utiles; mais il est plus beau d'en avoir dans la prospérité, et c'est pour cela qu'on en recherche qui soient vertueux : car c'est à ceux-là qu'on doit préférer de faire du bien, et c'est avec eux qu'il est doux de vivre. En effet, la seule présence des amis est un charme, aussi bien dans la bonne que dans la mauvaise fortune : car ils allègent nos chagrins, en les partageant, et c'est pour cela qu'on ne saurait dire si c'est comme un fardeau dont ils nous allègent, en le supportant en partie avec nous, ou bien, si le plaisir que nous fait leur présence, et la pensée qu'ils s'affligent avec nous, rendent nos peines moins vives. Nous ne chercherons point, quant à présent, à expliquer la cause du soulagement qu'on éprouve en pareil cas, et s'il y en a quelque autre que celles que nous venons d'indiquer : toujours l'effet que nous avons dit semble-t-il avoir ordinairement lieu. La présence d'un ami paraît même réunir en soi ces causes diverses; sa seule vue a d'abord quelque chose de doux, surtout pour l'infortuné ; elle est, en quelque manière, une assistance contre l'affliction : car un ami, pour peu qu'il ait d'adresse et de délicatesse, trouve l'art de consoler par son seul aspect et par ses discours, ayant la connaissance du caractère de celui qui souffre et de ce qui est propre à lui causer du plaisir ou de la peine.

On s'afflige de sentir que nos malheurs puissent attrister ceux qu'on aime; car il n'est personne qui n'évite d'être une cause d'affliction pour ses amis. Voilà pourquoi les hommes qui ont naturellement un caractère ferme et courageux, craignent de voir leurs amis s'affliger avec eux; et, à moins qu'on ne soit d'une insensibilité peu ordinaire, on ne supporte pas l'idée de la peine qu'on peut leur faire. En général, l'homme courageux, peu disposé à s'abandonner lui-même aux plaintes et aux gémissements, a de l'éloignement pour ceux qui sont toujours prêts à pleurer sur les malheurs des autres ; au lieu que les femmelettes, et les hommes qui leur ressemblent, sont flattés qu'on gémisse avec eux, et ne regardent comme amis que ceux qui souffrent de leurs douleurs. Or, en tout genre, ce sont toujours les meilleurs modèles qu'il faut suivre.

. . . .

La prospérité fait que l'on trouve beaucoup de charme dans la présence, dans le commerce habituel de ceux qu'on aime, et aussi dans la pensée qu'ils sont heureux du bonheur dont on jouit. Par cette raison, on doit naturellement s'empresser à les appeler auprès de soi, lorsqu'il arrive quelque événement heureux; car il est beau de se plaire à faire du bien aux autres. Dans l'infortune, au contraire, on ne doit consentir qu'avec peine à voir ses amis, car il faut, le moins qu'on peut, leur faire partager sa souffrance. C'est pour cela qu'un poète a dit : « C'est bien assez que je sois malheureux..... » Mais il faut surtout les appeler lorsqu'ils peuvent, sans prendre beaucoup de peine, nous être d'une grande utilité. D'un autre côté, peut-être aussi doit-on s'empresser de rechercher un ami dans l'infortune, sans attendre qu'il vous appelle ; car le devoir de l'amitié est de faire du bien, surtout à celui qui est dans la détresse, et qui n'a pas exigé d'assistance ; c'est des deux parts un procédé plus touchant et plus honorable. Il faut se porter avec ardeur à seconder la bonne fortune de ses amis, parce qu'ils peuvent même avoir besoin d'assistance en pareil cas : mais on doit marquer peu d'empressement à en recevoir des services ; car rien ne fait moins d'honneur que de s'occuper sans cesse de son intérêt personnel. Au reste, peut-être faut-il prendre garde de déplaire à ses amis, en s'obstinant à refuser leurs services, comme il arrive quelquefois. Dans tous les cas donc, la présence des amis paraît une chose précieuse et désirable.

Mais de même que ce qui charme le plus dans l'amour, c'est de contempler la personne qu'on aime, et comme il n'y a aucune sensation qu'on préfère à celle-là (puisque c'est celle qui donne naissance à cette passion et qui l'entretient), en est-il ainsi de l'amitié ? Vivre avec ses amis est-il, en effet, ce qu'il y a de plus désirable, puisque l'amitié est un commerce assidu, et qu'on a ordinairement pour un ami les mêmes sentiments qu'on a pour soi-même ? Or, ce qu'on aime en soi, c'est le sentiment de l'existence, et, par conséquent, c'est aussi ce qu'on aime dans son ami ; mais l'activité de ce sentiment s'exerce principalement dans un commerce assidu; c'est donc avec fondement que les amis s'y portent avec empressement. Et ce qui constitue principalement l'existence pour chacun d'eux, ce qui leur fait aimer la vie, est précisément ce qu'ils se plaisent à faire avec leurs amis. Voilà pourquoi les uns passent leurs jours à boire ensemble, ou à jouer aux dés; d'autres, à s'exercer dans les gymnases; d'autres, à la chasse, ou à traiter ensemble des questions de philosophie; tous consacrent leurs jours à s'occuper en commun des choses qu'ils regardent comme les plus grands plaisirs de la vie. Car, voulant vivre sans cesse avec leurs amis, ils s'associent à eux pour faire ce qui leur semble pouvoir entretenir ce commerce continuel, objet de leurs désirs.

Ainsi donc l'amitié entre gens vicieux ou méchants devient criminelle; car ils font en commun des actions coupables, étant pervers et sans vertu, et ils deviennent vicieux, se prenant les uns les autres pour modèles. Mais l'amitié des gens de bien, accrue par une continuelle fréquentation, devient vertueuse; et il est naturel qu'ils s'améliorent à mesure qu'ils continuent de vivre ensemble, et qu'ils se perfectionnent par une influence réciproque; car ceux qui sont unis par une affection mutuelle, se modèlent, pour ainsi dire, les uns sur les autres. Ce qui a fait dire à Théognis : « L'homme de bien t'apprendra la vertu..... ». (*Morale à Nicomaque*, pp. 439-445.)

Ce qu'on veut avant tout, c'est d'être avec son ami. Aussi, comme dit le proverbe : « C'est un grand chagrin que des amis loin de soi »; et l'on veut dire par là qu'une fois amis, il ne faut plus s'éloigner les uns des autres. C'est ce qui fait encore que l'amour ressemble tant à l'amitié. L'amant désire toujours vivre avec ce qu'il aime.

. . . .

Il est certain que l'ami veut être comme le dit le proverbe : « Un autre Hercule, un autre nous-mêmes ». Cependant, il est distinct de nous ; il en est séparé, et il est difficile de se réunir en un seul et même individu. Cet être, qui nous est parfaitement conforme par nature, est autre que nous par son corps, tout semblable qu'il est; en outre, il est autre par l'âme, et peut-être diffère-t-il encore davantage dans chacune des parties de cette âme et de ce corps. Pourtant, l'ami n'en veut pas moins être un autre nous-mêmes, séparé de nous. Ainsi sentir son ami, c'est nécessairement en quelque sorte se sentir soi-même; c'est comme se connaitre soi-même que de le connaître. C'est donc un très vif bonheur qu'approuve la raison, que de jouir, avec son ami, même d'amusements vulgaires, et de se trouver en sa compagnie, puisque nous le sentons toujours ainsi lui-même en sentant les choses avec lui. Mais c'est un bonheur bien plus vif encore que de goûter ensemble des plaisirs plus relevés et plus divins. La cause de cette félicité, c'est qu'il est toujours plus doux de se contempler soi-même dans un homme de bien, meilleur encore que vous. Parfois, c'est un simple sentiment, tantôt un acte, tantôt quelqu'autre chose qui réunit les cœurs. Or, s'il est doux d'être soi-même heureux, et si la vie commune a cet avantage d'y pouvoir agir ensemble, la société des hommes éminents réunis par l'amitié, est ce qu'il y a de plus doux au monde. Se livrer ensemble à ces nobles contemplations, à ces exquises jouissances, tel est l'objet de ces liaisons. (*Morale* à *Eudème*, pp. 435-437.)

Quelquefois nous voulons que celui que nous aimons soit loin de nous, si c'est la condition de son bonheur; parfois, nous désirons, au contraire, qu'il partage les biens dont nous jouissons nous-mêmes, et ce désir d'être ensemble est la marque d'une sincère amitié. Quand il se peut qu'on soit réuni, et qu'on soit heureux dans cette union, personne n'hésite. Mais, quand c'est impossible, on fait alors comme la mère d'Hercule, qui préféra se séparer de son fils et le voir devenir un Dieu, plutôt que de le garder auprès d'elle et de le voir esclave d'Eurysthée. L'ami pourrait faire ici la même réponse que fit un Lacédémonien, en se moquant de quelqu'un qui lui conseillait dans une tempête, d'appeler les Dioscures à son aide. C'est bien, ce semble, le rôle de celui qui aime, d'éviter à son ami de partager toutes les épreuves désagréables et pénibles ; et c'est bien aussi le rôle de celui qui est aimé, que de vouloir, au contraire, en prendre sa part personnelle. Tous deux ont raison d'agir ainsi; car un ami ne doit rien trouver au monde d'aussi pénible, que lui est douce la présence de son ami. D'un autre côté, on doit en amitié ne pas penser uniquement à soi ; et voilà comment on veut éviter à son ami toute participation au mal qu'on endure. Il suffit qu'on soit seul dans la peine; et l'on ne voudrait pas paraître ne songer qu'à soi égoïstement, en achetant son plaisir au prix de la douleur d'un ami. Il est vrai que les maux sont plus légers quand on n'est pas seul à les supporter; et, comme il est naturel qu'on désire d'être heureux, et d'être ensemble, il est clair qu'on préfère se réunir, dût le bien qu'on espère être moins grand, plutôt que d'être séparé avec un plus grand bien. Mais comme on ne peut pas savoir au juste tout ce que vaut la vie commune, les avis diffèrent sur ce point. Les uns pensent que l'amitié consiste à tout partager sans aucune exception, parce qu'il est bien plus agréable, disent-ils, de dîner ensemble, en supposant même qu'on ait des deux parts un aussi bon repas. D'autres, au contraire, ne veulent pas que leur ami partage leur peine ; et l'on peut convenir qu'ils ont raison ; car en poussant les choses à l'extrême, on en arriverait à soutenir qu'il vaut encore mieux souffrir affreusement ensemble, que d'être même très heureux séparément.

Les mêmes perplexités à peu près se présentent au cœur d'un ami, quand il est dans le malheur. Parfois, nous souhaitons que nos amis soient bien loin de nous, et ne partagent pas notre douleur, quand ils n'y pourraient rien. Parfois, on trouverait leur présence la plus douce consolation qu'on pourrait goûter. Cette contradiction apparente n'a rien de déraisonnable ; elle s'explique par tout ce que nous venons de dire. D'une manière absolue nous voulons éviter de voir une douleur quelconque, et même un simple embarras à notre ami, autant que nous l'éviterions pour nous-mêmes. D'un autre côté, s'il est une douce chose parmi les choses les plus douces de la vie, c'est de voir son ami, par les motifs que nous avons indiqués, et de le voir sans souffrance, même quand on souffre personnellement. Mais, selon que le plaisir l'emporte dans l'un ou l'autre sens, on incline à désirer la présence de l'ami ou son absence. (*Id.*, pp. 439-441.)

V

LA BIENVEILLANCE DANS SES RAPPORTS AVEC L'AMITIÉ

Aristote rapproche la bienveillance de l'amitié, parce qu'elle lui ressemble en ce qu'elle veut du bien à autrui. Elle en diffère aussi en ce qu'elle est plus générale et moins vive, puisqu'elle se témoigne à des personnes pour lesquelles nous n'avons aucun attachement particulier. La bienveillance est la sympathie que nous devons éprouver pour tous les êtres humains. Elle n'est pas encore la bonté, mais elle le devient quand elle se traduit par des actes. L'universalité de ce sentiment n'empêche pas qu'il n'y ait des degrés et des nuances, selon le mérite plus ou moins grand des personnes qui en sont l'objet. Aristote l'appelle « une amitié inerte » tant qu'elle n'agit point, et il la considère comme une véritable amitié, lorsqu'elle est transformée par le temps en habitude. Mais la signification du mot amitié est ici affection, ou simplement disposition affectueuse.

La bienveillance qui doit exister entre tous les hommes crée, entre tous, des rapports de bienfaiteurs et d'obligés, car tous sont tour à tour l'un et l'autre. Il n'y a aucune créature humaine qui ne doive quelque chose à ses semblables, et qui ne soit capable de leur rendre service par son travail; sans compter que cette utilité générale de tout homme qui travaille dans la société, n'exclut pas les bienfaits particuliers dont la bienveillance peut être la source.

Aristote ne semble croire ni au désintéressement des bienfaiteurs, ni à la reconnaissance de leurs obligés. Il rappelle que l'on considère ceux-là comme les créanciers qui ne perdent pas le souvenir de leur créance, et ceux-ci comme des débiteurs qui aiment à oublier et leurs dettes et leurs créanciers. Il y a, en effet, des bienfaiteurs orgueilleux et insolents qui font le bien sans délicatesse, et il y a des obligés pour qui la reconnaissance est un pesant fardeau. Mais il ne s'ensuit pas qu'il n'y ait pas des âmes assez haut placées pour exercer la véritable bonté et pour sentir la gratitude sincère.

Aristote atténue lui-même ce qu'il y a de dur, d'injuste et presque de cynique dans cette comparaison, en attribuant l'ingratitude à la faiblesse de l'humanité qui fait que « la plupart des hommes sont sujets à oublier et désirent plus communément qu'on leur fasse du bien, que d'en faire eux-mêmes ». Puis, avec la profondeur et la sûreté de psychologie qui le caractérise, il assimile l'affection plus grande des bienfaiteurs pour leurs obligés, à celle des artistes pour leur œuvre. « L'obligé, dit-il, est, pour ainsi dire, leur ouvrage, et ils le chérissent plus que l'ouvrage ne chérit celui à qui il doit l'existence ». Il explique de même la supériorité de l'amour paternel et surtout maternel sur l'amour filial. Tout en admettant la justesse de cette analyse, nous avons besoin de croire, pour l'honneur de la dignité humaine, à un dévouement qui soit autre chose que de l'intérêt plus ou moins élevé, à l'oubli complet de soi-même pour le bonheur d'un être aimé, ainsi qu'à l'amour profond et sincère que la gratitude inspire toujours à celui qui est l'objet de véritables bienfaits.

La bienveillance ressemble sans doute à l'amitié, mais ce n'est pas tout à fait l'amitié, car on éprouve de la bienveillance, même pour des inconnus, et sans presque s'en apercevoir; ce qui n'a pas lieu pour l'amitié, comme on l'a déjà remarqué. Elle n'est pas même de l'attachement; car elle n'est accompagnée ni de désir, ni d'une sorte d'empressement et d'inclination, caractère ordinaire de l'attachement. Celui-ci suppose quelques habitudes d'une liaison antérieure; au lieu que la bienveillance naît d'une rencontre fortuite, comme il arrive au sujet de ceux qu'on voit combattre dans l'arène, car les spectateurs prennent quelquefois de la bienveillance pour eux; ils s'associent à leurs vœux, quoiqu'ils ne voulussent nullement se joindre à leurs efforts, parce que c'est un sentiment subit, instantané, et une affection d'ailleurs très légère.

. . . .

La bienveillance ne fait pas que l'on soit ami; seulement elle fait qu'on souhaite du bien à ceux pour qui on l'éprouve, quoiqu'on ne soit encore disposé à rien faire, ni à prendre aucune peine pour eux. On pourrait donc l'appeler une amitié inerte, mais qui, transformée avec le temps en habitude, peut devenir une véritable amitié, laquelle n'a d'ailleurs pour motifs, ni l'utilité, ni l'agrément; ce ne sont pas là les fondements de la bienveillance. En général, c'est la vertu et quelques qualités estimables qui font naitre la bienveillance, lorsqu'un homme nous semble beau, ou courageux, ou posséder quelque avantage de ce genre. (*Morale à Nicomaque*, pp. 417-419.)

Il semble que les bienfaiteurs ont plus d'affection pour ceux qu'ils ont obligés, que ceux-ci n'en ont pour les auteurs des bienfaits qu'ils ont reçus ; et comme ce fait paraît étrange, on en cherche la cause. La plupart donc s'imaginent que cela vient de ce que les uns sont, en quelque sorte, des débiteurs, tandis que les autres sont comme des créanciers. Or, de même que, dans le cas des dettes contractées, les débiteurs souhaiteraient que leurs créanciers n'existassent point, au lieu que ceux qui ont prêté s'intéressent à la conservation de leurs débiteurs ; ainsi ceux qui ont rendu à d'autres d'importants services, désirent la conservation de leurs obligés, comme pouvant un jour leur en témoigner de la reconnaissance ; tandis que ceux-ci ne mettent pas autant d'intérêt à rendre le bien qu'on leur a fait.

Cependant, c'est peut-être d'une telle opinion qu'Epicharme aurait dit que c'est là le langage de gens *qui sont mal placés pour voir la chose*. Elle semble tenir simplement à une faiblesse de l'humanité ; car la plupart des hommes sont sujets à oublier, et désirent plus communément qu'on leur fasse du bien, que d'en faire eux-mêmes. La cause du fait que nous examinons paraît pouvoir s'expliquer plus naturellement, et la comparaison des créanciers n'est pas exacte. Car ceux-ci n'ont pas de l'attachement pour leurs débiteurs ; mais ils souhaitent leur conservation, pour pouvoir en être payés.

Au contraire, ceux qui ont rendu un bon office aiment et chérissent les personnes à qui ils ont fait du bien, quand même ceux-ci ne pourraient leur être d'aucune utilité, ni actuellement ni à l'avenir. C'est aussi le sentiment qu'éprouvent les artistes; car il n'y en a aucun qui n'aime l'ouvrage sorti de ses mains, plus qu'il n'en serait aimé lui-même, en supposant que ce produit de l'art vînt à recevoir le sentiment et la vie. C'est peut-être chez les poètes que cela se remarque plus particulièrement; car ils ont communément pour leurs poèmes la tendresse passionnée qu'un père a pour ses enfants. Or, c'est à peu près là le cas des bienfaiteurs; car l'obligé est, pour ainsi dire, leur ouvrage, et ils le chérissent plus que l'ouvrage ne chérit celui à qui il doit l'existence.

La cause de cela, c'est que l'existence est ce qu'on aime, ce qu'on préfère à tout; or nous existons surtout par l'exercice de notre activité, c'est-à-dire par la vie et par l'action. Celui qui a produit une œuvre existe donc, en quelque manière, par l'exercice de son activité : aussi aime-t-il son ouvrage par la même raison qui lui fait aimer l'existence. C'est là l'impulsion de la nature : car ce qui existe en puissance, l'œuvre le manifeste, ou l'exprime, par le développement de l'activité.

Il y a encore dans l'action du bienfaiteur quelque chose d'honorable, en sorte qu'il se plaît dans ce qui lui procure ce sentiment, tandis qu'il n'y a, dans l'auteur du bienfait, rien d'honorable aux yeux de celui qui l'a reçu; il n'y voit que son avantage, qui est une chose moins agréable et moins digne d'amour. D'ailleurs, on trouve un certain charme à exercer actuellement son activité; on en trouve même dans l'espoir de l'exercer à l'avenir, et le souvenir des actions passées a aussi quelque chose de doux ; mais ce qui charme le plus, et ce qu'il y a de plus aimable, c'est l'acte lui-même.

L'œuvre subsiste donc pour celui qui en est l'auteur, car ce qui est honorable et beau est aussi durable ; mais pour l'obligé, dès qu'il a reçu le bienfait, il cesse d'en sentir l'utilité. La mémoire des choses belles et honorables est délicieuse ; celle des choses utiles ne l'est pas, ou l'est beaucoup moins ; et, quant à l'attente de ces deux sortes de choses, il semble qu'on en soit affecté d'une manière toute contraire. En un mot, l'attachement que l'on a pour d'autres a quelque ressemblance avec l'action ou production ; au lieu que celui des autres pour nous, nous place, pour ainsi dire, dans une situation passive : or, la supériorité des facultés actives est toujours accompagnée d'une disposition à aimer et de qualités aimables.

Enfin, on s'attache toujours bien plus à ce qui a coûté beaucoup de peine, et c'est ainsi que ceux qui ont acquis eux-mêmes de la richesse, y tiennent plus que ceux qui l'ont reçue de leurs parents. Or, recevoir un bienfait ne semble pas coûter beaucoup de peine, tandis qu'il en coûte pour obliger ; et c'est pour cela que les mères ont plus de tendresse pour leurs enfants. Car leur naissance a été plus pénible pour elles, et elles savent mieux qu'ils sont nés d'elles. C'est aussi une circonstance qui semble caractériser plus particulièrement les bienfaiteurs. (*Id.*, pp. 421-424.)

QUATRIÈME PARTIE

CHAPITRE PREMIER

DIEU

Si la morale de Socrate est toute pénétrée de l'idée ou plutôt du sentiment de Dieu, toujours présent à l'âme du sage, il n'en est pas ainsi de la morale d'Aristote, toute fondée sur la raison. Mais la raison émane de Dieu qui est aussi le principe et la fin de toute la métaphysique d'Aristote. Dieu est pour lui le principe moteur immobile, éternel, parfait, l'Etre pur, l'intelligence pure et l'acte pur. Il conclut du mouvement à l'existence de « quelque chose qui meut sans être mû, quelque chose d'éternel, qui est substance et qui est acte ». « Or, dit-il, voici comment il meut : c'est comme le désirable et l'intelligible. » Nous ne sommes pas sûrs d'avoir bien compris la métaphysique d'Aristote qui n'est pas accessible à tous, comme celle de Socrate et de Platon. « Le désirable et l'intelligible » me semblent répondre au bien absolu, au vrai absolu et à leur resplendissement, le beau, qui mettent en activité toutes les facultés de l'homme. En effet, Aristote nous dit que « l'objet désiré est ce qui nous paraît bien. Nous le souhaitons, parce qu'il nous paraît souhaitable, bien plutôt qu'il ne nous paraît souhaitable parce que nous le souhaitons. » Le désirable ne peut être que Dieu, souverainement aimable et digne d'être aimé. « L'Intelligible est la substance en acte. » L'Intelligible est donc encore Dieu l'Etre pur, qui subsiste par lui-même, de qui tout émane, par qui et en qui nous sommes ; et l'acte pur, c'est-à-dire, l'activité parfaite, dans laquelle l'acte est égal à la puissance et se confond avec elle. Dans l'être incomplet, tel que l'homme, l'acte est inférieur, en effet, à la puissance qui le produit : les opérations les plus merveilleuses de l'intelligence humaine sont bien au-dessous de l'intelligence elle-même ; et les actes les plus héroïques de la volonté humaine, sont bien plus imparfaits que la volonté elle-même. Mais en Dieu, la pensée, c'est-à-dire l'intelligence, la puissance et l'acte se confondent dans la même perfection. Aussi Aristote a-t-il dit : « La félicité suprême de Dieu, c'est l'acte de cette vie supérieure ». Toute les pensées du Dieu créateur sont autant d'actes parfaits. C'est pourquoi, sans doute, Dieu est pour Aristote « l'intelligence pure » ; et à son avis, « le comble du bonheur pour l'homme est de veiller, sentir et penser, avec les espérances et les souvenirs qui se rattachent à ces actes ». Nous avons peine à rêver pour l'homme le bonheur suprême de l'état d'intelligence pure, à moins que l'homme ne puisse devenir Dieu lui-même et confondre l'activité parfaite dans la contemplation parfaite. La béatitude de Dieu, selon Aristote, consiste en ce que « son activité ne s'exerce pas seulement dans le mouvement, elle subsiste également dans la plus parfaite immobilité ». S'il est vrai de dire que « la volupté est plutôt dans le repos, dans une sorte de quiétude que dans le mouvement », nous sommes bien loin de cet état si parfait, nous qui ne savons pas jouir du repos et qui nous divertissons dans le travail, l'effort, le remuement, le plaisir et l'agitation. Et Pascal a raison de nous avertir que « si l'homme était heureux, il le serait d'autant plus qu'il serait moins diverti, comme les saints et Dieu ». C'est pourquoi Aristote aussi nous dit : « Mais notre imperfection est cause *qu'en tout le changement* à *des charmes* ; car comme l'homme vicieux est inconstant, la nature elle-même à besoin de changement, parce qu'elle n'est pas simple, ni vertueuse ».

Le Dieu intelligence pure qui nous écrase par sa grandeur, est-il réellement pour nous, êtres imparfaits, le désirable qui doit mettre toute notre âme en mouvement ? La crainte qu'il nous inspire n'est pas tempérée par l'idée de Providence, de bonté et d'amour. Nous sommes loin, en effet, du Dieu de Socrate « qui prend soin de tout et qui a commis des êtres pour veiller sur chaque individu, jusqu'à la moindre de ses actions ou de ses affections » ;

bien plus loin encore du Dieu des chrétiens qui est mû par l'amour, puisqu'il a aimé les hommes le premier. Sans doute, Aristote ne comprenant pas la piété de Socrate et de Platon qui, à ses yeux peut-être était de la sentimentalité, aura-t-il craint d'abaisser l'Être pur en lui prêtant un sentiment ou une passion, si noble fût-elle ! Il est vrai de dire aussi que la pensée de Dieu ne serait point parfaite si elle n'embrassait tout ce qui subsiste par elle.

Nous pouvons supposer que le génie puissant d'Aristote a conçu l'idée du parfait de la même façon que notre grand Descartes en qui elle naquit de l'imperfection même de sa connaissance et de sa pensée. Aristote, dans ses nombreuses définitions du mot parfait, nous fait bien sentir la différence entre les choses relativement parfaites en ce qu'elles répondent à une fin, et les choses absolument parfaites qui sont elles-mêmes la fin. Il se demande comment la nature de l'univers, jouit du bien et de la perfection. « Est-ce, dit-il, quelque chose qui serait séparé de lui et qui existerait en soi et pour soi uniquement. Est-ce simplement l'ordre qui éclate dans les choses ? » Et par une comparaison ingénieuse, il montre que c'est bien plus que l'ordre, Dieu qui l'établit par son gouvernement. Il assimile l'univers « à une maison bien conduite, dans laquelle les personnes libres n'ont pas du tout la permission de faire les choses comme bon leur semble ». Faut-il voir une négation de la liberté dans cette parole : « toutes les choses qui les regardent, ou le plus grand nombre du moins, y sont ordonnées suivant une règle précise » ? Mais nous savons par expérience que l'harmonie est souvent troublée par une multitude de choses qui se font sans l'opposition, sinon avec la permission de Dieu. Ne sommes-nous pas souvent aussi forcément ramenés dans l'ordre par les conséquences inévitables des fautes que nous avons commises par l'abus de notre liberté ?

L'ordre et la perfection de l'univers ne peuvent-être, selon Aristote, que l'effet d'une pensée parfaite qui fait concourir toutes choses à une même fin, réduisant ainsi à l'unité les principes en apparence les plus contraires.

Il existe quelque chose qui est éternellement mû, d'un mouvement qui ne s'arrête jamais ; et ce mouvement est circulaire. Cette vérité n'est pas évidente seulement pour la raison ; elle est, en outre, évidemment prouvée par les faits eux-mêmes. Donc, le premier ciel est éternel ; donc, il existe aussi quelque chose, qui lui donne du mouvement. Mais comme le mobile intermédiaire est mû et meut à son tour, il faut concevoir quelque chose qui meut sans être mû, quelque chose d'éternel, qui est substance et qui est acte. Or, voici comment il meut : c'est comme le désirable et l'intelligible qui meut sans être mû. De part et d'autre, pour l'intelligible et le désirable, les primitifs sont les mêmes. L'objet désiré est ce qui nous paraît être bien ; et le primitif de la volonté, c'est le bien même. Nous le souhaitons, parce qu'il nous paraît souhaitable bien plutôt qu'il ne nous paraît souhaitable parce que nous le souhaitons ; car, en ceci, c'est l'intelligence qui est le principe. Or l'intelligence n'est mue que par l'intelligible. L'intelligible est l'autre série, qui existe par elle-même ; c'est en elle qu'est la substance première, et c'est en celle-ci qu'existent la substance absolue et la substance en acte. Mais l'Un et l'Absolu ne se confondent pas ; l'Un exprime la mesure ; l'Absolu exprime la manière d'être de la chose. Toutefois, le bien et le préférable en soi, sont dans la même série ; et c'est le primitif qui est toujours, ou le meilleur, ou ce qui est analogue au meilleur. Pour se convaincre que le pourquoi des choses est dans les immobiles, il suffit de faire la division suivante : Le pourquoi s'applique à un objet ; et de ces deux termes, le pourquoi est dans les immobiles ; l'objet n'y est pas. Le pourquoi détermine le mouvement, en tant qu'il est aimé ; et, une fois mû, il meut tout le reste.

Si donc, une chose est mue, c'est qu'elle peut aussi être autrement qu'elle n'est. Par conséquent, si la translation est le premier des mouvements, et si elle est un acte en tant qu'elle est mue, il faut aussi qu'elle puisse être autrement qu'elle n'est, au moins relativement au lieu, si ce n'est dans sa substance. Mais du moment qu'il existe une chose qui donne le mouvement, en étant elle-même immobile et en étant actuelle, cette chose-là ne peut absolument point être autrement qu'elle n'est, car la translation est le premier des changements ; la première des translations est la translation circulaire ; et c'est elle qui produit le premier moteur.

Donc de toute nécessité, ce principe existe ; en tant que nécessaire, il est parfait tel qu'il existe ; et c'est à ce titre qu'il est le principe. D'ailleurs, le nécessaire peut s'entendre avec diverses nuances : nécessité de violence qui contraint notre penchant; nécessité de ce qui est indispensable à la réalisation du bien; enfin, nécessité de ce qui ne peut pas être autrement qu'il n'est, et est absolu. C'est à ce principe, sachons-le, qu'est suspendu le monde, et qu'est suspendue la nature.

Cette vie, dans toute la perfection qu'elle comporte, ne dure qu'un instant pour nous. Mais lui, il en jouit éternellement, ce qui pour nous est impossible ; sa félicité suprême, c'est l'acte de vie supérieure. Et voilà comment aussi pour l'homme, veiller, sentir, penser, c'est le comble du bonheur, avec les espérances et les souvenirs qui se rattachent à tous ces actes. L'intelligence en soi s'adresse à ce qui est en soi le meilleur; et l'intelligence la plus parfaite s'adresse à ce qu'il y a de plus parfait. Or, l'intelligence arrive à se penser elle-même, en se saisissant intimement de l'intelligible ; elle devient intelligible, en se touchant elle-même, et en se pensant, de telle sorte que l'intelligence et l'intelligible se confondent. En effet, ce qui peut être à la fois l'intelligible et la substance, c'est l'intelligence ; et elle est en acte, quand elle les possède en elle-même. Par conséquent, ce que l'intelligence semble avoir de divin appartient plus particulièrement encore à ce principe ; et la contemplation est ce qu'il y a, dans l'intelligence, de plus délicieux et de plus relevé.

Si donc Dieu jouit éternellement de ce suprême bonheur, que nous, nous ne goûtons guère qu'un moment, c'est une chose déjà bien admirable; mais, s'il y a plus que cela, c'est encore bien plus merveilleux. Or, il en est bien ainsi ; et la vie appartient certainement à Dieu, puisque l'acte de l'intelligence c'est la vie même, et que l'intelligence n'est pas autre chose que l'acte. Ainsi, l'acte en soi est la vie de Dieu ; c'est la vie la plus haute qu'on puisse lui attribuer ; c'est sa vie éternelle, et voilà comment nous pouvons affirmer que Dieu est l'être éternel et l'être parfait. Donc, la vie, avec une durée continue et éternelle est son apanage; car Dieu est précisément ce que nous venons de dire.

On méconnaît la vérité, quand on suppose, comme le font les Pythagoriciens et Speusippe, que le bien et le beau parfaits ne sont pas dans le principe des choses, par cette raison que, si, dans les plantes et les animaux, leurs principes aussi sont des causes, le beau et le parfait ne se trouvent, cependant, que dans les êtres qui proviennent de ces principes. C'est là une erreur, puisque le germe provient lui-même d'êtres parfaits qui lui sont antérieurs ; car le primitif, ce n'est pas le germe ; c'est l'être complet qui l'a produit.

Sans doute, on peut bien dire que l'homme est antérieur au germe ; mais l'homme antérieur n'est pas l'homme qui est venu du germe, c'est, au contraire, cet autre homme d'où le germe est venu.

Ce qui précède suffit pour démontrer l'existence d'une substance éternelle, immobile, séparée de tous les autres êtres que nos sens peuvent percevoir. Il a été démontré aussi qu'une substance de cet ordre ne peut pas avoir une grandeur quelconque, mais qu'elle est sans parties et sans divisions possibles. Car elle produit le mouvement pendant le temps infini ; or, aucun être fini ne peut avoir une puissance infinie; et comme toute grandeur est, ou infinie, ou finie, ce principe ne peut être, ni une grandeur finie, d'après ce qu'on vient de dire, ni une grandeur infinie, parce que nulle grandeur ne peut être infinie, quelle qu'elle soit. Enfin, ce principe doit également être, et impassible et inaltérable, puisque tous les autres mouvements ne viennent qu'après le mouvement de locomotion. (*Métaphysique*, III, pp. 130-136.)

S'il y avait quelque être dont la nature fût entièrement simple, la même activité, purement contemplative, serait toujours pour lui la source des plus vifs plaisirs. Voilà pourquoi Dieu jouit éternellement d'une volupté simple et pure; car son activité ne s'exerce pas seulement dans le mouvement, elle subsiste également dans la plus parfaite immobilité, et la volupté est plutôt dans le repos, dans une sorte de quiétude, que dans le mouvement. Mais notre perfection est cause qu'*en tout le changement a des charmes*, comme dit le poète ; car comme l'homme vicieux est inconstant, la nature elle-même a besoin de changement, parce qu'elle n'est pas simple ni vertueuse. (*Morale à Nicomaque*, pp. 342-343.)

Parfait se dit d'une chose en dehors de laquelle il n'est plus possible de rien trouver qui lui appartienne, fût-ce même la moindre parcelle..... Parfait se rapporte encore au mérite et au bien, qui ne peut plus être surpassé dans un genre donné. La vertu est aussi une sorte de perfectionnement ; car pour toute chose, pour toute substance, on la dit parfaite, lorsque dans le genre de vertu qui lui convient, il ne lui manque rien de ce qui doit en constituer l'étendue naturelle.

On appelle encore parfaites les choses qui parfont

et atteignent une bonne fin ; car elles sont parfaites, par cela seul qu'elles parfont cette fin.

Les choses dites parfaites essentiellement et en soi, sont ainsi dénommées selon les différents sens : les unes, parce que, en fait de bien, rien ne leur manque, et qu'elles n'ont en bien, ni aucun excès, ni aucun défaut ; les autres, parce que, d'une manière générale, elles ne peuvent être surpassées en leur genre, et qu'il n'y a plus rien à demander en dehors de ce qu'elles sont. Quant aux autres choses qu'on appelle parfaites, c'est par rapport à celles-là qu'on les nomme ainsi, soit parce qu'elles sont, ou qu'elles présentent quelque chose d'analogue au parfait, soit parce qu'elles soutiennent tel ou tel rapport avec les choses qui sont primitivement appelées parfaites. (*Métaphysique*, II, pp. 172-173.)

Comment la nature de l'univers jouit-elle du bien et de la perfection ? Est-ce quelque chose qui serait séparé de lui, et qui existerait en soi et pour soi uniquement? Est-ce simplement l'ordre qui éclate dans les choses ? Est-ce l'une et l'autre à la fois, ainsi qu'on l'observe dans l'organisation d'une armée ? Pour une armée, en effet, le bien consiste dans le bon ordre. Mais le bien pour elle, c'est aussi son général ; et même son général est son bien plus que tout le reste, attendu que ce n'est pas l'ordre qui fait le général, et que c'est, au contraire, le général qui constitue l'ordre. Tout dans l'univers est soumis à un ordre certain, bien que cet ordre ne soit pas semblable pour tous les êtres, poissons, volatiles, plantes. Les choses n'y sont pas arrangées de telle façon que l'une n'ait aucun rapport avec l'autre. Loin de là, elles sont toutes en relation entre elles ; et toutes, elles concourent, avec une parfaite régularité, à un résultat unique. C'est qu'il en est de l'univers ainsi que d'une maison bien conduite. Les personnes libres n'y ont pas du tout la permission de faire les choses comme bon leur semble : toutes les choses qui les regardent, ou le plus grand nombre du moins, y sont coordonnées suivant une règle précise, tandis que, pour les esclaves et les animaux, qui ne coopèrent que faiblement à la fin commune, on les laisse agir le plus souvent selon l'occasion et le besoin.

Pour chacun des êtres, le principe de leur action constitue leur nature propre ; je veux dire que tous les êtres tendent nécessairement à se distinguer par leurs fonctions diverses ; et, en général, toutes les choses qui contribuent, chacune pour leur part, à un ensemble quelconque, sont soumises à cette même loi. (*Id.*, III, pp. 209 et 211.)

Aucun de ces philosophes (qui reconnaissent deux principes) ne nous explique comment les nombres peuvent former une certaine unité, ni comment l'âme ne fait qu'un avec le corps, en en un mot comment la forme et la chose peuvent composer un tout unique. Il est certain que la réponse à cette question est impossible pour tous ces philosophes, à moins qu'ils ne disent, avec nous, que c'est le principe moteur qui fait l'unité des choses. Quant à ceux qui prennent le nombre mathématique pour principe premier, et qui composent toujours de cette manière toute autre substance, venant à la suite de ce premier principe, en donnant à chacune des principes différents, ils ne font de la substance de l'univers entier qu'une succession d'épisodes, puisqu'aucune substance, qu'elle soit ou qu'elle ne soit pas, ne peut avoir le moindre influence sur une autre, et ils reconnaissent par là plusieurs principes divers. Mais les choses ne veulent pas être mal gouvernées :

Tant de chefs sont un mal ; il ne faut qu'un seul chef. (*Id.* III, pp. 217 et 218.)

CHAPITRE II

L'AME

Bien des affirmations d'Aristote témoignent de sa croyance à la spiritualité de l'âme: « L'âme, dit il, est l'essence que conçoit la raison ». Et encore: « L'âme est ce par quoi nous vivons, sentons et pensons primitivement; elle doit donc être raison et forme, et non pas matière ou sujet ». Dans une autre parole, il y a moins de certitude: « Ce qui reste obscur encore, dit-il, c'est de savoir si l'âme est la réalité parfaite, l'entéléchie du corps, comme le passager est l'âme du vaisseau ». Comparaison aussi juste que belle qui assimile la vie humaine à une traversée faite par l'âme renfermée dans le corps, comme le passager dans le vaisseau qui le transporte à travers l'océan et qui n'a sa raison d'être que pour le passager. Le corps sert de véhicule à l'âme et la met en rapport avec le monde extérieur; mais l'âme est la réalité parfaite, le principe de vie, la pensée dont le corps n'est que l'instrument. L'homme doit honorer « ce principe divin qui, par sa puissance et sa dignité, est au-dessus de tout » et, dans sa condition mortelle, « s'appliquer à se rendre digne de l'immortalité », vivre pour connaitre, contempler et servir Dieu.

L'âme est l'essence que conçoit la raison. (*Traité de l'âme*, Trad. Barthélemy Saint-Hilaire, p. 166.)

Ce qui reste obscur encore, c'est de savoir si l'âme est la réalité parfaite, l'entéléchie du corps, comme le passager est l'âme du vaisseau. (*Id.*, p. 169.)

L'intelligence semble être un autre genre d'âme, et le seul qui puisse être isolé du reste, comme l'éternel s'isole du périssable. (*Id.*, p. 176.)

L'âme est ce par quoi nous vivons, sentons et pensons primitivement; elle doit donc être raison et forme, et non pas matière ou sujet. (*Id.*, p. 178.)

C'est seulement quand elle est séparée que l'intelligence est vraiment ce qu'elle est; et cette intelligence seule est immortelle et éternelle. (*Id.*, p. 304.)

Il ne faut pas suivre le conseil de ceux qui veulent qu'on n'ait que des sentiments conformes à l'humanité, parce qu'on est homme, et qu'on n'aspire qu'à la destinée d'une créature mortelle, puisqu'on est mortel ; mais nous devons nous appliquer autant qu'il est possible, à nous rendre dignes de l'immortalité, et faire tous nos efforts pour conformer notre vie à ce qu'il y a en nous de plus sublime. Car, si ce principe divin est petit par l'espace qu'il occupe, il est, par sa puissance et par sa dignité, au-dessus de tout. On est même autorisé à croire que c'est lui qui constitue proprement chaque individu, puisque ce qui commande est aussi d'un plus grand prix ; par conséquent, il y aurait de l'absurdité à ne le pas prendre pour guide de sa vie, et à lui préférer quelque autre principe. (*Morale à Nicomaque*, p. 479.)

Il faut ne vivre que pour la partie de nous qui commande. Il faut organiser sa vie et sa conduite sur l'énergie propre à cette partie supérieure de nous-mêmes, comme l'esclave règle toute son existence en vue de son maître, et comme chacun doit le faire en vue du pouvoir spécial auquel son devoir le soumet. L'homme aussi se compose, par les lois de la nature, de deux parties, dont l'une commande et dont l'autre obéit ; et chacune d'elles doit vivre selon le pouvoir qui lui est propre. Mais ce pouvoir lui-même est double aussi. Par exemple, autre est le pouvoir de la médecine ; autre est celui de la santé ; et c'est pour la seconde que travaille la première. Ce rapport se retrouve dans la partie contemplative de notre être. Ce n'est pas Dieu, sans doute, qui lui commande par des ordres précis ; mais c'est la prudence qui lui prescrit le but qu'elle doit poursuivre. Or, ce but suprême est double, parce que Dieu n'a besoin de rien. Nous nous bornerons à dire ici que le choix et l'usage, soit des biens naturels, soit des forces de notre corps, ou de nos richesses, ou de nos amis, en un mot, de tous les biens, seront d'autant meilleurs qu'ils nous permettront davantage de connaître et de contempler Dieu. C'est là, sachons-le, notre condition la meilleure ; c'est la règle la plus sûre et la plus belle ; et la condition la plus fâcheuse à tous ces égards est celle qui, soit par excès, soit par défaut, nous empêche de servir Dieu et de le contempler. Or, l'homme a cette faculté dans son âme; et la meilleure disposition de son âme est celle où il sent le moins possible l'autre partie de son être, en tant qu'elle est inférieure. (*Morale à Eudème*, pp. 464-466.)

CHAPITRE III

L'ÉDUCATION

I

Les philosophes et les législateurs grecs ont compris l'importance de l'éducation, non seulement pour la vertu et le bonheur des hommes pris individuellement, mais peut-être plus encore pour la moralité et le salut de l'État. Platon, surtout, dans son système d'éducation, parait uniquement préoccupé de la prospérité et de la vertu de la République. Aristote songe à l'individu dans ses traités de morale, et surtout à l'État dans sa *Politique*. « S'il faut, dit-il d'abord, que l'homme destiné à devenir vertueux ait été élevé sagement, et ait contracté de bonnes habitudes...., cela ne peut se faire qu'autant que sa conduite sera assujettie aux lois de l'intelligence ou de l'esprit, et à un certain ordre appuyé de la force convenable. » On reconnaît la nécessité d'exercer les forces physiques et les facultés intellectuelles pour rendre l'homme apte au travail qui doit le faire vivre, et l'on néglige souvent de développer en lui la force morale, la vertu, indispensable pour faire de lui un homme et le rendre capable de remplir dignement ses devoirs dans le monde. Les bonnes habitudes ne se forment que par la répétition d'actes conformes à la raison et à la vertu. Dans le jeune âge, la raison n'est pas assez éclairée ni la volonté assez forte, pour que l'âme puisse se façonner elle-même au bien. « Il faut, nous dit Aristote, un certain ordre appuyé de la force convenable. » Par conviction il préfère l'éducation commune ou celle de l'État, à l'éducation paternelle ou celle de la famille. D'abord il doute que l'autorité paternelle puisse avoir « cette force irrésistible, qui ressemble à la nécessité »; il ne croit pas, d'ailleurs, que cette puissance se trouve dans aucun individu autre qu'un roi. Ce qui fait, à ses yeux, la supériorité de l'éducation publique, c'est l'unité de cette éducation, unité qui est en rapport avec le but unique de la société civile dont chaque individu est un membre, devant être en harmonie avec l'avantage général du tout. Mais, à moins de vouloir absorber la famille, selon l'idée de Platon, l'État ne peut empêcher que l'enfant ne reçoive l'éducation de la famille. Et bien qu'il y ait des parents faibles qui ne savent pas faire respecter leur pouvoir, ils n'en sont pas moins de droit les premiers éducateurs de leurs enfants. Rien ne remplacerait d'ailleurs pour ceux ci, l'influence bienfaisante de cette autorité dans laquelle la tendresse s'unit à la force; car l'amour du bien s'inspire par la persuasion et l'exemple, plutôt qu'il ne s'impose par l'inflexibilité rigoureuse de la règle. Mais si les parents ont le droit et le devoir d'élever leurs enfants, l'État aussi a celui d'exercer son contrôle, sa haute surveillance sur l'éducation qui est ainsi donnée et d'appliquer sa loi aux parents négligents, faibles ou coupables. A mon avis, l'éducation la plus désirable comme étant la plus propre à former des hommes destinés à vivre à la fois dans la famille et dans la société, serait celle qui saurait allier le plus heureusement les bienfaits de l'éducation de la famille et de celle de l'État.

Mais quels que soient les éducateurs, ils n'exercent pas, à leur gré, un pouvoir arbitraire, c'est de la loi morale qu'ils tiennent leurs hautes fonctions, et c'est au nom de cette loi aussi qu'ils doivent user de leur autorité. Ils ne sont donc réellement dignes de légiférer, de commander et de rendre la justice qu'en étant avant tout les législateurs et les maîtres d'eux-mêmes. Plus ils sont eux-mêmes soumis à la raison et à la vertu, plus leur gouvernement est respecté, et plus aussi leur influence est grande. Mais ils ruineraient leur puissance en faisant prévaloir leur volonté sur les commandements de la loi, en essayant de substituer un despotisme égoïste à ce pouvoir auguste qui, loin de vouloir anéantir la libre initiative de chacun, sait faire servir à une même fin les inspirations, les aptitudes et les talents les plus divers. Faire régner la loi, c'est former des âmes libres, capables de se gouverner elles-mêmes selon la raison et la justice ; c'est aussi faire aimer la loi qui ne commande rien qui ne soit honnête, sage et bon.

S'il faut que l'homme destiné à devenir vertueux ait été élevé sagement, et ait contracté de bonnes habitudes ; s'il doit, de plus, continuer à mener une vie sage et réglée, sans jamais se permettre, à dessein ou malgré lui, aucune action répréhensible, cela ne peut se faire qu'autant que sa conduite sera assujettie aux lois de l'intelligence ou de l'esprit, et à un certain ordre appuyé de la force convenable. Or, l'autorité paternelle n'a point cette force irrésistible qui ressemble à la nécessité ; elle ne se trouve pas même dans l'autorité d'un seul individu à moins qu'il ne soit roi, ou quelque chose de pareil ; il n'y a que la loi qui soit revêtue de cette puissance coërcitive, puisqu'en général, on hait ceux qui s'opposent à nos désirs, même quand ils ont de justes motifs pour le faire ; au lieu que la loi n'excite aucun sentiment de haine, en prescrivant ce qui est honnête et sage. Mais ce n'est que dans l'État de Lacédémone que le législateur semble avoir donné quelque attention à l'éducation et aux occupations des citoyens, tandis que, dans la plupart des autres États, chacun vit comme il le juge à propos, *donnant* comme chez les Cyclopes, sa *volonté pour loi son épouse et à ses enfants.*

Une surveillance commune, un système d'éducation publique, est donc ce qu'il y a de meilleur, et surtout de pouvoir le mettre à exécution ; mais, quand cette partie a été négligée dans les institutions publiques, il est convenable que chaque citoyen s'applique à rendre vertueux ses enfants et ses amis, ou au moins qu'il en ait l'intention ; et c'est ce à quoi il pourra, ce semble, réussir le mieux, en devenant lui-même capable de se faire législateur. (*Morale à Nicomaque*, pp. 491-492.)

Personne assurément ne contestera que l'éducation des enfants ne soit un des objets qui méritent le plus l'attention du législateur; puisque, dans les cités où l'on néglige ce point, l'on en éprouve toujours quelque dommage. En effet, le système d'administration doit être adapté à la forme du gouvernement, et les mœurs appropriées à chaque forme contribuent essentiellement à la conserver et même à l'établir sur une base solide. Ainsi, des mœurs démocratiques ou aristocratiques sont le plus sûr fondement soit de la démocratie, soit de l'aristocratie; et, en général, le meilleur système d'habitudes est le principe ou la cause du meilleur système de gouvernement.

De plus, en chaque espèce de facultés ou d'arts, il y a des choses qu'il faut avoir apprises, des habitudes qu'il faut avoir contractées, pour être en état d'en exécuter les travaux; de sorte qu'il est évident qu'il doit en être de même des actions vertueuses. Mais, comme il y a un but unique, une fin, qui est la même pour toute société civile, il s'ensuit que l'éducation doit être une, et la même, pour tous les membres de la société; et que la direction en doit être commune, et non pas abandonnée à chaque particulier, comme on le pratique de nos jours, où chacun surveille et dirige ses enfants, et leur fait donner à part l'espèce d'instruction qu'il juge à propos; au lieu que l'enseignement et la pratique des choses qui tiennent aux intérêts communs, devraient être communs. En même temps, il ne faut pas s'imaginer qu'on soit citoyen, uniquement pour soi, mais on doit savoir que tous appartiennent à l'Etat : car chaque individu est un membre de la cité, et le soin qu'on donne à chaque partie, doit naturellement être en harmonie avec l'avantage général du tout.

Sous ce rapport, du moins, on peut approuver les Lacédémoniens, qui donnent la plus grande attention à l'éducation des enfants, et qui ont voulu qu'elle fût la même pour tous. Il est donc évident que c'est au législateur à régler cet objet, et qu'il doit le régler pour tous les citoyens. (*Politique*, pp. 506-508.)

II

ORDRE A SUIVRE DANS L'ÉDUCATION

L'éducation a pour but, non de former une âme, mais un homme, composé de corps et d'âme. Elle doit donc développer toutes les facultés de sa nature, physique, intellectuelle et morale. Au début de l'existence, les besoins du corps absorbent toute la vie ; et beaucoup d'éducateurs sont d'avis qu'il faut les satisfaire sans mesure ni règle, puisque les instincts naturels sont à eux-mêmes leur loi. Mais il me semble que le respect pour l'être humain, même dans cette première période de la vie animale, doit nous faire voir déjà en lui l'homme futur qui devra régler ses appétits physiques. « Dans les soins que l'on donne au corps, nous dit Aristote, il faut avoir en vue l'âme. » Et je ne crois pas que ce soit une illusion de penser que des soins dirigés par cette préoccupation supérieure puissent hâter le réveil de l'âme. Serait-il injuste d'attribuer à l'influence plus ou moins spiritualiste des premiers éducateurs le développement intellectuel plus ou moins précoce des enfants ? Il faut croire à l'âme pour y faire appel dans le petit enfant, à travers des sens qui, d'abord, ne paraissent éveillés qu'à l'égard de la faim. La prédominance du sens du goût se contrebalance par le développement de la vue et de l'ouïe, par lesquels on pénètre jusqu'à l'âme pour lui communiquer un monde d'idées. Aristote distingue dans l'âme « la partie irraisonnable et la partie raisonnable », en d'autres termes, la sensibilité et la raison. Et il conseille de commencer par « la partie de l'âme qui est le siège des désirs », tout en ayant soin d'ajouter qu'en faisant ainsi, il faut avoir en vue l'intelligence. Toutes ces recommandations nous prouvent une fois de plus que l'être humain est un tout harmonieux, dont les éléments inséparables doivent être soumis à un développement simultané.

Selon l'âge, c'est telle ou telle partie de notre être qui prédomine : dans l'enfance, c'est la vie physique ; dans la jeunesse, c'est la sensibilité ; dans l'âge mûr, la raison. La vieillesse, selon Aristote, ne semblerait plus accessible qu'aux calculs de la prudence. Mais la vieillesse qui est digne de l'humanité n'est pas telle : c'est un heureux équilibre de toutes les forces, qui se manifeste par la sagesse, la sérénité et la douceur. Aristote ne nous a pas laissé de portrait de l'enfance, sans doute parce qu'elle n'est que l'ébauche de la vie. Mais son portrait de la jeunesse est tracé de main de maître ; les divers traits sont pris sur le vif, il faut bien en convenir, bien que nous y regrettions un certain scepticisme à l'égard de la nature humaine, et l'absence de poésie à un âge où tout doit être poétique, même les erreurs et les fautes. La jeunesse, en effet, est menée çà et là par ses désirs impétueux, plus ardents que constants, qui lui font tout faire avec excès. Tel est son caractère distinctif auquel tous les autres sont subordonnés. Aristote lui attribue beaucoup de qualités, le courage, la confiance dans les hommes, le désintéressement, la magnanimité, l'amour du beau. Mais ces qualités, il les explique par des causes qui en diminuent beaucoup la valeur. Le courage ne serait que l'effet de « la colère qui ne craint rien et de l'espoir qui est plein d'assurance ». La confiance serait le résultat de l'inexpérience, ainsi que le dédain des richesses. Mais le trait qui nous attriste le plus, est peut-être celui-ci : « Ils sont magnanimes, parce que la vie ne les a pas encore rapetissés ». Le fatal effet de la vie serait donc de rapetisser l'homme, sans doute en lui enlevant ses plus nobles aspirations et en abaissant ses mobiles ? Que de belles vies, heureusement, protestent contre cette désolante assertion, en réalisant les plus généreux rêves de leur jeunesse ! L'ami de Socrate et de

Platon avait-il le droit d'être ainsi pessimiste ? La foi dans une seule grande âme ne suffit-elle pas à nous faire tout espérer de l'humanité ?

Mais ce que nous devons surtout retenir de ce remarquable portrait de la jeunesse, c'est que, dans sa conformité avec la nature, il nous présente un terrain fertile pour l'œuvre de l'éducation. Impressionnable, ardente, généreuse, pleine de courage et de confiance, éprise du beau, la jeunesse est accessible aux bonnes influences qui peuvent lui apprendre à gouverner ses désirs, à les refouler et à les vaincre dans ce qu'ils ont de mauvais, et à les diriger dans ce qu'ils ont de louable, de manière à ne rien laisser perdre de ce qui fait sa supériorité, de ce qui prépare la vertu de l'homme dans sa stature parfaite.

Il y a des biens plus grands que ceux qu'on se procure par la guerre, et il faut en préférer la jouissance à celle que peut donner la vertu guerrière, et la préférer pour elle-même.

Mais comment et par quels moyens y parviendra-t-on ? C'est ce qu'il faut maintenant examiner. Nous avons indiqué trois conditions essentielles : la nature, l'habitude et la raison ; nous avons déterminé aussi quelles sont les qualités naturelles que l'on peut désirer ; il nous reste à considérer si c'est par les habitudes, ou par la raison, que doit commencer l'éducation. Car il doit y avoir entre toutes ces choses la plus parfaite harmonie, puisqu'il peut arriver que la raison s'égare, même chez ceux qui sont doués du plus heureux naturel, et que l'habitude peut aussi produire de semblables égarements.

Au reste, il est d'abord évident qu'ici, comme dans tout le reste, c'est à la génération que tout commence ; et que la fin qui se rapporte à un principe, ou à un commencement déterminé, est elle-même le commencement de quelque autre fin. Or, la raison et l'intelligence sont, dans l'homme, la fin de la nature, ou sont déterminées par les qualités naturelles dont il est doué ; de sorte que c'est par rapport à ces deux choses qu'il faut surveiller attentivement, et les conditions de sa naissance, et la formation de ses habitudes. Ensuite, l'homme étant composé de deux parties, l'âme et le corps, nous observons que l'âme comprend pareillement deux parties : celle qui possède la raison, et celle qui en est privée ; et que chacune de ces deux parties a ses dispositions, ou manières d'être, dont l'une est l'appétit (le désir), et l'autre l'intelligence. Mais comme, dans l'ordre de la génération, le corps est avant l'âme, ainsi la partie irraisonnable est avant la partie raisonnable. Cela est d'ailleurs évident ; car la colère, la volonté, et même les désirs, se manifestent chez les enfants, dès les premiers moments, pour ainsi dire, de leur existence ; tandis que le raisonnement et l'intelligence ne se montrent naturellement qu'à la suite d'un certain développement. Voilà pourquoi le corps doit nécessairement être, avant l'âme, l'objet des premiers soins ; et ensuite, la partie de l'âme qui est le siège des désirs ; en ayant toutefois en vue l'intelligence, dans les soins que l'on donne à cette partie ; et l'âme, dans ceux que l'on donne au corps. (*Politique*, pp. 488-490.)

La jeunesse a pour caractère distinctif d'être remplie de désirs, et elle est capable de faire tout ce qu'elle vient à désirer. Mobiles dans leurs désirs, et prompts à se dégoûter, ils désirent avec une ardeur extrême et se lassent non moins vite. Leurs volontés sont des plus vives, mais sans force et sans durée, comme la soif ou la faim des malades. Ils sont colères, d'une vivacité excessive à s'emporter, et toujours prêts à suivre l'impulsion qui les domine. Disposant peu de leur cœur qui les aveugle, leur ambition ne leur permet pas de supporter le mépris; et ils se courroucent d'indignation à la moindre idée d'une injustice qu'on leur fait. Ils aiment les distinctions, mais bien plus encore la victoire, parce que la jeunesse aime toute supériorité, et c'est une supériorité que la victoire. Ils préfèrent les honneurs et le triomphe à l'argent; car ils n'attachent pas le moindre prix à la richesse, parce qu'ils n'ont pas encore fait l'épreuve du besoin. Ils n'ont pas le caractère soupçonneux, et au contraire ils l'ont facile, parce qu'ils n'ont pas encore beaucoup vu le mal; ils sont confiants, parce qu'ils n'ont pas eu le temps d'être souvent trompés. Ils se livrent aisément à l'espérance, parce que la jeunesse, comme les gens pris de vin, est naturellement bouillante et parce qu'aussi ils n'ont pas encore subi de nombreux échecs. C'est surtout d'espérance qu'ils vivent, parce que l'espoir a l'avenir pour unique objet, de même que la mémoire vit du passé écoulé sans retour. Quand on est jeune, l'avenir est bien long et le passé est bien court; car aux premiers jours de la vie, on n'a rien à se rappeler et l'on a tout à espérer. C'est ce qui fait qu'on peut tromper si aisément la jeunesse, parce qu'elle a l'espérance non moins facile. Elle a aussi plus de courage, parce qu'elle est plus portée à la colère et à l'espoir, l'un faisant qu'on ne craint rien, et l'autre qu'on est plein d'assurance. Quand on est en colère, on ne redoute quoi que ce soit, et quand on espère un bien qu'on désire, on est rempli de sécurité. Les jeunes gens sont enclins aussi à la honte; car ils ne tiennent encore pour beau et honnête que la loi, dont ils ont reçu leur seule éducation. Ils sont magnanimes, parce que la vie ne les a pas encore rapetissés et qu'ils ignorent les nécessités du besoin. Se croire digne des plus grandes choses, c'est de l'élévation d'âme; et cette bonne opinion de soi n'appartient qu'à un cœur plein d'espoir. Quand ils ont à agir, ils préfèrent de beaucoup le beau à l'utile; ils vivent plus par l'instinct et l'habitude que par le calcul; or le calcul ne pense qu'à l'utile, et la vertu ne regarde qu'à l'honnête et au beau. Cet âge aime plus que tous les autres à se faire des amis et des camarades, parce qu'il se plaît à la vie commune, et que, ne jugeant rien encore à la mesure de l'intérêt, il n'y rapporte pas non plus ses amitiés. Les jeunes gens poussent toujours leurs fautes plus loin et les commettent plus violemment que personne, parce qu'ils font tout avec excès; ils aiment avec excès, ils haïssent avec un excès égal, et portent tous les sentiments à l'extrême. Ils croient tout savoir; ils tranchent sur tout, ce qui est cause de tous les excès auxquels ils se laissent aller. Quand ils se rendent coupables de fautes graves, c'est bien plutôt par insolence que par perversité. Ils sont portés à la pitié, parce qu'ils croient qu'il n'y a au monde que des honnêtes gens, et que les hommes sont meilleurs qu'ils ne sont, mesurant autrui à leur propre innocence, et supposant toujours que les malheurs dont ils sont témoins ne sont pas mérités. Ils aiment à rire et par conséquent à railler, puisque la raillerie n'est qu'une insolence de bon ton. Tel est le caractère de la jeunesse. (*Rhétorique*, pp. 266-270.)

III

LES CHOSES QU'IL FAUT ENSEIGNER

Parmi les choses qu'il faut enseigner, il y en a qui sont elles-mêmes des fins, et d'autres qui ne font que concourir à la fin qu'on se propose. Les premières sont des réalités : telles sont le vrai et le bien ; les autres peuvent n'être que des choses d'opinion et de simple apparence. Il est difficile d'être entièrement désabusé de ces choses qui flattent notre vanité et notre sensualité. Mais l'éducation doit tendre à éclairer la raison, de manière que nous apprenions à préférer les choses de réalité. Pour toutes les choses morales, il ne suffit pas de nous les faire connaître par l'intelligence, il faut encore agir sur la volonté pour nous faire choisir les choses qui sont vraiment dignes de notre préférence. Si la connaissance du bien ne devient pas la pratique du bien, c'est que nous ne l'aimons pas en réalité.

Aristote distingue les occupations humaines en libérales et illibérales. Il donne cette dernière dénomination à celles « qui rendent le corps ou l'âme ou l'intelligence des hommes libres incapable d'acquérir la vertu ou d'en pratiquer les actes ». Mais y a-t-il une seule chose, soit travail, ou art, ou instruction, qui puisse exercer sur l'homme une influence si funeste ? L'abus du travail manuel peut abaisser l'intelligence, sans toutefois ruiner la moralité. Il est vrai, Aristote vivait dans un temps où le travail manuel était réservé aux esclaves, et où il était déshonorant de travailler pour vivre. « Il n'y a rien d'illibéral, dit-il, dans ce qu'on fait pour sa propre utilité, ou celle de ses amis ; mais ce qu'on fait pour d'autres, semble toujours avoir quelque chose de mercenaire et de servile. » Les idées de Socrate sur toute espèce de travail, sont bien plus larges, puisqu'il regarde le travail en lui-même comme honorable autant qu'utile. Sans doute, c'est être servile que de songer avant tout au salaire, mais dans toute âme bien née, de quelque condition qu'elle soit, l'idée du travail qui fait la dignité et l'indépendance de l'homme, est bien au-dessus de celle du salaire.

Entre deux biens, le préférable est celui qui est le plus rapproché de la fin qu'on se propose. On préfère un bien personnel à un bien général ; et c'est ainsi qu'on préfère le possible à l'impossible, parce que l'un ne dépend que de la personne et que l'autre n'en dépend pas. Il faut préférer les choses qui constituent la fin même qu'on poursuit dans la vie ; car celles-là sont des fins plutôt que celles qui ne font que concourir à la fin qu'on se propose. Il faut préférer les choses de réalité aux choses d'opinion et de simple apparence ; et ce qui est de pure apparence, c'est ce qu'on ne ferait jamais si l'acte devait rester ignoré. Ainsi, recevoir un service pourrait même sembler supérieur à le rendre ; car on accepterait le service, même quand il resterait caché, et on ne le rendrait guère, si personne ne devait le savoir. On préfère les choses dont on aime mieux la réalité que l'apparence ; car alors elles sont plus vraies. C'est ce qui fait que, pour certaines gens, la justice n'est pas grand'chose, parce qu'on aime mieux paraître juste que l'être en effet, tandis qu'il n'en est pas ainsi de la santé. On prise davantage le bien qui est plus utile dans une foule de cas ; et, par exemple, celui qui nous aide à vivre, à être heureux, à goûter le plaisir et à faire de belles actions. C'est là comment la richesse et la santé passent pour les premiers des biens, parce qu'elles nous assurent tous ces avantages. On préfère une chose quand elle donne moins de peine, et qu'en outre elle est accompagnée de plaisir ; car alors il y a plus d'un bien, puisque nous avons tout à la fois le plaisir, qui est un bien déjà, et l'absence de peine. Entre deux choses, on préfère celle qui, jointe à une même chose, fait que le tout est plus grand. (*Rhétorique*, pp. 84-85.)

Il n'est pas difficile de voir que, parmi les choses vitales, ce sont celles qui sont d'une nécessité incontestable, dont il faut surtout que l'on soit instruit ; et il est également évident que toutes ne doivent pas être enseignées, puisqu'il y en a qui sont illibérales, et d'autres qui sont propres aux hommes libres. Il ne faudra donc communiquer à la jeunesse, outre les choses utiles, que celles qui ne lui feront pas contracter un genre de vie solide et mécanique. Or, on doit regarder comme appartenant à ce genre tout travail, tout art, toute instruction, qui rend le corps ou l'âme ou l'intelligence des hommes libres, incapable d'acquérir la vertu, ou d'en pratiquer les actes. Voilà pourquoi nous appelons mécaniques tous les arts qui tendent à altérer les bonnes dispositions du corps, et tous les travaux dont on reçoit un salaire, car ils ne laissent à la pensée ni liberté, ni élévation.

Mais il n'y a rien de servile à cultiver les sciences libérales, au moins jusqu'à un certain point ; une application excessive, et la prétention d'atteindre à la perfection, en ce genre, peuvent seules produire les inconvénients dont on vient de parler. D'ailleurs, il y a bien de la différence, suivant le but qu'on se propose, soit en apprenant, soit en pratiquant les sciences, car, quand on n'a en vue que sa propre utilité, ou celle de ses amis, il n'y a rien d'illibéral ; mais ce qu'on fait pour d'autres, semble toujours avoir quelque chose de nécessaire ou de servile. (*Politique*, pp. 508-509.)

IV

LE LOISIR, LA MUSIQUE

Aristote pense que, même les occupations libérales, lorsqu'on s'y livre avec une application excessive et avec la prétention d'atteindre à la perfection, peuvent affaiblir l'intelligence de l'homme et diminuer, sinon anéantir sa capacité pour la vertu. Aussi regarde-t-il le loisir comme aussi nécessaire que l'emploi de notre temps d'une manière utile. Et nous sommes bien étonnés que lui qui a tant travaillé, paraisse trouver le loisir préférable à l'application. Mais peut-être appelle-t-il loisir les hautes contemplations de son esprit pour lequel penser est la félicité suprême. Il ne veut pas que l'amusement soit employé autrement que comme remède à la fatigue d'une vie très occupée ; et ce qu'il entend par repos, n'est qu'un changement d'occupation. Mais l'occupation destinée à remplir le loisir « doit avoir pour but l'individu lui-même ; au lieu que l'instruction appropriée aux occupations nécessaires à la vie, a plus particulièrement rapport aux autres ». Il est bien naturel que chacun occupe son loisir d'une manière conforme à ses dispositions, ses goûts, ses prédilections, et plus l'esprit est élevé et le goût raffiné, plus le loisir a de charme. Mais serait-il interdit à l'homme de choisir aussi selon sa nature particulière l'occupation nécessaire à sa vie ? Nous ne pouvons l'admettre ; car l'homme fait surtout bien ce qu'il aime, et il aime ce qui est conforme à son goût et le plus souvent à ses aptitudes. Aussi pensons-nous que la distinction établie par Aristote entre l'occupation nécessaire et l'occupation de loisir, s'applique plutôt à la manière dont nous les pratiquons, la première, pour l'utilité des autres, et la seconde pour notre propre plaisir.

La musique lui semble particulièrement destinée au loisir, puisqu'elle séduit tous les âges aussi bien que tous les hommes. Mais elle est pour lui plus qu'un moyen de délassement, elle est utile aussi « à l'instruction et à la purgation ». Les chants moraux servent à l'instruction la plus élevée. Les mélodies qui ont un caractère sacré, apaisent les passions et purifient l'âme en y faisant l'harmonie. Aristote pense que la jeunesse est précisément l'âge propre à l'acquisition de cet art qui peut donner aux habitudes de l'âme un caractère déterminé. Il n'est pas nécessaire de rappeler ici les légendes par lesquelles l'enthousiasme populaire a consacré les ravissements de la musique. La vie intime de chacun de nous ne rend-elle pas témoignage aux bienfaits de cet art divin, dont les accents si divers et si pénétrants, tour à tour, exaltent, tempèrent, et toujours rassérènent l'âme ?

La nature elle-même nous invite, non seulement à chercher les moyens d'employer notre temps d'une manière utile, mais aussi de faire un usage honnête et intéressant de nos loisirs. Car, encore une fois, c'est la nature qui commence tout.

En effet, si l'un et l'autre sont nécessaires, et si le loisir est préférable à l'application, il faut, en général, chercher à quoi nous occuperons notre loisir : ce ne peut être à de simples divertissements, car il s'ensuivrait que l'amusement serait pour nous la fin ou le but de la vie. Or s'il est impossible que cela soit, ce sera plutôt dans les occupations qu'il faudra se procurer des amusements, car c'est surtout quand on est fatigué, qu'on a besoin de se délasser ; et même l'amusement n'a pas d'autre but que celui-là, et la vie occupée se compose de travaux soutenus. Voilà pourquoi il faut, quand on a recours aux amusements, observer les moments où l'on en fait usage, comme si on ne voulait les employer qu'à titre de remède; car une telle agitation de l'âme est un relâchement et un moyen de se délasser par le plaisir qu'elle procure.

Au reste, il y a, dans le loisir même, une sorte de volupté, de bonheur, et de charme ajouté à la vie; mais qui ne se trouve que chez ceux qui sont exempts de tout travail, et non chez ceux qui sont occupés. Car, être occupé de quelque chose, c'est travailler pour un but ou une fin qu'on n'a pas encore atteint ; or, le bonheur est une fin qu'on croit généralement être accompagnée de plaisir, et exempte d'affliction. Toutefois, on convient que ce plaisir n'est pas le même pour tous ; mais qu'il est, pour chaque individu, conforme à sa nature particulière et aux dispositions qu'il a ; et qu'enfin le plaisir de l'homme le plus accompli, doit être ce qu'il y a de plus ravissant. D'où il suit évidemment qu'il faut, pour savoir employer son loisir, apprendre de certaines choses, s'instruire, et que ce genre de connaissances et d'instruction doit avoir pour but l'individu lui-même; au lieu que l'instruction appropriée aux occupations nécessaires à la vie, a plus particulièrement rapport aux autres. (*Politique*, pp. 510-512.)

Faut-il croire que la musique contribue en quelque chose à la vertu, parce que, de même que la gymnastique donne au corps certaines qualités, ainsi la musique peut donner au caractère certains avantages, en accoutumant à prendre des plaisirs honnêtes, ou bien en contribuant à la fois à l'amusement et au développement de l'esprit ? (*Id.*, p. 518.)

Pour ce qui est de rechercher les impressions de la musique, non seulement à cause de ce plaisir même, mais aussi à cause de son utilité, comme moyen de délassement, à ce qu'il semble... Toujours faut-il examiner si ce n'est pas simplement un accessoire, si la nature de cet art n'est pas quelque chose de plus important que ne le ferait croire l'emploi ou l'usage dont nous venons de parler; et si l'on ne doit pas, indépendamment du plaisir général qu'il donne (car il y a dans la musique comme un plaisir qui tient à sa nature propre, et elle séduit tous les âges aussi bien que tous les hommes), considérer si elle n'exerce pas quelque influence sur les mœurs et sur l'âme. Et cela serait incontestable, s'il était vrai qu'elle nous fît acquérir certaines qualités sous ce rapport.

Or qu'elle produise un pareil effet, c'est ce qui est évidemment prouvé par les chants d'un grand nombre de musiciens, et surtout par ceux d'Olympus. Car tout le monde convient qu'ils produisent dans les âmes une sorte d'enthousiasme, c'est-à-dire cette espèce d'affection particulière qui résulte d'une impression morale ; et même il suffit, en général, d'en entendre des imitations, pour qu'on en soit vivement ému, indépendamment du rythme et de la mélodie. Puisque donc la musique est une chose agréable, et que la vertu consiste à avoir des plaisirs, des sentiments d'amour et d'aversion, approuvés par la raison, il n'y a rien sans doute que l'on doive apprendre, et à quoi il faille s'habituer autant qu'à juger sainement des mœurs honnêtes et de bonnes actions, et à y prendre plaisir.

On produit, en effet, par le rythme et par la mélodie, des imitations de la colère, de la douceur, du courage et de la tempérance, qui ont la plus grande analogie avec la véritable nature de ces passions, et de toutes les autres affections morales qui leur sont opposées. Et les faits mêmes en sont la preuve, puisque notre âme est modifiée de diverses manières, quand nous les entendons. Or, l'habitude d'éprouver de la peine ou du plaisir, à l'occasion des choses qui ressemblent à ces affections, tient de bien près, à la disposition à éprouver de pareils sentiments pour les mêmes choses en réalité. (*Id.*, pp. 521-523.)

Parmi les différentes espèces de rythmes, les uns indiquent des mœurs plus calmes, plus paisibles, et les autres plus de trouble et de mobilité dans les habitudes ; et, parmi ceux-ci, il y en a qui marquent les mouvements brusques, qui tiennent à un caractère grossier; il y en a d'autres qui expriment plus d'élévation et d'indépendance dans les sentiments. Il est donc manifeste, d'après cela, que la musique peut donner aux habitudes de l'âme un caractère déterminé. Et, si elle peut avoir une telle influence, il est évident aussi qu'il faut y avoir recours, et la faire apprendre aux jeunes gens.

Or, c'est précisément l'âge qui est propre à l'acquisition de cet art, car les jeunes gens ne supportent pas volontiers tout ce qui est fade et languissant ; et la musique est, par sa nature, une des choses dont l'impression est la plus agréable. Il semble, en effet, qu'il y ait dans le rythme et dans l'harmonie quelque chose d'analogue avec notre nature, et c'est pour cela que plusieurs philosophes prétendent, les uns, que l'âme est une harmonie, les autres, qu'elle embrasse et comprend l'harmonie. (*Id.*, pp. 525-526.)

Au reste, admettant la division des chants, qui a été adoptée par quelques philosophes, en moraux, pratiques, et propres à exciter l'enthousiasme, et une harmonie particulière appropriée à chacun d'eux, en sorte que chaque partie est susceptible d'un genre spécial d'harmonie, nous dirons que l'emploi de la musique ne se borne pas à un seul genre d'utilité, mais qu'elle doit en avoir plusieurs. En effet, elle peut servir à l'instruction, à la purgation ; enfin, et en troisième lieu, à l'amusement, c'est-à-dire, comme moyen de relâche et de repos, après une application soutenue. D'où il est facile de voir que l'on doit faire usage de toutes les sortes d'harmonie, mais non pas de la même manière, dans tous les cas. Au contraire, il faut faire servir les chants les plus moraux à l'instruction, mais se borner à entendre ceux qu'on appelle pratiques, et ceux qui sont propres à exciter l'enthousiasme, lorsqu'ils sont exécutés par d'autres sur les instruments.

Car cette manière d'être affecté, si vive et si profonde chez certaines personnes, existe au fond chez tout le monde : elle ne diffère que par le plus et le moins ; par exemple, la pitié, la crainte, et aussi l'enthousiame. En effet, il y a des individus qui sont éminemment susceptibles de ces sortes de mouvements de l'âme ; ce sont eux qu'on voit devenir calmes et recueillis, par l'effet des mélodies sacrées, lorsqu'ils viennent à entendre des chants propres à apaiser les passions violentes; il semble qu'ils aient rencontré le remède propre à purifier leurs âmes.

Les hommes disposés à la pitié, à la crainte, et, en général, aux affections vives, doivent nécessairement éprouver le même effet ; et les autres aussi suivant que chacun d'eux est susceptible de ces diverses passions ; et tous doivent éprouver une sorte de purgation, d'allègement accompagné d'un sentiment de plaisir. C'est ainsi que les chants destinés à produire cet effet, procurent aux hommes, une joie innocente et pure ; et, par cette raison, c'est avec de tels chants que les artistes qui exécutent la musique théâtrale, doivent charmer et adoucir leurs auditeurs.

Dans l'éducation, comme on l'a dit, il ne faut se servir que des chants moraux, et des harmonies que comportent ces sortes de chants. (*Id.*, pp. 532-535.)

V

LE RESPECT DE L'ENFANCE

L'âme innocente de l'enfance et l'âme neuve encore de la jeunesse, doivent être chose sacrée pour ceux qui ont atteint l'âge de raison. Ce sentiment est si puissant que souvent même il survit au respect de soi dans les âmes qui n'ignorent plus le mal ; et la vue de la candeur de l'enfant ranime en elles le désir de la pureté. Il faut être tombé bien bas pour avoir ce cynisme du mal qui aime à se montrer surtout devant l'innocence, et même pour ne pas reculer par la crainte de scandaliser par des paroles ou des actes malséants ou grossiers, une âme naïve et pure qui ne connaît encore le monde que par elle-même. Ce saint respect de l'enfance qui doit se trouver chez tous, est surtout de rigueur chez ceux qui sont chargés de diriger l'âme à l'entrée de la vie. La plus scrupuleuse vigilance doit bannir tout ce qui peut faire naître l'idée du mal. Et pour que l'enfant ne puisse rien voir ni entendre qui ne soit d'accord avec les enseignements qu'il reçoit, il ne faut l'entourer que de personnes d'une moralité éprouvée. Il faut surtout que l'éducateur dont il reçoit directement l'inspiration, se sanctifie lui-même, afin que son influence soit toujours pure et élevée.

Il est raisonnable d'empêcher que les enfants ne puissent rien voir ni entendre de grossier, et qui soit indigne de la condition des hommes libres. Par conséquent, le législateur doit s'attacher surtout à bannir de la cité tout ce qui tient à un langage licencieux (car quand on se sert habituellement d'expressions indécentes, on est bien près de se permettre les actions qui le sont). Il faut donc essentiellement que, dès leur plus tendre enfance, les jeunes gens n'aient occasion de rien entendre ni de rien dire de pareil. Mais s'il arrive que quelqu'un dise ou fasse quelque chose qui soit défendu, on doit, si c'est un homme libre (mais qui n'ait pas encore le privilège d'être admis dans les repas qui se font en commun), l'en punir par la honte et le blâme public ; et si c'est un homme avancé en âge, il faut lui infliger, à cause de ses inclinations serviles, l'espèce de déshonneur dont on ne punit que les personnes qui ne sont pas de condition libre. (*Politique*, pp. 499-500.)

VI

LES PUNITIONS ET LES CHATIMENTS

Aristote a trop bien compris la grandeur de la liberté morale qui, seule, fait la vertu, pour ne pas regretter d'employer ce qui ressemble à la nécessité dans la direction des individus et celle des sociétés. Il admet que les punitions et les châtiments soient des actes de justice, dictés par la vertu, mais il les considère comme un effet de la nécessité. A ses yeux, il n'y a de beau et de noble que ce qui l'est purement et absolument. Il n'attribue aux punitions et aux châtiments d'autre avantage que celui « d'affranchir les hommes de quelque mal ». Ceci même s'applique plus aux sociétés qu'aux individus : il faut que l'ordre soit protégé par un système de pénalités qui assure l'observation de la loi et défende la liberté de tous contre les atteintes de quelques-uns. Et quand ces pénalités sont morales, c'est-à-dire, inspirées par l'amour de la justice, et propres à empêcher le mal, elles contribuent au salut et à la prospérité de la société. Mais il est permis de douter de leur efficacité pour l'amendement et la conversion de ceux dont les actions injustes ont troublé l'ordre. Il vaut mieux prévenir le mal que d'être réduit à le punir. On essaie de le prévenir en éclairant la raison et la conscience par une éducation sage et libérale. Les punitions et les châtiments ne me semblent être que des moyens de légitime défense. Dans l'éducation de la jeunesse, l'expérience démontre de plus en plus leur inefficacité. Ce n'est pas en entravant la liberté par la nécessité que l'on apprend aux âmes l'usage de la liberté c'est en leur inspirant un respect si grand pour ce qui fait leur dignité d'homme, qu'ils tiennent à honneur de ne s'en servir que pour la raison et la vertu.

Dans nos livres sur la *morale*, nous avons dit que le bonheur est l'application et l'emploi d'une vertu parfaite, non pas relativement à des circonstances données, mais simplement et absolument. Or, quand je dis relativement à des circonstances données, j'entends ce qui est un résultat de la nécessité, et par ces mots purement et absolument, j'entends ce qu'il y a de noble et de beau. Par exemple, en fait d'acte de justice, les punitions et les châtiments sont sans doute dictés par la vertu, mais ils sont un effet de la nécessité, et ce qu'il y a de beau vient de la même source. Il vaudrait pourtant mieux que ni les individus, ni les sociétés n'eussent besoin de rien de pareil. Au lieu que les actes qui ont pour but l'honneur et l'abondance des biens en tout genre sont ce qu'il y a de plus beau dans un sens absolu : Les actions de la première espèce ne font qu'affranchir les hommes de quelque mal ; celles de la seconde, au contraire, produisent et procurent des biens positifs. (*Politique*, pp. 475-476.)

FIN

TABLE DES MATIÈRES

Préface 1

PREMIÈRE PARTIE

La vertu......................... 11

Chapitre premier. — *La vie et l'œuvre de l'homme*.... 11
   I. 11
   II. L'œuvre de l'homme et l'œuvre de l'homme de bien... 13

Chapitre II. — *Le bien suprême : le bonheur par la vertu*. 19
   I. 19
   II. La vertu seule répond à l'idée du souverain bien. 22
   III. La vertu dans l'action 25
   IV. Les biens extérieurs dans leurs rapports avec le bonheur... 31
   V. Le bonheur accessible à tous par la vertu...... 37

Chapitre III. — *La liberté et la responsabilité*.......... 40
   I. 40
   II. Le libre arbitre. — L'acte volontaire........... 46
   III. Caractères de l'acte volontaire et de l'acte mixte. 52
   IV. L'ignorance involontaire et l'ignorance coupable. 57
   V. La responsabilité................................ 62

CHAPITRE IV. — *La vertu* 68
    I. 68
    II. Ce que c'est que la vertu et l'acte de vertu...... 73
    III. La vertu, l'harmonie de la raison et des passions. 80
    IV. La vertu consiste dans de bonnes habitudes.... 84

CHAPITRE V. — *La vertu, juste milieu entre deux vices*... 93
    I. 93
    II. Critique des tableaux des vertus 99
    III. Où il n'y a pas de milieu 107
    IV. Difficulté du juste milieu; moyens d'y parvenir. 109

DEUXIÈME PARTIE

Les vertus individuelles et sociales..... 113

CHAPITRE PREMIER. — *Les vertus individuelles*.......... 116
    I. Le courage 116
    II. Influence de l'expérience, de la colère et de l'espoir sur le courage 124
    III. La témérité.. 129
    IV. La lâcheté 130
    V. Influence du respect de soi sur le courage..... 132
        Appendice au respect de soi.................... 139
        Le respect de soi dans la dignité extérieure.... 141
    VI. Influence de l'émulation........................... 143

CHAPITRE II. — *La tempérance*........................... 148
    I. 148
    II. L'excès dans les plaisirs nécessaires et les plaisirs désirables....................................... 151
    III. L'homme tempérant est docile à la raison...... 161
    IV. Nécessité de maîtriser ses désirs et ses passions. 166
    V. La vraie science, celle de l'âme, préserve de l'intempérance....................................... 172
    VI. Causes de l'intempérance, l'impétuosité et la faiblesse... 178
    VII. Nécessité de la force morale 183

CHAPITRE III. — *La magnanimité* 189
   I. 189
   II. Le magnanime 192
   III. La vanité, ridicule contrefaçon de la magnanimité 199

CHAPITRE IV. — *La prudence* 201
   I. 201
   II. Différence entre la prudence, l'habileté et la sagesse 206
   III. La prudence, un sentiment 213
   IV. Le discernement, le jugement 218
   V. Utilité de la sagesse........................... 222

CHAPITRE V. — *La justice*............................. 228
   I. 228
   II. Justice distributive et justice de compensation. 235
   III. La justice dans la réciprocité 241
   IV. Le droit civil et le droit naturel. — Le magistrat gardien de la loi civile........................ 247
   V. Ce qui est involontaire n'est ni juste ni injuste. 249
   VI. La justice, vertu de repos.................... 252

CHAPITRE VI. — *L'équité* 256
   I. 256
   II. La source de l'équité, le droit éternel........... 262
   III. L'équité se confond avec l'honnêteté........... 265

CHAPITRE VII. — *La libéralité* 268
   I. 268
   II. La prodigalité et l'avarice...................... 275

TROISIÈME PARTIE

Les affections 281

CHAPITRE PREMIER. — *Les affections naturelles*.......... 284
   I. L'amour de soi....................................... 284
   II. L'amour conjugal................................... 292
   III. L'amour paternel et maternel 298
   IV. L'amour filial 302
   V. L'amour fraternel.................................. 303

CHAPITRE II. — *L'amitié* 306
    I. 306
    II. Qu'est-ce qu'un ami ? 316
    III. Le plaisir dans l'amitié........................ 322
    IV. Le plus doux charme de l'amitié, c'est la présence. 326
    V. La bienveillance dans ses rapports avec l'amitié. 337

QUATRIÈME PARTIE

CHAPITRE PREMIER. — *Dieu* 343

CHAPITRE II. — *L'ami* 355

CHAPITRE III. — *L'éducation* 359
    I. 359
    II. Ordre à suivre dans l'éducation............... 361
    III. Les choses qu'il faut enseigner 371
    IV. Le loisir, la musique........................... 374
    V. Le respect de l'enfance 381
    VI. Les punitions et les châtiments 383

www.ingramcontent.com/pod-product-compliance
Lightning Source LLC
Chambersburg PA
CBHW071913230426
43671CB00010B/1596